# 网络培训实务

桂英哲◎著

# THE NETWORK TRAINING PRACTICE

中国铁道出版社有限公司
CHINA RAILWAY PUBLISHING HOUSE CO., LTD.

**图书在版编目（CIP）数据**

网络培训实务 / 桂英哲著 . —北京：中国铁道出版社有限公司，2021.12
ISBN 978-7-113-28647-7

Ⅰ. ①网… Ⅱ. ①桂… Ⅲ. ①互联网络 - 应用 - 企业管理 Ⅳ. ① F272.7

中国版本图书馆 CIP 数据核字（2021）第 265765 号

**书　　名：网络培训实务**
WANGLUO PEIXUN SHIWU
**作　　者：**桂英哲

---

**策划编辑：**王　佩
**责任编辑：**王　宏　　**编辑部电话：**（010）51873038　　**邮箱：**17037112@qq.com
**封面设计：**仙　境
**责任校对：**孙　玫
**责任印制：**赵星辰

---

**出版发行：**中国铁道出版社有限公司（100054，北京市西城区右安门西街 8 号）
**印　　刷：**三河市宏盛印务有限公司
**版　　次：**2021 年 12 月第 1 版　2021 年 12 月第 1 次印刷
**开　　本：**710 mm×1 000 mm 1/16　**印张：**14.75　**字数：**262 千
**书　　号：**ISBN 978-7-113-28647-7
**定　　价：**69.00 元

---

# 前　言

当今时代外界环境急剧变化，市场竞争越来越激烈，对于企业组织内人才的培养要求与培养方式也发生着革命性的变化。一方面对企业人才培养的速度与质量要求越来越高，另一方面随着移动互联网技术与培训技术的结合，企业的培训方式正在发生着翻天覆地的变化。因此，当下企业的培训方式也呈现出智能化、混合化、场景化、个性化等特色。

互联网时代，企业培训工作被重新定义。传统的观念认为企业培训就是请老师去上课，而在互联网时代，培训的模式不断创新，培训的内涵也在不断丰富。互联网时代下，企业培训不再是单纯地请老师上课，如线上直播学习、线上线下混合式培训、行动学习、沙盘模拟、内部读书会、世界咖啡、学习工作坊等都成为培训学习的新形式。同时，在互联网时代下，传统的“以传授知识为中心”的教育模式将转变为“以满足学习者需求为中心”的教育模式，意味着学习者主权时代的到来。

面对互联网时代背景，许多企业在开展企业培训时存在着诸多困惑，一是苦于企业人才的培养速度远远跟不上业务的发展速度，甚至培训工作的开展与业务相脱节，导致培训与业务发展形成“两张皮”；二是面对互联网时代的培训新技术与新形式感到迷茫，究竟该如何开展网络培训，助力企业人才培养工作，成为新的困惑；三是在互联网时代下如何更好地开展企业培训工作，一方面满足组织的培训要求，另一方面又能激发学员的学习兴趣，尤其是激发新生代员工的学习兴趣。

基于以上企业培训工作的种种困惑，笔者认为应从以下四个方面进行改善：

第一，要根据外界环境及企业现状制定科学、合理的人才发展战略。在此基础上，建立企业科学的培训体系，让培训工作紧紧围绕企业战略发展与业务目标实现服务，提升培训工作与业务发展的衔接度，避免培训工作的开展成为“隔靴搔痒”的表面文章。

第二，根据互联网时代的培训技术特性与企业人才特性，大力开展线上线下一体化培训，加大企业网络培训技术的普及与运用，对企业传统内训师进行教学技术的升级，提升其对网络培训技术的熟悉应用程度，让网络培训成为企业不可缺少的一部分。加大先进网络培训技术的应用，比如微课、线上直播、虚拟课堂、翻转课堂、数字化校园建设、混合式教学等，让先进的培训技术提升企业培训的效率与效果。

第三，改变企业培训的理念，从“如何教好学员”向“如何帮助学员的学习效果落地”转变，培训的目的在于推动学员的实践运用，促进其行为发生改变，从而带来员工绩效的提升。

第四，加大培训的场景化训练以及“训战结合”模式的推广，提升培训的针对性、场景化，让学员学后马上能用，用后立即能产生效果。

本书紧紧围绕“如何掌握与利用好网络培训新技术、新形式”“如何提升网络培训体系建设的科学性与系统性”“如何在互联网时代让培训效果更落地”等话题，从八个章节进行全面阐述，力求帮助大家了解最前沿、最实用的网络培训新技术与新模式，从而助推企业线上线下一体化培训模式的开展与科学培训体系的建立。

本书的特色主要有以下三点：

一是内容新颖，案例丰富。本书向大家展示了前沿的企业网络培训技术和工具，内容翔实、案例丰富。理论部分由浅入深，案例均来自一线的亲身实践，经过验证切实可行。

二是本书兼顾可读性与实操性，每一章节几乎都是按照“问题—原理—方法或工具—案例”的思路来展开叙述，力求对大家有所帮助。

三是更加关注企业培训工作的落地实践与培训效果的提升研究，这是当下企业开展培训工作的难点与困境。通过对互联网时代培训的底层逻辑与使命进行深入研究，揭示企业培训的本质，力求帮助大家在互联网时代更好、更高效地开展培训工作。

本书适用读者对象：

➢企业培训管理者、培训中心工作人员。

➢企业内训师、网络培训相关技术人员。

➢人力资源管理从业人员。

➢单位一线的班组长、基层管理者。

➢各高校人力资源管理专业的学生及其对培训感兴趣的人员。

桂英哲

2021 年 10 月

# 目　录


**第一章　紧跟新变化：互联网时代的培训革命**

1.1　互联网时代重新定义培训 / 2

1.1.1　互联网时代培训变革的内涵 / 2

1.1.2　互联网时代培训变革的八大趋势 / 3

1.2　互联网时代培训新形式 / 7

1.2.1　线上线下混合式培训 / 7

1.2.2　线上直播培训 / 10

1.2.3　微课、慕课和翻转课堂 / 12

1.2.4　虚拟现实技术与培训课堂 / 14

1.2.5　智能化培训课堂 / 16

1.3　互联网时代组织学习革命 / 17

1.3.1　拥抱变化：领会互联网时代培训的显著特点 / 17

1.3.2　万变不离其宗：企业培训五大基本面始终不变 / 20

1.3.3　瓶颈突破：互联网时代传统学习模式的挑战与升级 / 22

1.3.4 系统制胜：促进业务与组织能力建设的培训体系创新 / 24
【疑难问题】电网企业如何应对互联网时代的培训困惑 / 27
【实战案例】国网河南省电力公司培训模式互联网化的探索 / 28

**第二章 混搭更精彩：线上线下混合式培训的操作**

2.1 线上线下混合式培训的认知 / 33
2.1.1 线上线下混合式培训的五大特点 / 33
2.1.2 混合式培训不是简单的线上 + 线下 / 36
2.1.3 线上学习平台功能不在于多，而在简便易行 / 38
2.2 线上线下混合式培训的实践 / 39
2.2.1 线上教育开展的难点与挑战 / 39
2.2.2 在线深度学习活动设计与实施 / 42
2.2.3 企业线上学习平台的搭建与运营 / 45
2.2.4 线上线下混合式培训设计的要点 / 48
2.2.5 做好混合式培训管理的三大思维 / 51
【疑难问题】如何解决线上培训学员学习难持续的问题 / 55
【实战案例】国网河南省电力公司管理培训混合式培训新模式 / 56

**第三章 实时更有趣：线上直播形式培训**

3.1 线上直播培训的认知 / 61
3.1.1 线上直播培训的优势 / 61
3.1.2 线上直播培训的难点与挑战 / 62
3.1.3 做好线上直播课的“五力模型” / 63
3.2 线上直播培训的学习与准备 / 64
3.2.1 线上直播工具的掌握与运用 / 64
3.2.2 线上直播硬件设备与环境的要求 / 66
3.2.3 常见线上直播平台的操作要点 / 68
3.3 线上直播的组织与实施 / 78
3.3.1 线上直播培训的策划与组织 / 78
3.3.2 线上直播培训的组织与学员管理 / 81

3.4 线上直播讲师的修炼 / 84

3.4.1 线上直播培训与线下培训对讲师的不同要求 / 84

3.4.2 转型做线上直播讲师的五层修炼 / 86

【疑难问题】企业如何做好线上直播培训 / 89

**第四章 微出新世界:M-learning 微课、微课堂**

4.1 M-learning 微课的认知 / 94

4.1.1 微课，不只是时间短的课 / 94

4.1.2 微课制作的六个误区 / 96

4.2 M-learning 微课的设计 / 98

4.2.1 微课设计的原则与流程 / 98

4.2.2 微课设计的内涵 / 102

4.2.3 微课 PPT 课件的设计与编写 / 108

4.3 微课的制作方法与技巧 / 113

4.3.1 微课视频的拍摄与录制方法 / 114

4.3.2 PPT 式微课的制作 / 119

4.3.3 录屏式微课的制作 / 121

4.3.4 拍摄式微课的制作 / 122

4.3.5 动画式微课的制作 / 123

4.4 常用的视频编辑工具 / 123

【疑难问题】如何解决微课的碎片化与深度学习的矛盾 / 124

【实战案例】国网河南省电力公司“三精三创”微课教学 / 126

**第五章 呈现好课堂：互联网培训手法与形式创新**

5.1 翻转课堂的操作与实践 / 131

5.1.1 翻转课堂的价值 / 131

5.1.2 翻转课堂如何改变教学方式 / 132

5.1.3 翻转课堂的培训模式设计 / 133

5.1.4 翻转课堂的师资队伍建设 / 135

5.1.5 翻转课堂如何利用互联网工具 / 136

5.2　短视频在企业培训中的运用 / 137
5.2.1　视频号在培训中的应用范围 / 137
5.2.2　视频号在组织培训中的操作实践 / 139
5.2.3　抖音短视频推动的学习创新 / 142
5.3　互联网时代下的培训新形式 / 142
5.3.1　培训课堂生态化 / 143
5.3.2　培训知识趣味化 / 146
5.3.3　培训内容建构化 / 147
5.3.4　培训形式多样化 / 149
【疑难问题】如何利用翻转课堂提升培训的效果 / 150
【实战案例】国网河南省电力公司“三维一体”翻转课堂教学法 / 152

**第六章　创新出奇效：基于互联网的教学管理与创新**

6.1　基于互联网的教学组织 / 155
6.1.1　从线下转线上教学的组织流程 / 155
6.1.2　翻转课堂的前置 / 156
6.1.3　网络课程的组织与实施 / 159
6.1.4　网络教学的学员管理 / 161
6.2　互联网培训项目运营与落地 / 162
6.2.1　以产品经理的要求去设计培训产品 / 162
6.2.2　如何打造热门课程 / 163
6.2.3　网络培训课程的生命周期管理 / 165
6.2.4　让好课程有仪式感 / 166
6.2.5　好课程的宣传与运营 / 169
6.3　培训制度建设与文化打造 / 170
6.3.1　网络培训的制度建设 / 170
6.3.2　培训文化“六上墙”/ 171
6.3.3　如何让培训文化深入员工内心 / 173
6.4　企业网络培训创新标杆的打造 / 174
6.4.1　定位：塑造差异化品牌 / 175

6.4.2 建标：培训创新的品牌建设 / 176
6.4.3 充实：完善培训创新的项目内涵 / 177
6.4.4 宣传：培训创新品牌的包装宣传 / 178
【疑难问题】如何打破网络培训“叫好”却不落地的困局 / 180

第七章 系统方制胜：网络培训体系搭建与效果推进

7.1 企业网络培训体系的搭建 / 183
7.1.1 企业网络培训体系搭建的内涵 / 183
7.1.2 网络培训制度体系建设 / 184
7.1.3 网络培训讲师体系建设 / 185
7.1.4 网络培训资源体系建设 / 187
7.2 网络培训效果评估与追踪 / 188
7.2.1 网络培训效果评估 / 189
7.2.2 培训后的落地式推进 / 191
7.2.3 网络培训效果追踪方法 / 192
7.3 培训课程落地的转化 / 192
7.3.1 促行式评估：跨越知行鸿沟 / 193
7.3.2 以赛促训：技能比赛常态化 / 195
7.3.3 管理辅导：管理者是最佳的导师 / 196
7.3.4 数字化思维：让培训落地的关键技能 / 198
7.4 网络培训的碎片化与系统化 / 199
7.4.1 网络课程的碎片化与系统化设计 / 199
7.4.2 避免流于形式的网络培训 / 201
7.4.3 游戏通关式的网络培训课程设置 / 202
【案例解读】国网河南省电力公司网络培训积分制度探索 / 203

第八章 探索新未来：互联网时代下组织的学习培训展望

8.1 学习无处不发生 / 206
8.1.1 学习资源获取方便、快捷 / 206
8.1.2 学习场景无处不在 / 208

8.1.3 第五代移动技术加速学习进程 / 209
8.1.4 组织学习的加速迭代 / 210
8.2 人企互联下的影响新范式 / 212
8.2.1 经营业务，同时也在经营知识和人才 / 212
8.2.2 生产产品，同时也在生产方法论 / 214
8.2.3 传承知识，同时也是传承文化 / 215
8.2.4 人企互联，相互学习与相互影响 / 216
8.3 人才学习的新范式 / 217
8.3.1 打破组织学习的边界 / 218
8.3.2 “后喻”文化现象更明显 / 219
8.3.3 人脑就是一台移动的网络学习机 / 220
8.3.4 学员学习主权时代的到来 / 221
【疑难问题】学员学习主权时代下，企业如何引领学员的学习 / 222
【实战案例】国网河南省电力公司互联网培训手法的探索实践 / 223

# 第一章
# 紧跟新变化：互联网时代的培训革命

互联网时代下，外界环境急剧变化，市场竞争越来越激烈，对于企业组织内人才的培养要求与培养方式也发生着革命性的变化。《孙子兵法》云：“善战者，求之于势，不责于人，故能择人而任势。”优秀的企业管理者，一定懂得紧跟时代的趋势与行业的变化，善于守正出奇，创新求变。本章将带领大家走进互联网时代的培训革命与创新探索。

## 1.1 互联网时代重新定义培训

如今，互联网正在用全新的方式重新定义各个领域。淘宝重新定义了购物，滴滴打车重新定义了出行，饿了么重新定义了吃饭，亚马逊重新定义了书店，美团重新定义了外卖，樊登读书重新定义了看书……仔细留意就会发现，现在几乎每个领域都在悄悄地被重新定义，培训行业也不例外。

### 1.1.1 互联网时代培训变革的内涵

传统的观念认为企业培训就是请老师去上课。而在互联网时代，培训的模式不断创新，培训的内涵也在不断丰富。互联网时代下，企业培训将重新定义，不再是单纯地请老师上课，其他如线上直播学习、行动学习、沙盘模拟、内部读书会、私董会、世界咖啡、学习工作坊等都算是培训学习的形式。同时，在互联网时代下，传统的"以传授知识为中心"的教育模式将转变为"以满足学习者需求为中心"的教育模式，意味着学习者主权时代的到来。

革新的风暴已汹涌而至，却有许多人视而不见！我们一方面抱怨"传统培训没有效果，不落地!"，一方面又在不断重复过去的经验和方法。爱因斯坦说过，人们总是喜欢持续不断地用同样的方法去做同一件事，却期望得到不同的结果，这是荒谬的。在互联网时代下，我们的培训技术与培训对象的学习习惯都发生了翻天覆地的变化。笔者认为互联网带给传统培训不仅是技术层面的创新，更是商业模式和思维层面的变革。在商业模式层面，很多互联网巨头、知名企业已经将培训作为文化输出、资源整合和生态构建的"抓手"，它们不再只是着眼于内部人才的培养，而是对外进行价值观的输出，"跑马圈地"地整合人才与项目资源，把培训从企业管理层面上升到企业经营与战略层面。

除了在商业模式层面的创新，在思维层面，我们也必须拥抱互联网思维。互联网思维的精髓可以总结为，用户思维、简约思维、极致思维、迭代思维、流量思维、社会化思维、大数据思维、平台思维、跨界思维和产品思维。例如，用户思维是指培训内容要从"以讲师为中心"向"以学员为中心"转变；迭代思维是指随着技术的发展，企业的知识和经验每年都在老化，我们要通过知识萃取技术不断更新与迭代企业的知识价值链；产品思维是指课程即是产品，学员是产品的消费者，培训师是产品的生产者，以消费者的价值为导向，才能打造出优质的产品。

在技术层面，线上学习平台层出不穷，比如网易公开课、得到 App、喜马拉雅、学习强国、千聊等；线上微课、直播软件（腾讯会议、钉钉、企业微信、小鹅通、视频号、微吼直播等）也不断涌现，一系列互联网学习工具走进了人们的视野。人们获取知识越来越便捷，获取知识的效率越来越高，而获取知识的成本则越来越低。通过互联网工具，可以让分布在各地域的人同时收听一个课程的直播，这些都是新技术的效率提升带给我们的福利。

## 1.1.2　互联网时代培训变革的八大趋势

达尔文说过，那些在漫长的进化过程中活下来的物种，未必是最强大的或者是最聪明的，而是最能适应环境的。而让我们适应环境最重要的能力是持久的学习力、对趋势的把握力和快速的应变力。笔者总结互联网时代培训变革的趋势主要有以下八点，如图 1-1 所示。

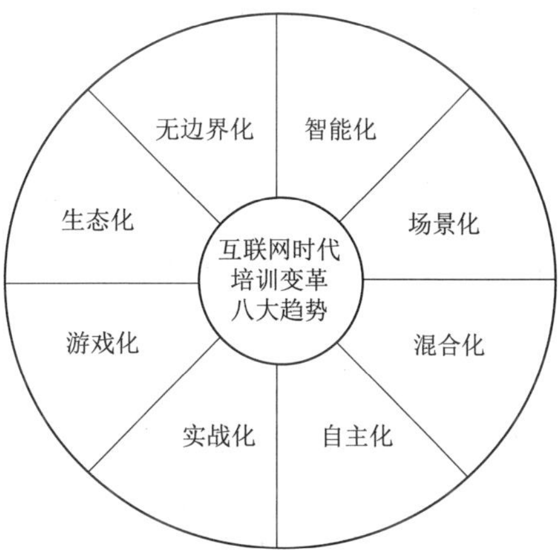


图 1-1　互联网时代培训变革八大趋势

### 1. 无边界化：学习随时随地发生

互联网时代下，学习无处不在。培训上课是学习，工作实践是学习，线上观看微课、直播也是学习。学习无边界化主要表现在以下几个方面：一是师生关系的模糊。教师不再是“布道者”，学员也不再是“存储器”，师生是学习的共同体、学习活动的共同参与者。学员可向老师学，老师也可向学员学。二是学科边界的模糊。在“无边界学习”状态下，学习不再处于单科独立线性的、封闭的系统，而是一种打破学科边界的综合性的整体学习活动。比如，管理者学习演讲与口才，既可以学习演讲的技巧，也可以学习影视方面的表演艺术，还可以学习性格分析、心理学、PPT设计等知识。三是学习范围的模糊，以前请老师讲课是学习，现在学习随时随地可以发生。在“无边界学习”的状态下，学习活动不再受制于时空与场景、真实与虚拟，它可以是课堂内的，也可以延伸到课外，甚至虚拟的学习场景。

### 2. 智能化：各类培训技术层出不穷

随着互联网、人工智能、大数据、云计算日新月异的发展，越来越多的新技术应用到培训中，如由机器人进行引导与讲解的培训，通过大数据分析学员偏好和技能自动定制培训，学员自主调取服务器的学习资料和课程，设置虚拟（VR）的培训模拟进行真实操作训练，由虚拟助手陪伴学习，等等。总之，培训变得越来越智能化、个性化。

### 3. 场景化：从传统式培训到场景化打造

正因为互联网时代下，学习无处不在，且学员对知识的获取唾手可得，培训内容场景化显得非常有必要。培训不再是泛泛的通识教育，而是场景化的针对性教育。

场景化培训，即在培训中构建真实工作中所面临的情境和挑战，让学员研讨或练习该场景下的处理方式和技能要点，并通过即时反馈促使学员改变，最终学会如何应对，即所谓的“训对准战，训战结合”。

传统的培训，需要从需求调研—课程设计—课程开发—实施—评估与转化—回炉培训，时间太长，时代快速变化，课程设计开发往往具有滞后性，导致培训效果大打折扣。

场景化培训直接针对问题与挑战展开，搭建与实际工作场景相统一的模拟环境，通过一系列学习活动让学员把学习知识、训练技能、改变行为和产出绩效有效联结起来。同时，随着技术的发展，场景化学习也可以通过线上平台进行，场景化微课培训也可成为企业培训的有效形式。

### 4. 混合化：从单一式向混合式转变

工业化时代，传统的培训模式一般为线下授课。而在互联网时代下，线上线下混合式培训已成为常态，课前线上预习知识，课中线下强化练习，课后线上复习总结，大大提升了培训的效果。

授课方式从单纯的讲授式到混合多种教学手法：小组研讨、案例分析、行动学习、沙盘模拟、拓展训练、现场教学、微课学习等。

既可从外部进行购买学习资源，又可由组织内部经过经验萃取，自主开发课程资源。

### 5. 自主化：从“搬运工”到“过滤器”

工业化时代，外部环境变化缓慢，企业内部的流程与制度相对固化，通用性知识的生命线较长，知识搬运存在一定的生存空间。很多培训师日复一日地做着知识搬运的工作，从西方管理学的书本上找到一些通用性的理论，到处“贩卖”，一招鲜吃遍天，靠着信息差行走江湖。但是，这种知识“搬运工”的模式，在互联网时代渐显颓势。因为一部手机就是一所大学，这些通用性的理论，人们逐渐都能通过互联网了解到，信息差将逐渐被填平。

全球《连线》杂志创始主编凯文·凯利说过，每一种充裕都将创造出一种新的匮乏，免费经济将派生出很多稀缺性。互联网给人们带来了获取知识的便利，但也让知识和信息“泛滥成灾”。很多人都在做着知识的“搬运工”，随处转发的信息、图片和“鸡汤”，让人们在信息的汪洋大海里折腾得疲惫不堪。

互联网时代，组织学习模式将从“搬运工”到“过滤器”模式转变，如图 1-2 所示。很多前沿的、有效的成功经验和方法藏在企业优质员工的脑中，这些是企业的隐形资产。但这些知识和经验都是零散的，必须经过萃取提炼才能加以推广和使用。“过滤器”模式就是通过萃取技术将企业工作一线的最佳实践、优秀经验和成功案例进行萃取，并加以复制推广的培训模式。因为知识紧跟一线前沿，并且贴近业务实际需要，所以越来越受到企业青睐。对于培训师来说，未来就需要增加知识萃取的新技能。

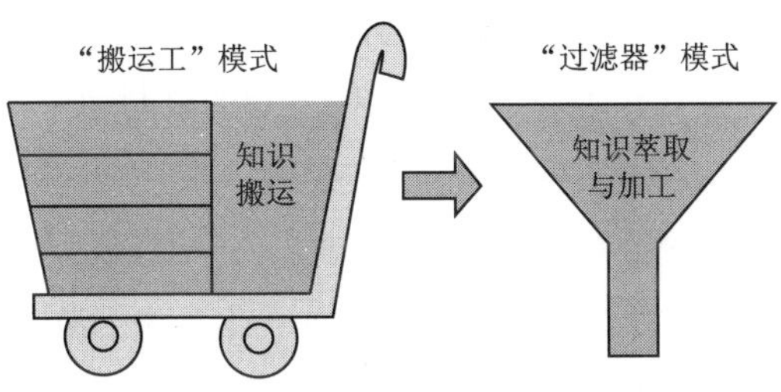


图 1-2　从“搬运工”模式到“过滤器”模式

### 6. 实战化：从“考场”到“战场”

传统培训考核运用的是柯氏四级评估理论，它把对于培训效果的评估分为四个层级：第一层反应评估，评估被培训者的满意程度；第二层学习评估，测评被培训者的学习获得程度；第三层行为评估，考察被培训者知识运用程度；第四层成果评估，计算培训创出的经济效益。柯氏四级评估模型看似非常系统，然而在企业完全落地的不多。大部分的企业只停留在第一层和第二层，即培训结束后发一份满意度调查问卷和测试学员学习情况的试卷，我们把它称作为“考场”模式。

虽然有高满意度和分数，但由于没有反馈出培训对学员的行为变化和组织业绩提升的影响，“考场”模式越来越不受企业的认可。互联网时代，如何做到第三层（行为评估）和第四层（成果评估）是培训落地的关键。因此，从“考场”模式转化为“战场”模式非常有必要，通过以赛代练，以用促学等方式推动培训效果的真正落地。同时我们主张培训要紧紧贴近员工工作与业务实质，正如华为提出的“训战结合”教学模式，在华为大学的老师都是来自一线的管理人员和专业技术人员，课堂所教内容全是华为内部真实的案例与员工遇到的真实问题，华为称这种教学为“全真教”。

**7. 游戏化：从“娱乐化”到“游戏化”**

互联网时代，新生代人群已成为职场的主力军，他们天生与互联网共同生长，所以他们更加注重参与感与体验感，渴望得到更多的尊重和认同，并希望一切严肃的事情能够轻松化，甚至游戏化。很多培训从业者纷纷顺应潮流，将培训变成了娱乐至上，在课程上大搞“娱乐”和“表演”，甚至有老师在课堂上以收获了多少学员的笑声与掌声为标准来吹捧自己的课程有多实用，表面上看课堂气氛活跃、笑声连连，实际上并未达到有效的教学目的。学习培训要“游戏化”，而不是“娱乐化”。学习“娱乐化”是指用轻松的娱乐节目替代枯燥的培训内容，从而达到活跃课堂气氛的目的。这种模式以活跃学习气氛为导向，学员的主要精神更多地被娱乐活动牵引，而忽略了培训内容，容易偏离学习价值。学习“游戏化”则是将游戏的机制融入学习制度和规则当中，从而调动学员学习的积极性。说简单点就是用游戏的机制和工具，让枯燥无味、难以坚持的学习，变得像游戏一样充满乐趣、容易坚持。成功的“游戏化”机制必须具备：明确的目标任务、清晰合理的规则、即时反馈和公平激励的机制。“游戏化”是将游戏的机制引入培训课堂，它是为培训内容服务的，不是为了游戏而游戏。

**8. 生态化：从“封闭”到“构建生态”**

互联网时代，课堂将从“学习知识技能”的功能定位转变为“构建学习型组织生态”功能定位。未来环境都是未知的、不确定的。过去已知的成功经验，对快速变化的外部环境已不能持续有效地发挥作用。老师不再是高高在上的权威者，而是共同探索和分享的参与者，“培训师主权”逐渐转变为“学习者主权”。传统课堂以传播知识为中心，学习环境相对来说是封闭的；而创新课堂则是以满足学习者需求为中心，学习者将越来越享有自己的学习主权，自主地选择自己需要的学习内容，然后选择最合适的学习方法来实现高效的知识收获。

课堂是培训的重要舞台，具有四大功能：一是学习知识和技能，二是建立各种连接，三是增强体验与互动，四是引导探索未来，如图 1-3 所示。

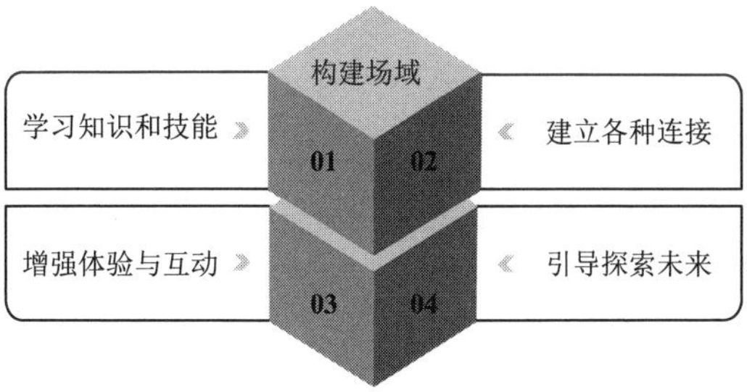


图 1-3　培训课堂的四大功能

学习知识与技能是当前培训课堂最重要的价值，但从生态视角来看，是课堂最低价值的体现。在课堂上除了学习知识和技能外，更需要建立各种连接和引导学员探索未来。首先，在课堂上建立学员与学员、学员与老师之间的连接比传授知识和技能更重要，想要获得成长，不能仅靠看书、听课，还要认识些人，并与其形成一种场域连接。当进入这种场域连接后，再往下走，就变成了场域构建，从另一个角度推动人的成长。其次，要引导学员探索未来，这是培训最大的价值，在历史的长河中，人们总是在不断探索与好奇心的驱动下持续成长的，这是一种突破。

培训课堂的另一重价值是体验与互动，在课堂上学员可以很好地与老师、其他同学互动，这是人们作为群居动物的一种本能需要。同时，在课堂上学员通过学到新知识、新技能及参与课堂问题解答，他们会收获一种成就感，这是一种极有意义的人生体验。这也是生态化教学的重要内涵，生态化教学的出现促使我们使用新的思维方式审视教育，并促使我们重视教育中长期缺少的东西，即关注人的生命特征。

## 1.2　互联网时代培训新形式

互联网时代新技术、新模式层出不穷，催生出一系列新的培训形式，大大丰富了企业培训的方式方法，也促进了培训效率和效果的提升。对于一些不能很好适应这些新技术、新培训形式的企业来说，却成为一种负担。

### 1.2.1　线上线下混合式培训

互联网催生了一种全新的培训结构——O2O 混合式培训，即线上线下相结合的培训模式。有些企业把互联网当作工具，线下培训的时候，将课程拍摄下来，然后传到E-learning平台上，这不是真正意义上的O2O混合式培训。这种简单地把线下课程搬到线上的E-learning模式必定要以失败而告终，因为它并没有根据线上、线下各自的优势和短板进行功能性定位与结构组合，而是简单地复制。线上的特点是效率更高——不受时间、距离、人数规模的限制等；而线下也有其不可替代的优势，比如可以进行反复练习、小组研讨、问题分析与解决工作坊等，这对线上来说就很麻烦，而这些方式又恰恰是培训效果落地必不可少的关键环节。O2O混合式培训就是将线上和线下各自的优势进行互补组合的一种培训模式。

O2O混合式培训将传统的课堂与电子化学习的方式进行结合，整合设计员工的学习过程，让学习不再局限在课堂上。企业为什么要进行线上线下混合式培训？因为通过线上线下相结合，可以达到1+1＞2的效果。线上培训大数据、个性化的优势弥补了线下课程定点、定时和定人的不足，同时也能打破线下培训的时空限制，提高教学的效率。对于O2O混合式培训来说，将线下培训中良好的师生互动和学习氛围的营造结合进来，再辅以大数据筛选更优势的教学内容和教师资源，能更好地将线上和线下培训两者的优势相结合。这种混合式的培训方式既发挥了培训管理者引导与启发的主导作用，又充分激发了学员作为学习过程主体的主动性、积极性与创造性。

**1. 线上培训的四大优点**

线上培训有四大核心优点：教学资源多、方便快捷、即时互动好、省成本，简称“多快好省”。

（1）教学资源多

首先，线上学习平台相对于线下授课教学资讯多，学员学习更自主，学员可以在线上学习平台随时查找自己所需的教学资讯。

其次，线上学习平台讲师资源更优，学员足不出户就可以学到全国顶级讲师的授课内容，可大大开阔自己的视野，提升学习的思维层次。

（2）方便快捷

线上培训学员可以随时随地学习，不受时空与场地的限制。对于业务繁忙的企业来说，每组织一场培训都非常困难，因为员工很少有完整的时间进行脱产学习。而线上培训学习不受时间的约束，学员可以便捷地进行学习，这对业务繁忙的企业来说，是一种很好的培训方式。学员可以采用工作闲暇时间自主学习，既不妨碍工作，又很好地利用了员工碎片化的时间。

（3）即时互动好

线上培训还具有即时互动性好的特点，虽然学员与老师不在一个场域，但通过线上直播的方式，可以很好地形成即时互动，就像大家在一个教室里上课一样。同时，线上学习不受场地限制，可以实现大规模学员同步学习，理论上来说，线上学习没有人数的限制。

（4）省成本

线上培训相对于线下培训成本更省，可大大节省学员因参加学习发生的往返交通费、食宿费用。且线上直播培训可以很好地将老师的授课内容进行存储，待直播课程一结束，直播视频就直接保存下来了，这样可以有效地沉淀企业自己的知识体系。而传统的线下培训，课程结束便完成了交付，知识与经验没有被存储和管理，很多经验也随着员工的离职或流动而流失。

**2. 线下培训的四大优点**

虽说线上培训优点比较多，但线上不能取代线下，线下培训也有核心的四大优点，可以概括为四个字：“场”“训”“互”“精”，如图 1-4 所示。

（1）场景的真实感

“场”是指场面的真实感。线下培训更能让学员拥有场面氛围的体验感。为什么我们通过电视可以收看春节联欢晚会，但还是想到现场去看呢？因为现场的体验感是完全不一样的。这也是线上培训无法比拟的特点。

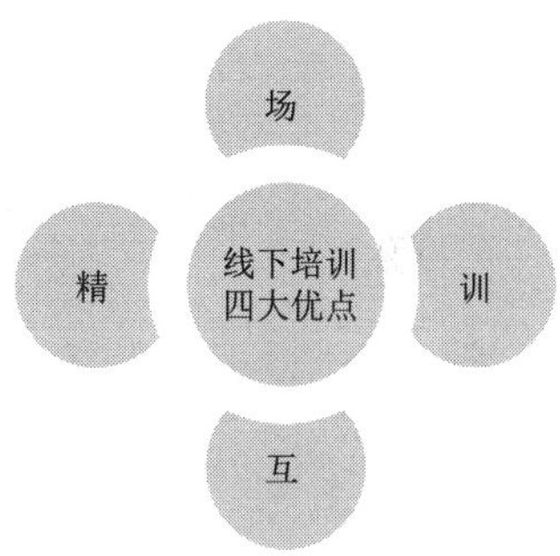

图 1-4　线下培训四大核心优势

（2）方便训练

“训”是指训练。线上我们比较容易实现理论教学，但难以实现对学员的一对一指导和强化训练。线下培训方式对于强化训练来说则更有优势，比如我们的“电力窗口服务礼仪”“直接接入式三相四线电能计量装置的安装技巧”“台区线损分析及解决措施”等实操类课程，一般都是采用线下教学的方式。

（3）互动性强

“互”是指互动性强。线下培训有利于师生之间和学员之间的互动。线下培训以班级为依托所形成的一个个特定的团体，保证了学员接受教育的同时，也无形中建立起人际关系的纽带。

（4）精品教学

“精”是指精品教学。线下培训更有利于精品教学，企业高层次管理人员的眼界、水平和能力都较高，线上单一“从教到学”的模式，很难满足他们的需求。而线下培训则可以采用更加丰富的学习方式，比如“头脑风暴”“翻转课堂”“世界咖啡”“行动学习”和“私董会”。

总之，明确好线上和线下培训各自的优势和短板，我们才能更好地进行混合式培训项目的设计。

## 1.2.2 线上直播培训

2020 年是全民直播元年，许多企业不是在直播带货就是在直播带货的路上。随着直播的普及应用，线上直播培训也成为一种新颖有效的企业培训形式。线上直播可以有效满足单位组织实时教学、远程会议的需要。

随着直播的不断发展，国内涌现出许多优秀的直播平台，且大部分是免费使用。比如腾讯会议、钉钉、企业微信、抖音、视频号等。

### 1. 线上直播培训的优点

线上直播培训有着诸多的优点，如图 1-5 所示。

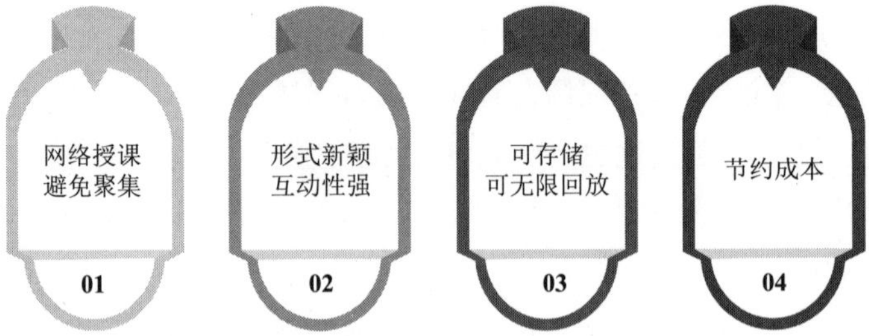


图 1-5　线上直播培训的优点

（1）网络实时授课，避免人员聚集

近两年来，受疫情影响，企业开展线下培训的难度加大，而开展线上直播可实现网络实时授课，能避免大量人员聚集，实现异地培训，安全和培训效果双保障，保证企业培训如期开展。

（2）形式新颖，互动性强

线上直播培训形式新颖、灵活，既可满足大家的好奇心，又可以实现即时互动。虽然直播不是在现场，但一般的直播平台都支持即时语音、视频、线上聊天互动，甚至有连麦功能，有效地增强了即时互动性，可模拟出在现场学习一样的虚拟场景。

（3）可存储，可无限回放

线上直播授课视频可存储，可回放。一般线上直播平台都支持直播视频存储与回放功能，待讲师直播结束，线上授课视频自动保存，并可将链接转发给学员，可实现无限回放，供学员反复学习。

（4）节约成本

线上直播跟所有线上培训学习一样，可大大节约成本，省去了线下培训学员产生的往返交通费、食宿费用、场地租赁、纸质教材费用等。

### 2. 线上直播培训的基本技巧

虽然线上直播培训有着诸多优点，但要做好线上直播培训不是一件简单的事情，可能很多人认为，直播非常简单，只需要拿手机或电脑把课程录下来就好了，一个优秀的面授培训师就能轻松地做好直播培训。其实不然，要做好直播培训需要精心设计与策划。直播课程设计、语音语调、着装面容、互动设置、设备技术等内容，都是值得传统的线下培训师深入探讨和研究学习的。

直播培训与面授培训有着本质不同，要做一名优秀的线上直播培训师，要做好以下五个方面的工作。

（1）转换思维

开展线上直播培训课，首先应学会转换思维，即从面授课堂到直播课堂，分析面授和直播培训的异同点，建立差异性培训设计和实施的思维方式。只有当培训师做好思维转换，才能在线上直播环境中发挥自己最大的优势。

（2）做好直播课程设计

直播培训设计要遵循以下几个原则：一是主题聚焦，多与学员在线上互动；二是内容要与学员密切相关且简洁有用；三是互动参与尽可能简单；四是即时而准确的信息反馈；五是及时激励。

（3）做好直播脚本与资源编排

直播课程开始前，需要准备直播脚本以及资源的编排。如何正确掌握在线直播的脚本设计，合理把控课程时间分配和互动节奏，并且了解各种直播课堂的可用资源，令课堂呈现更丰富，也是一个优秀的直播培训师应当掌握的技巧。

（4）直播环境适应

许多传统线下授课的讲师在面授课程时能做到侃侃而谈，从容自如，但一到线上直播便不知所措，甚至语言表达不清，思维混乱，其核心原因是对直播环境不适应。因为传统线下面授课程是直接面对学员的，而线上直播课程可能看不到学员，甚至你都不知道学员是谁，这样必然导致讲师无法实时把控学员的学习状态。所以，培训师对直播环境的适应是做好线上直播的基础。

（5）掌握有效的互动技巧

在线互动直播培训是以移动互联网环境下实时交流互动的方式，为学习者提供教学信息、辅导支持、学习管理、考核评价等教学活动。如何定位培训师个人风格，如形象风格、语言风格、气质风格，以及如何通过互动活跃课堂等，都是直播培训师需要掌握的非常重要的互动技巧。掌握了互动技巧，才能使直播将单向讲授的课堂变成全程互动的现场。

## 1.2.3 微课、慕课和翻转课堂

近年来，微课、慕课和翻转课堂这些新的技术像暴风骤雨般引发了教育界的一场革命，很多高校与企业纷纷试用并推广，取得了不错的效果。

### 1. 微课

关于微课有不同的定义，有人认为“微课”是微型课件的简称；有人认为“微课”是一次简短的课堂活动。实际上，“微课”是“微型教学视频课”的缩写，是利用 5 ~ 10 分钟时间讲解一个非常碎片化的知识点、技能或观点的一种微型视频。“微”是其外在特征，“课”才是其本质特征。

什么样的内容适合做成微课？

➢ 传授一个小知识。

➢ 介绍一个技能、方法。

➢ 解决一个小问题。

➢ 分享一个小经验。

➢ 说明一个道理。

➢ 宣传一个产品或政策。

微课并不是将传统的大课视频剪成若干小视频，而是将传统大课的大知识点和大问题，分解成一个一个小知识点和小问题，每个小知识点和小问题都是一个微课。最后让学员就像吃“葡萄串”一样，一颗一颗吃完，整个大知识点就被掌握了。所以做微课的过程，其实是一个做减法的过程，即如何用简单的方式表达完一个知识点，同时还生动、有趣、吸引人。

### 2. 慕课

慕课，英文名 MOOC，是 Massive Open Onlie Coures 的缩写，直译成中文是：大规模开放式在线课程。

MOOC 是目前世界范围内最大的在线公开课，这些课程主要来自世界名校。而 MOOC 的兴起，是因为受空间的限制，真正能够接触到名校优质课程的只是少部分学员。于是，就有教育人士提议通过互联网的力量进行传播，把这些课程放到网络上去，MOOC 就此诞生。我们今天在网上看到的哈佛、耶鲁大学等名校的公开课就是慕课的一种。慕课在国外已经有十几年的发展，进入国内并大规模发展则是近 5 年的事。目前在国内，高校开设慕课的主要有清华、北大、复旦等重点高校。

慕课具有以下特点：

（1）大规模

慕课是大规模的，不是个人发布的一两门课程，而是由许多优质课程组成。慕课集中了非常多的优质师资，凡是想学习的，都可以进去学，不分国籍，只需一个邮箱就可注册参与学习。

（2）受众对象广

慕课涉足领域很多，中小学教育、大学教育和成年人的职业教育等都有涉及，侧重点在大学教育。

（3）交互性强

慕课的交互性强，通常有课堂测验与课后作业，其中作业有以小组形式完成的内容，并且有相应的论坛供学员交流讨论。学业成绩以 20% 的平时成绩和 80% 的考试成绩计算。

（4）评价体系完善

在慕课中，学员可以对所选课程及老师进行打分，老师之间还可以进行互相评价。学员完成指定的课程学习并通过考核，才能拿到相应的学习证书，并且大家对这个学习证书的承认度比较高。

### 3. 翻转课堂

翻转课堂也称颠倒课堂，是相对于常规课堂教学而言。它是一种将传统课堂上的教学内容与课下学习活动内容进行倒置的一种教学模式。“翻转课堂”这个名词由萨尔曼·可汗建立，同时他创立了可汗学院，也是使用了翻转课堂模式的教学形式。

翻转课堂具有以下特点，如图 1-6 所示。

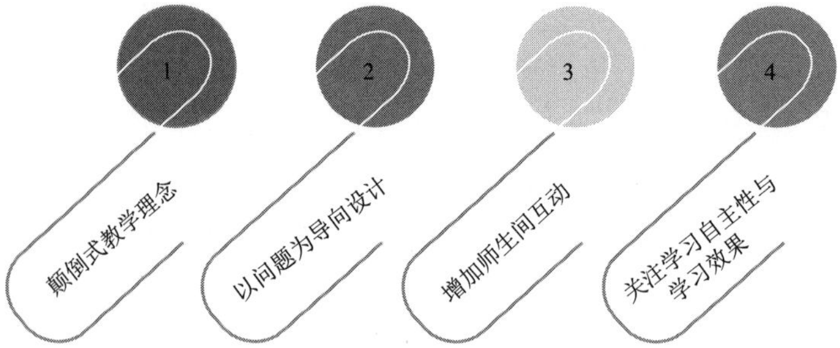


图 1-6　翻转课堂的四个特点

（1）颠倒式教学理念

由传统的“教学”模式颠倒为“学教”模式，常规课堂教学中，课堂上老师讲授新知识，课后完成作业。而翻转课堂则是学员在课前利用教材、微课视频以及助学资料（书籍、音视频、动画、图片和电子教材等）进行自学并完成进阶式作业，在课堂上参与学员互动、师生互动等活动，包括释疑、解惑、研讨、交流等，并完成实践训练、综合性作业的一种教学模式。

（2）以问题为导向设计

翻转课堂是基于“问题解决”的学习方式，关注学习过程，重视学习方法和心得，显性化难点疑点，为课堂动态生成做好铺垫，增加了互动参与度，减少了合作的边缘化，以学习情感体验，促核心素养落实。翻转课堂采用“问题解决”学习方式和师生有效互动为主基调，打破了传统课堂的灌输式教学模式。

（3）增加了师生之间的互动

翻转课堂重在增加师生之间的互动，课堂上有充足的时间用于师生互动，学员会提出各种问题，老师会及时捕捉信息，形成解决方案，从而促进教学相长。

（4）更关注学员的自主性与学习效果

翻转课堂由“老师主权”向“学员主权”转变，老师是帮助学员完成学习的引导者，帮助学员完成自主学习，养成学习的习惯。通过颠倒式教学更加关注学员的学习效果落地，而非知识的灌输。

## 1.2.4　虚拟现实技术与培训课堂

近年来，虚拟现实技术在电力企业各领域得到广泛应用。许多电力企业以虚拟技术为基础，结合企业特点，开发了很多培训新产品、新服务。

### 1. 虚拟现实技术——VR

VR+ 电力安全虚拟现实技术就是一种可以创建和体验虚拟世界的计算机仿真系统，它利用计算机生成模拟环境，是一种多源信息交互式的三维动态视景和实体行为的系统仿真，使用户沉浸到该环境中。当 VR 虚拟现实技术与电力安全培训相结合，所产生的将会是 1+1 ＞ 2 的效果。创新的电力安全培训技术，通过 VR 的亲身体验电力安全的事故，与传统培训比较远远降低伤害事故的发生。降低伤害就是节约企业成本，提升企业效率。

### 2. 增强现实技术——AR

AR 是 Augmented Reality 的缩写，是一种实时地计算摄影机影像的位置及角度并加上相应图像的技术，这种技术的目标在屏幕上把虚拟世界套在现实世界并进行互动。

将 AR 增强现实技术应用于教育培训领域所产生的新型教育培训形式和内容，虽然 AR 教育的本质依然是教育，但 AR 教育有很多新的特性和新的教学方式、学习方式。

与传统教育相比，通过 AR 技术以直观易懂的方式展现在课堂，这种高科技形式的知识点呈现对于提高课堂氛围，提升学员在课堂上的专注度大有裨益。依托“AR+ 培训”的探索式理念融合到产品中，身临其境，用科技为学员带来寓教于乐、互动学习的新体验。通过智能手机、电视、平板电脑、教学一体机及其他移动终端进行文字、图片、声音、视频等多维传达，真实立体地呈现在学员眼前。传播内容覆盖多个领域：视、听、说、触、想，多感官联动学习。借助 AR 技术，学员们的课堂体验融合了虚拟与现实，不再是图书和黑板呈现的平面内容，而是栩栩如生的虚拟现实内容，如图 1-7 所示。

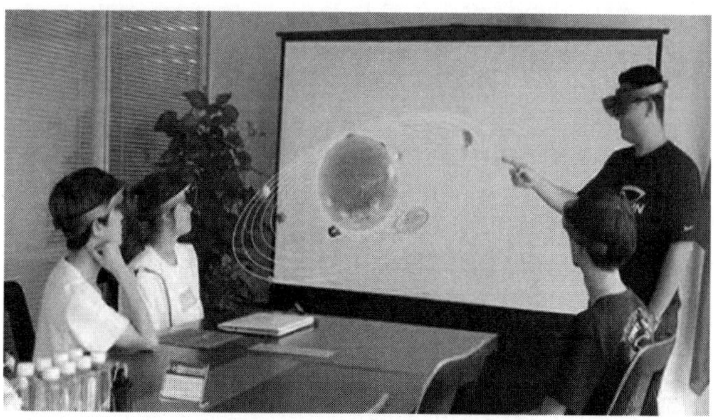

图 1-7　AR 增强现实教学技术

### 3. 混合现实技术——MR

MR是Mixed Reality的缩写，是虚拟现实技术的进一步发展，该技术通过在虚拟环境中引入现实场景信息，在虚拟世界、现实世界和用户之间搭起一个交互反馈的信息回路，以增强用户体验的真实感。

科幻作家亚瑟·查理斯·克拉克爵士曾说过："任何足够先进的技术都将与魔术别无二致。"成熟的VR、AR和MR技术将给我们带来真正神奇的体验。比如说AR眼镜，它将支持你超越空间，随意召唤物体和装置，并将你的感知、记忆和认知放大到超人般的水平。相信VR、AR和MR将会应用到更多的行业与领域。

## 1.2.5　智能化培训课堂

如今，全球正在发生一场前所未有的能源革命和数字革命，绿色、智能、互联网成为主旋律。人工智能是新一代电网和能源互联网的必然选择，电力人工智能必将与未来新一代数据驱动的能源互联网和谐共生。

### 1. 人工智能在电力行业的应用

如今，人工智能技术在电力行业广泛应用，主要体现在以下几方面。

（1）图像识别技术在电力线路及设备智能巡检中的应用

对直升机、无人机、线路固定监控、变电站内巡检机器人、站内固定摄像头等采集图像（视频）进行预处理和特征提取，采用深度学习和传统图像处理技术结合的技术实现巡检图像智能理解，实现线路和变电站设备识别、缺陷检测等，提升电力安全。

（2）输变电设备故障智能诊断和状态评估

针对变压器设备健康状态评价中的数据缺失、故障样本等问题，综合应用非均衡数据学习、代价敏感学习与集成学习等算法，给出变压器设备的自动化、差异化、客观量化状态评价结果。

（3）智能化巡查，提升运维水平

电力行业自主研制了变电站智能巡检机器人、室内轨道式智能巡检机器人、换流站阀厅检测机器人等，巡检机器人可有效代替人工巡检，提升运维水平，降低了安全隐患。

（4）人工智能、大数据在配电网健康评估的应用

通过将电力领域知识经验引入机器学习，形成知识与数据融合的引导学习方法，并实现基于设备健康指数、网络拓扑结构、运行现状与历史数据、外部因素等数据的

配电网健康指数准确评估。

### 2. 人工智能在电力企业培训的应用

人工智能（AI）学从诞生起，其研究与应用领域就与教育培训紧密相关。人工智能是研究让计算机接受教育、提高智能的科学技术，同时 AI 的研究成果又反过来应用到教育培训过程中，促进教育的工作效率，产生新的教学模式。用人工智能技术支持教学过程设计、互动分析与评价，进而支持培训师及其教学，已成为一个重要的趋势，而各类教学自我测评系统、专家系统也在电力企业的某些专业培训领域得到了初步的应用。人工智能应用在企业培训中有以下方面的作用：

（1）教学方式更智能

在课前，老师可实现大数据的学情分析，优质教学资源的推荐，教案的按需生成，虚拟化课堂场景试讲等。在课中，线上课堂可为老师提供智能授课助手；线上的 AI 课程可实现基于学情分析、学习者风格等综合因素动态调整授课内容与形式。在课后，可实现智能辅导 、课后机器人答疑等。

而学员可以通过人工智能方式，实现拍照搜题、智能题库、智能测评、个性化答疑等。

（2）教学管理更智能

在学员管理方面可实现智能排课与智能学员学习管理，比如人脸识别学习考勤管理、学员自主学习动态积分管理、根据学员需求自动匹配课程等。

（3）教学考评更智能

通过智能设备可实现智能组卷、个性化出卷、智能阅卷、考情分析、错因诊断、学情报告等。通过大数据可快速分析教学评估结果，从而实现教学考评的智能化。

## 1.3　互联网时代组织学习革命

互联网时代，培训新技术、新模式层出不穷，我们需要快速拥抱变化，适应新环境与新变化。但除了要拥抱变化，我们还要去探索互联网时代组织学习的规律与底层逻辑，很多人总是去关注那些不断变化的外在形式，却很少有人去探寻哪些是不变的内涵。

### 1.3.1　拥抱变化：领会互联网时代培训的显著特点

面对互联网时代，作为一名培训管理者或培训从业人员，我们首先要把握互联网时代的培训变革趋势，了解互联网时代的培训特点，才能更好地做好企业的培训管理工作。笔者总结互联网时代培训的新特点主要有以下六个，如图 1-8 所示。

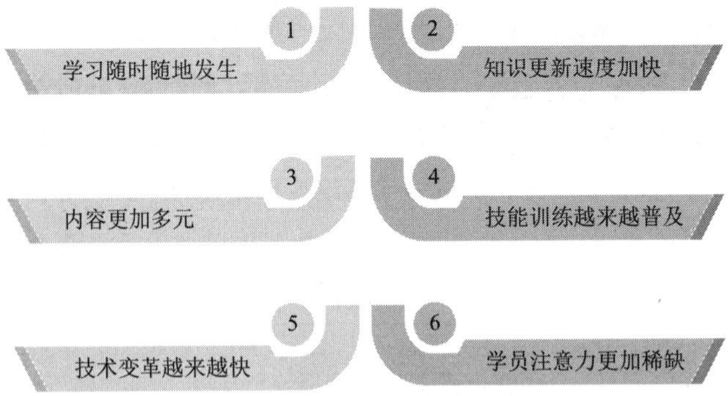


图 1-8　互联网时代培训新特点

### 1. 学习随时随地发生

互联网时代的一个显著特点是学习随时随地发生。扁平化的知识、丰富的教学资源让学习无时无刻不在发生，教育的边界被打破，培训的形式更加多样化，教育学习的范围被扩大。在互联网时代，作为成年人，只要有心、愿意去学，我们会发现身边有大量的免费学习资源。

### 2. 知识更新速度加快

互联网时代的信息瞬息万变，知识更新的速度越来越快。据专家称，互联网时代 90% 的人跟不上知识更新的速度，知识危机正影响着我们。据统计，在大城市生活的人平均每天要接受一百条以上的信息量。庞大的信息传播量，却极少能够运用所掌握的知识去分析和处理这些信息。

但我们发现许多快速更新的知识是没有价值的。在互联网时代下，我们比拼的不仅是知识的宽度，更重要的是知识的深度，尤其是我们要学会独立思考问题、掌握规律的能力。

正因为知识更新速度不断加快，企业的培训工作的开展变得越来越难，学员们已不满足传统的知识型课程的培训，有时学员的知识含量比老师还高；许多学员没有变成“学习专家”，而是变成了“鉴课专家”；这就要求企业的培训要更系统、更专业，企业的培训不在于多，而在于系统、有效。

以往一些企业培训喜欢面面俱到，包罗万象，这也学，那也学，犹如一会儿练少林内功、一会儿练武当拳法、一会儿学华山剑法，貌似博采众家所长，殊不知不同门派的武学原理并不相同，若非大师根本无法做到博古通今、融会贯通。因此这种培训方式要么不见效果，要么晕头转向，甚至还会“走火入魔”，这个时候企业需要的便是系统性培训。

### 3. 内容更加多元

随着知识更新速度的不断加快及教学资源的不断丰富，企业培训的内容更加多元，企业培训不仅要满足组织的需要，也要满足员工个性化的需求。同时，随着电力企业新战略目标的制订，国网公司要成为“具有中国特色国际领先的能源互联网企业”，势必要深入研究新型能源、数字互联网、人工智能、大数据、新型电力技术等领域的新知识、新技术应用，这也就要求我们电力企业的培训教育内容更加多元，更加前沿。

### 4. 技能训练越来越普及

互联网时代，企业的学习越来越理性，不止停留在知识性课程、观念性课程的学习，更多关注技能训练和工具应用类课程。因此这类课程更容易标准化、可复制，培训效果更落地。而理论型课程虽然听了一堆道理，却无法实现快速落地，正如人们常说：听了许多道理，却依然过不好这一生。

同时，随着移动互联网技术广泛传播，使培训变得更加便利，学习更加灵活，企业培训投入也将大幅降低，因此技能训练类课程也越来越普及。

### 5. 技术变革越来越快

互联网时代培训新技术层出不穷，技术变革越来越快，O2O 混合式培训、直播培训、微课学习、VR 虚拟现实培训技术、虚拟课堂、数字化课堂等迅速发展，并不断走向成熟。我们要快速学习这些技术并熟练运用这些技术，而不是选择排斥，否则我们将被这些技术远远地甩在后面。

### 6. 学员注意力更加稀缺

互联网时代信息富足导致人们的注意力稀缺，谁能掌控人们的注意力，谁就能占领商机。人们每天只要打开手机、电脑，总有源源不断感兴趣的信息推送到我们眼前，刺激我们的大脑。这些其实是大数据的功劳，我们只要一打开购物软件，就会源源不断地涌现出你喜欢的物品，其实这些是大数据根据你平常的购物习惯进行有效分析后，在网络后台自动推送给你喜欢的东西。

作为企业培训同样需要抢占学员的注意力，正如俄国著名教育家乌申斯基说过：“注意力是学习的大门。”注意力在哪里，结果就在哪里。在互联网时代，可以吸引学员注意力的东西非常多，比如线上新闻、微信、抖音、快手、有趣的短视频等，所以说手机成为老师在课堂教学中最大的敌人。

### 1.3.2 万变不离其宗：企业培训五大基本面始终不变

《易经》中“三易”原理告诉我们，凡事都有简易、变易和不易。万事万物处于不断变化中，但有变就有常，变化是现象，背后一定有不变的规律。虽然在互联网时代，培训新技术、新模式层出不穷，但万变不离其宗，企业培训的五大基本面始终不变，如图 1-9 所示。

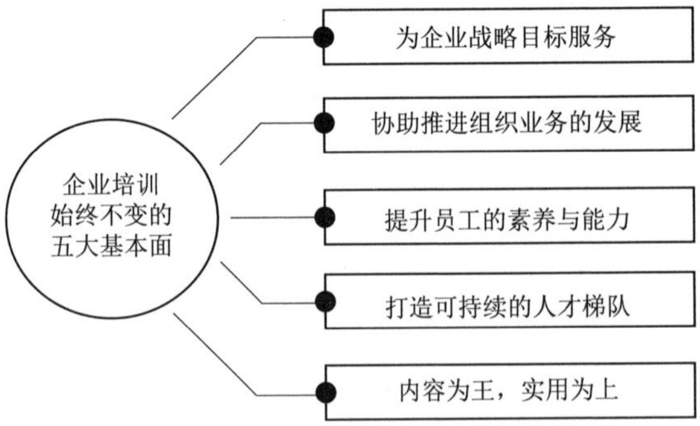


图 1-9　企业培训始终不变的五大基本面

#### 1. 为企业战略目标服务

企业战略目标是企业前进的方向，所有的企业管理行为都应该围绕企业的战略目标而开展。可以说，无论是企业的行为，还是企业要求员工的行为，其最终目的是为企业的发展服务。企业的主体是人，人力资源是企业最核心的资源，而培训是激发人力资源潜能，提升人才价值创造的有力手段。通过对员工培养帮助其能力成长，进而借助人力资源的力量使企业达成战略目标。因此，企业培训最根本的要求是要为企业的战略目标服务。

#### 2. 协助推进组织业务的发展

以往许多传统的培训被大家诟病为“隔靴搔痒”，不落地。其主要原因是大多数的培训不敢触碰企业的实际问题，培训内容做不到跟组织的实际业务相关联。往往企业培训的具体内容不是基于业务开展中遇到的问题，而是基于外部热门的课程和讲师。外采的课程当然不会碰触企业自身的实际问题，内部的企业大学或培训部门的专业实力又不足以开发出跟企业自身业务紧密相关的内训课程。

华为大学的培训原则就是训战结合，即围绕实际工作的场景，进行问题解决式的培训，培训内容紧贴业务实际。例如，新市场拓展的成功要素是什么？哪些是导致挫败的主要原因？为了解决这些关键问题，需要我们具备哪些关键能力？我们如何才能有效提升这些关键能力？所以，在华为大学里，学员在培训的时候，不像在普通高校里面老师讲、学员听，或者讲一些与业务场景不相关的哈佛案例等，而是把华为战场上遇到的实际问题搬到课堂上来，采取体验式教学。比如，在项目管理方面需要提升的员工，除了进行 PMP（项目管理专业人士资格认证）等专业知识培训之外，还会直接由重大项目部指派导师进行授课，所有课程的设计开发也都必须理论联系实际。学习的过程中，导师会让学员进行实战模拟操作，针对可能要参与的真实项目提出自己的见解和解决问题的思路。导师会对学员的问题进行点评和总结。培训的目的只有一个，就是让学员学习之后，能够在战场上取得预期的结果。

### 3. 提升员工的素养和能力

提升员工的素养和能力是企业培训永恒不变的主题，通过提升员工的素养、技能能力，提升其岗位胜任力和解决工作实际问题的能力，从而提升工作绩效。

根据“721 法则”，即员工 70% 的能力来源于实践，20% 的能力来自导师与同事的帮助，10% 来源于课堂的学习。其中 10% 课堂培训的学习却很关键，10% 用来帮助我们建立知识框架与标准、要求，去验证我们的经验，提炼理论高度，形成实践—反思—概念化—再实践的正向学习循环。

根据“721”法则，我们可以很好地设计“理论学习 + 实践操作 + 师带徒”三位一体的培训模式，理论学习常态化、实践操作场景化、师带徒培养标准化，进一步完善培训学习的系统性与落地性。以问题为导向，聚焦难点，突破重点，把学习工作化，工作学习化。

### 4. 打造可持续的人才梯队

为企业持续提供优质人才是人力资源部门为企业发挥作用的核心价值，持续的人才供给保障包括两个方面：一方面是人才数量上要满足企业发展的需要；另一方面是人才质量要满足企业发展的需要。

人才数量的保障主要依靠招聘、借用与培养；人才质量的保障主要依靠培养与内部优化；可见两个方面都需要依靠培训。所以说，企业培训是满足企业可持续发展人才保障的必要手段，为企业打造可持续的人才梯队是培训对于企业的核心价值之一。

### 5. 内容为王，实用为上

无论培训技术、培训方式如何改变，其本质是为优质课程服务的，课程的内容才是核心。犹如我们喝酒，不管酒瓶包装有多精美、多花哨，其核心是要看酒的品质。

经历了这么多年的培训实践，越来越多的企业培训变得理性，要求内容为王，实用为上，要求培训课程能真正帮助改善员工能力，真正帮助企业改善业务。

在互联网时代下，作为一名培训师其核心能力是课程萃取、课程开发与迭代能力，其次才是能说会道。课程的内容开发是“做正确的事”，能说会道是“把事做正确”，前者是本质，后者是辅助行为。假如学员去听课，遇到了一个能说会道的培训师，课堂现场气氛非常好，但课后发现听到的内容对自己完全没有用，那学员回过头来肯定会觉得这是在浪费自己的时间。

### 1.3.3 瓶颈突破：互联网时代传统学习模式的挑战与升级

互联网时代的各种新技术、新模式对传统的教学模式带来了巨大的冲击，无论是培训讲师还是企业培训组织方都应该接受挑战并快速升级，将新的培训技术与方式变为提升企业培训效果与效益的有力辅助手段。

#### 1. 讲师应对互联网教育模式的挑战与升级

互联网教育模式给传统讲师的教学理念与教学能力带来了极大的挑战，面对这些挑战，讲师应积极转变思维、学习新技能、运用新技能，为自己的教学水平提升增加新的筹码。

（1）讲师原有教学理念与教学方法的挑战与升级

“互联网＋培训”模式给讲师原有的教学理念和教学方法带来了挑战，要求讲师灵活运用新的教学理念和教学方法，成为教学的综合设计者和组织者。过去，一位讲师只要具备学科知识，同时掌握课程教学论、教学法等就可以应付教学活动，但在今天的“互联网＋培训”时代，讲师还必须掌握互联网教学理念与新的教学方式。

面对此种情况，讲师应积极参与相关技术培训，帮助自己破解互联网教学方法应用难题，并通过不断反思与自我评价，弥补“短板”，提升教学水平。同时，更重要的是转变教学理念，由以往的“灌输式教育”转变为“赋能式教育”，由“讲师主权”转变为“学员主权”，讲师是帮助学员完成有意义学习的引导者与催化者。

（2）讲师使用互联网技术组织教学能力的挑战与升级

往往在教学过程中，发现许多讲师面对先进的教学设备摆在面前，却不会使用，无法摆脱传统教学观念，而不愿将信息化、互联网引入课堂。这些问题，一直是困扰讲师能否充分学习并有效应用信息资源的难题。其实，只要讲师善于利用互联网技术和信息化产品辅助教学，就一定会对自己的课堂起到意想不到的作用，这是讲师面对互联网时代的升级要求，让互联网技术更好地为课堂提质增效。

面对此挑战，讲师要学会充分利用大数据，精准把握学员的基础水平、复习方向和重点领域，要学会运用线上数据分析学员优势、试卷分析，从而实现科学又精准的教学活动。讲师也可以多参加磨课活动，看看其他讲师是如何使用互联网技术来辅助教学的。

（3）讲师创新思维和创新能力的挑战与升级

“互联网＋培训”对讲师的创新思维和创造能力带来了挑战，要求讲师敢于创新、勇于实践，成为创新者和示范者。

首先，要求讲师成为一个终身学习者，在互联网时代学员可以很快速地获取知识，所以以往靠“知识搬运”式教学模式已不再奏效，讲师与学员比的不是知识的宽度，而是知识的深度与创新度。

其次，讲师必须通过及时的专业培训来满足专业需要，也只有在专业知识扎实、专业能力提高的基础上，讲师才能萌生创意思考，将互联网技术完美地运用在教学过程。

最后，讲师要不断实践，在实践的过程中有意识地利用必要的资源，创造有利的条件，营造良好的环境，打造有利于创新实践的平台。

### 2. 培训组织方应对互联网教育模式的挑战与升级

同时，互联网教育模式对企业培训组织方也带来了极大的挑战。面对此挑战，企业培训组织方应积极完成教学软件、硬件设施的升级，完善互联网培训相关制度的建设，积极推动线上线下一体化教学，促进企业的培训效果升级。

（1）教学设备与教学平台的挑战与升级

面对互联网教学模式的冲击，企业首先应完成基础教学设备与教学平台的升级，比如由原来的传统黑板式的培训教室升级为数字化教学教室（包括能支持互联网教学的视频设备、音响设备、电子白板、互动设备等），有条件的企业可增置 VR 仿真教学设备。

同时，应搭建线上学习平台，推进企业的“数字化校园建设”，提升混合式教学的基础建设，促进线上线下一体化教学模式的推进，加速企业培训的互联网化进程。

（2）整体教学理念与教学方法的挑战与升级

在互联网时代，企业的整体教学理念与教学方式也要完成升级。改变以往请老师上课灌输式的教学模式，而是要把“学习主权”交给学员，在课堂上呈现多种教学方式，比如行动学习、沙盘模拟、微课、世界咖啡、红色现场教学、读书交流会。并开展线上线下一体化教学，将互联网教学技术很好地融合到传统教学模式中，激发学员的学习兴趣，提升企业整体教学效果。

### 1.3.4 系统制胜：促进业务与组织能力建设的培训体系创新

企业要做好培训管理工作，不仅要懂得培训新技术、新方法的运用，更要做好培训体系的搭建以及基于企业业务目标实现和组织能力建设的培训体系创新优化。聚焦业务、聚焦企业重点工作，把有限的培训资源发挥到极限，再辅以有效的培训新技术与新方法，让企业的培训保障企业高质量人才的成长。

#### 1. 顶层设计：基于整体规划的培训体系搭建

要做好企业的培训工作，必须建立有效的培训体系。培训体系的搭建一般包括：课程体系搭建、讲师体系搭建和培训制度建设三个基础部分。其中课程体系搭建是培训体系建设的核心，也是培训体系搭建的切入点。讲师体系是搭建培训体系的基础，有了精致的内容，谁来讲呢？答案是企业的内训师和外聘的讲师。讲师体系主要指内训师的选用育留建设。制度建设包括培训管理制度、培训预算管理制度、学员管理制度等。但一个有效的企业培训体系，完成以上三个基础建设还远远不够，必须有顶层设计，明确为什么搭建企业培训体系比如何搭建更为重要，前者是道，后者是术。

搭建企业的培训体系，我们要综合考虑企业的战略、业务、人才和组织变革四个方面的因素，基于人、事、现在、未来可分为四个象限，分别是全局思考、明晰目标、形成方案和策划实施，我们称这四个方面为培训体系搭建的道、法、术、器，如图 1-10 所示。

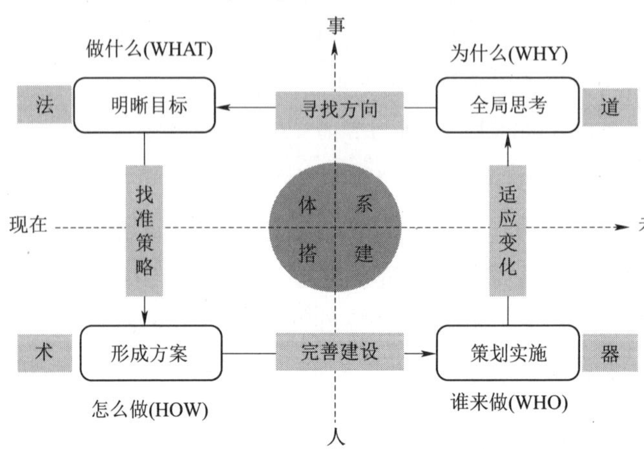


图 1-10 企业培训体系搭建的道、法、术、器

全局思考是解决“为什么”的问题，明晰目标是解决“做什么”的问题，形成方案是解决“怎么做”的问题，策略实施是解决“谁来做”的问题。

首先，全局思考是我们要思考企业为什么要搭建培训体系。培训体系是为企业实现战略目标服务的，这是培训体系搭建的出发点，如图 1-11 所示。组织能力的建设方向由组织战略目标来决定，而培训体系，作为人才管理体系的重要组成部分，为战略目标的实现提供充分的人才供应。

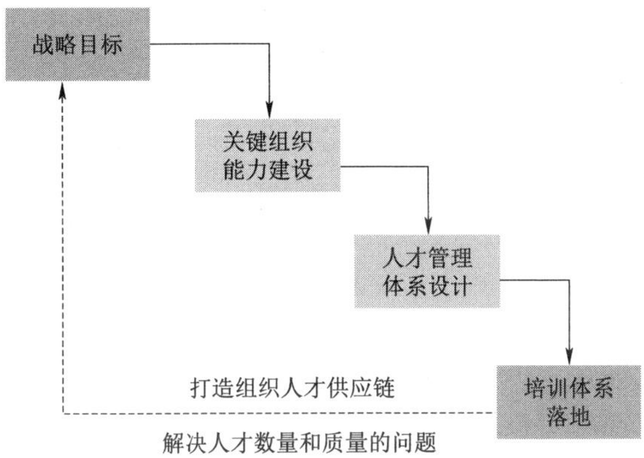


图 1-11 企业培训体系搭建的出发点

其次，根据企业的战略目标与业务发展方向思考企业的人才战略，以明晰企业培训体系搭建的目标，即企业为满足战略目标与业务目标的实现应培养什么样的人才团队，重点培养哪些人才群体等。

再次，根据企业的人才战略精准地制订人才培养的策略与方案，包括人才培养目标、培养途径、培养方式、激励政策等。

最后，我们要根据人才培养策略组织具体实施工作，包括培训中心如何承接人才培养工作、培训管理者如何有效组织开展培训工作、制度建设等工作。

### 2. 灵活应变：基于业务发展与组织能力培养的培训体系创新

企业培训要上接战略，下接绩效，紧紧围绕企业运营目标，在人才战略的指引下开展各项工作。从企业的战略目标出发，分解到企业的各个领域的关键成果，再往下是实现这些关键成果，企业需要哪些关键业务、关键人才、关键能力来支撑，而培训体系则围绕关键业务、关键人才培养、组织能力建设三模块来进行，尤其是重点关注关键人才培养目标的实现，再落实到人才培养策略和人才培养举措，如图 1-12 所示。

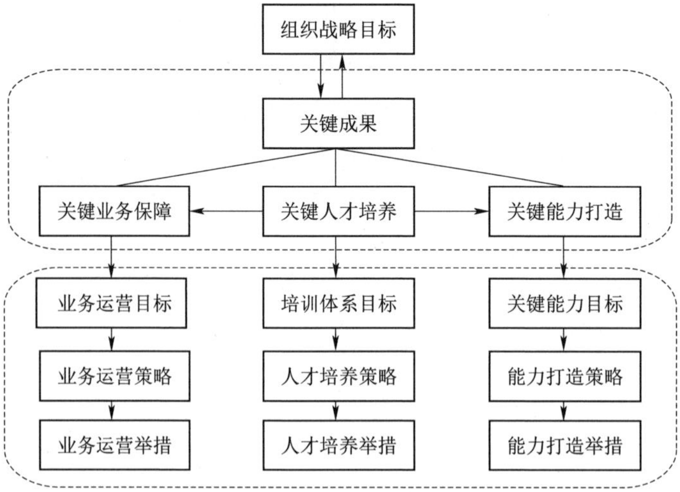


图 1-12　基于业务发展与组织能力培养的培训体系创新

（1）基于关键业务实现的人才培养

企业业务目标的实现需要一系列的复杂操作，包括业务目标的制订、计划的分解、业务运营策略的选择、团队打造、竞争对手分析、外部风险预测与防范等。影响业务目标的实现，总结来说包括两个方面的因素：一个是人的因素，一个是事的因素。而事是人在做的，所以业务目标的实现关键在人，包括业务人员的思维、团队协作、执行力与问题解决能力等。

基于关键业务实现的人才培养策略要求，企业的人才培养紧紧围绕业务目标的实现服务，开发基于业务需求的培训课程，模拟业务真实场景进行实战化人才培养，培养大家解决实际业务问题的能力，培养团队的战斗力与创新力，这是一种回归业务的人才培养方式，也是真正对企业有价值的人才培养方式。

（2）基于组织核心能力打造的人才培养

组织的核心能力就是企业的核心竞争力，是区别于其他企业的撒手锏。不同的企业其组织核心竞争力是不一样的，有的企业核心竞争力是其研发能力，比如华为、科大讯飞；有的企业核心竞争力是其业务渠道运营能力，比如联合利华、农夫山泉；有的企业核心竞争力是领先的质量，比如海尔、格力电器；有的企业核心竞争力是服务能力，比如海底捞、招商银行。

不同核心竞争力的企业对人才的要求是不一样的，人才的能力要能很好地与组织核心能力相匹配，成为组织核心能力的有效支撑。一家希望“技术领先”的企业所对应的人才能力必须在“专业”和“创新”上有所体现，因此我们看到华为在全世界招揽专业人才与创新人才。一家希望依靠“服务领先”的企业所对应的人才能力必须在“用心服务”和“细节”上有所体现，所以我们看到海底捞员工百分百用心的服务。一家希望依靠“运营卓越”的组织能力的成功企业，对应的人才能力则需要在体系建设和优化、高效运营和执行上有突出表现，所以麦当劳的员工标准化管理做得非常到位。

## 【疑难问题】电网企业如何应对互联网时代的培训困惑

新时代下，互联网化培训变革日趋迅速，国网公司战略发展对电网企业人才培养的要求也越来越高，面对此种情境，电网企业如何快速聚焦企业发展目标、快速适应互联网时代的培训变化？

**【疑难解答】**

新时代下，作为电网企业既要满足国网公司对企业人才培养的要求，又要快速适应互联网培训技术的发展要求，我们应当做好以下几个方面工作：

**1. 服务战略、回归业务**

不管培训技术与培训方式如何变，但培训的真正目的与价值是不变的，那就是服务战略、回归业务。首先，企业培训要根据企业战略制定人才战略，再根据人才战略制订人才培养计划；须记企业人才培养是为企业战略服务的，通过人才的培养保障企业可持续健康发展的人才供应。其次，人才培养要关注业务、聚焦企业业绩提升，这是企业培训价值的根本体现。

**2. 传统培训与互联网技术融合**

互联网时代的培训变革加速了企业传统培训与互联网技术的融合。我们不要过于担心互联网技术给传统培训带来的挑战，而是要快速把传统培训与互联网技术进行有效融合，让互联网技术为企业培训管理增添力量。一方面通过完善互联网培训设备建设，促进培训模式互联网化的基础建设；另一方面加速企业内训师的培养，尤其是掌握互联网培训技术的新型内训师的培养。

**3. 培训技术和教学方法的创新**

电网企业经过这么多年的培训发展，各类传统的培训技术已日趋完善。但许多传统的授课方式已经很难引起学员的学习兴趣，需要引进微课、行动学习、情景化教学、沙盘教学、直播、线上线下一体化教学等更为灵活的培训方式，让学员随时随地学习，建立系统化与个性化融合的课程体系。

与传统课堂以培训师为中心，教学方法以单向灌输为主不同，现代电网企业培训课堂应更加注重以学员为中心，关注不同类型的学员对不同教学内容的学习需求，并结合本企业、岗位、工种的特点，创新应用更为有效的教学方法。

**4. 加强教研与创效**

在电力企业培训中，教研是实现培训技术和教学方法创新的最常用方式。教研有规律和方法可循，掌握一些科学、有效的方法，对于做好教研、让教研真正成为推动培训技术和教学方法创新的有效手段，将起到事半功倍的作用。

另一方面要加强培训工作与企业创新创效工作的融合，以培训促进员工创新思维与创新能力的提升，通过头脑风暴、世界咖啡、行动学习等方式，针对业务发展过程中的难题，寻找到创新有效的策略，从而推动企业的创新创效工作推进。

## 【实战案例】国网河南省电力公司培训模式互联网化的探索

新时代下，国网河南省电力公司管理培训中心为适应外部环境的挑战和打造一流管理培训中心的要求，在培训模式上不断创新探索，推出培训模式互联网化“五星模型”，如图 1-13 所示。即以党建引领为抓手，通过整合互联网培训技术、数字化校园、创新教学方式着力把管理培训中心打造成公司的“赋能中心”，为公司的高质量发展提供持续的人才保障。

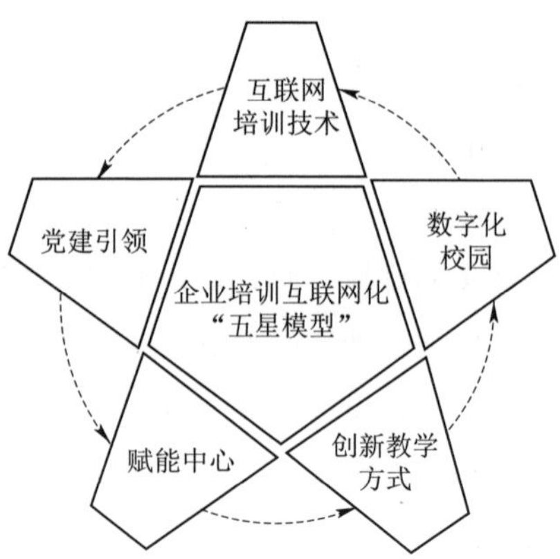


图 1-13　培训模式互联网化“五星模型”

**1. 以党建引领为抓手**

国网河南省电力公司积极响应国网公司党组的要求，紧紧抓住党建引领、旗帜领航的原则，以党建为抓手，促进公司党建与经营管理的深度融合。大力开展党建课程互联网化、党建品牌电子化，通过“学习强国”“线上红色微课”“线上红色 VR 教学基地”推进公司党建学习网络化；通过持续开展“三会一课”“主题党日活动”推进公司党建教育活动常态化。

### 2. 互联网技术融入培训

近些年，先进的多媒体教学设备与技术在电力企业培训中得到了广泛应用，推动了教学方式的变革。国网河南省电力公司管理培训中心积极引进各类先进的教学设备，对传统的培训教室进行升级改造，建设多媒体综合教室、录播教室、智慧教室等信息化教室，支撑培训师现代化教学活动。同时，积极推进线上线下一体化教学模式，例如培训师在授课前将授课内容拍摄成视频课件，便于学员反复观看、复习，一方面减轻了培训师的教学压力，另一方面扩大了培训的覆盖面并加快了传播的速度。

### 3. 数字化校园系统打造

随着互联网技术的普及，广泛运用互联网、人工智能、大数据等技术，打造信息化培训教务管理系统，成为培训管理创新的一个新特征。为此国网河南省电力公司管理培训中心积极推进数字化校园系统的升级打造。应用“互联网 + 培训”理念，建立集教学培训管理与学员服务为一体的培训信息化应用平台，充分利用信息通信技术、互联网平台及移动互联技术，围绕教学全过程为培训学员、教师、班主任、各级管理员四类人群提供全方位教学管理与移动支持服务。帮助培训中心提升培训组织管理效率与学习体验，促进培训信息化水平的全面提升，实现传统培训向创新型培训管理模式的转变。数字化校园系统架构如图 1-14 所示。

总体来说，从四个方面全方位实现培训管理线上化、数字化，构建完善的培训教育管理系统。

①培训管理信息化。建立培训管理信息化系统，将培训操作工作线上信息化。从培训项目预订到资源调配，再到培训需求到方案设计、预算报价、教学评估、结算。实现从立项到结项的全生命周期闭环管理，信息资源全部共享，跨部门协作更为顺畅，能够促进培训项目流程更加标准规范，实现培训指南、方案、任务单、结算单等自动生成，有效提高工作效率。

②培训活动数据化。针对培训过程中的班级管理、档案管理等工作，通过培训信息化系统完成线上实时记录，将培训过程数据化，便于培训过程数据的获取与分析，为培训智能化提供数据输入。

③培训运营智能化。在数据积累基础上通过大数据分析推动培训管理智能化，例

如通过培训数据进行对标分析，预测及决策分析，实现表单自动生成、报告智能推送等功能。

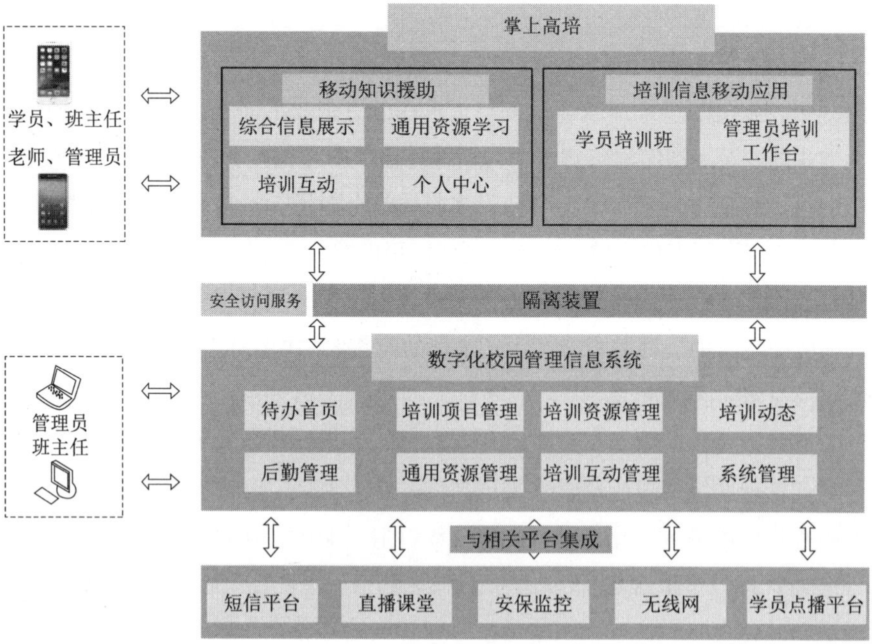


图 1-14　数字化校园系统架构图

④培训管理集成化。数字化校园系统将无线网络、短信平台、教学平台、学员点播系统、直播课堂、安保监控等系统集成化，实现一个平台多种管理。有效保障了教学的顺利组织实施，通过微课件、文档、案例等形式建立学习资源库，提供便捷的知识查询、在线学习、在线阅读、点赞、收藏、打分、离线学习等功能，为学员提供移动知识援助。

为教务管理人员提供项目信息查询、课表查询、教学资源管理、项目费用监控、教务公告等培训项目管理移动支持；提供培训项目全过程管控、培训评估管理、日常巡视等培训项目质量管控移动支持。

**4. 创新教学方式**

近年来，国网河南省电力公司管理培训中心积极探索前沿教学方式的实践，例如行动学习、典型案例教学法在管理干部培训班中的实践应用；红色现场教学、名师名课在党员干部培训班中的实践应用；情景模拟、任务驱动式教学在青干班培训中的实践应用；仿真培训、经验萃取在技能型教学中的实践应用；网络培训在全员培训中的实践应用等均取得较好的成绩。同时，管培中心注重各类学习班学习效果的落地，不断沉淀培训成果，总结培训实践经验。先后出版系列教学案例集，多本培训实践理论专著等。

### 5. 赋能中心打造

赋能中心以组织需求为出发点，根据企业的实际情况，制订科学的人才梯队培养计划，再运用线上线下一体化教学模式，充分发挥两种教学模式优势，模拟企业真实的业务场景，着力打造企业的“作战部队”，如图 1-15 所示。

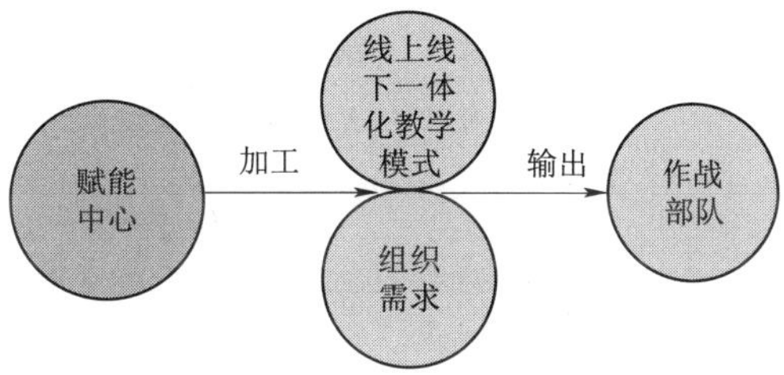


图 1-15 “赋能中心”人才培养流程图

# 第二章 混搭更精彩：线上线下混合式培训的操作

线上线下混合式培训模式，是互联网技术、计算机技术等与传统培训模式的结合。作为互联网时代下的全新教学模式，将讲师、学员、教学素材、教学环境等以全新的形式建立联结。线上线下混合式培训模式，切实发挥了有利的优势与作用，能快速为企业培养所需要的有用人才，且符合新时代员工的学习习惯，既满足了员工的碎片化学习，又推进了员工的系统性学习，助力推进企业打造学习型组织。

# 2.1　线上线下混合式培训的认知

线上线下混合式培训把传统的线下课堂式培训和线上数字化学习相结合，优劣势互补、相得益彰。两者的结合，能充分发挥 1+1>2 的效果。

## 2.1.1　线上线下混合式培训的五大特点

线上线下混合式培训不仅开辟了新的学习模式，更是打造多种“混合式”的教学理念与教学手法，具体来说，线上线下混合式培训有以下五大特点，如图 2-1 所示。

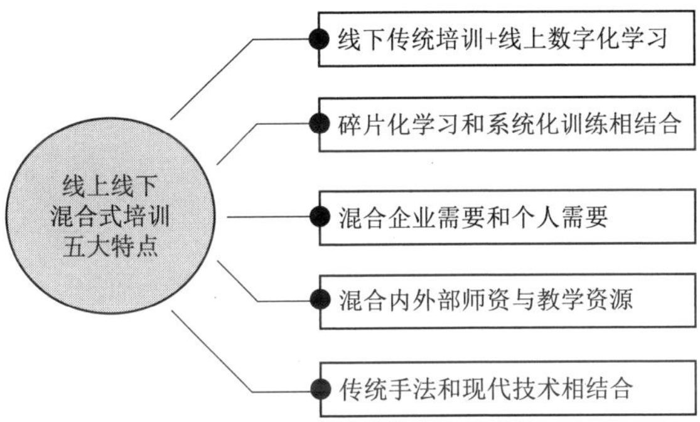


图 2-1　线上线下混合式培训五大特点

### 1. 线下传统培训与线上数字化学习相结合

线上线下混合式培训不是简单的“传统培训 + 互联网”模式，而是打造线下传统培训 + 线上数字化学习相结合的模式。有些企业认为只要把线下课程视频上传到 E-learning 平台，搭建起一个完整的线上课程平台，就完成了企业培训的互联网化。但是，项目上马之后发现根本不是这么简单。有时企业花费了大量的人力、财力搭建起来的线上学习平台，访问者却寥寥无几，最终变成了一个摆设。构建一个成功的线上学习平台，不能只是把互联网当工具，简单地把课程从线下复制到线上。这种“传统培训 + 互联网 = 新培训”的模式，只是改变了传统培训的“硬件”，而没有改变“软件”。

线上线下混合式培训首先是线下传统培训 + 线上数字化学习相结合，既综合了线上线下两种学习模式的优点，又能形成立体化的学习覆盖网；既能满足各类人群的学习需要，又能相对灵活高效地开展企业学习。其实线下培训、线上培训各有优缺点，要充分结合起来使用，才能发挥更好的效果。其优缺点比较见表 2-1。

表 2–1　线下学习与线上学习比较

| 项目 | Offine（线下学习） | Online（线上学习） |
| --- | --- | --- |
| 时间 | 局限，在规定的时间内实施学习 | 弹性，学员可根据自身情况随时学习 |
| 距离与场所 | 距离有限，人数受教室现场空间的限制 | 不受距离限制，可以远距离教学<br>不受场地限制，可以实现大规模学员同步教学 |
| 特征 | 学员学习相对封闭，干扰因素少 | 学员无法封闭管理，干扰因素多 |
| 主导 | 讲师为主导 | 学员为主导 |
| 过程 | 系统的、有组织的 | 随意的、自发的 |
| 回放 | 如未录制，不可回放，不可重复收听 | 可回放，可重复观看 |

那么哪些培训内容适合于放线上，哪些培训内容适合于放线下？笔者提供两点建议。

（1）标准固化的内容适合放线上

第一，专业知识类课程可以全部搬到线上，比如产品知识、公司介绍、业务流程，可以直接搬到线上学习。

第二，标准化操作，尤其是标准作业程序（SOP）都可以放到线上学习。比如电力巡查标准化操作的学习。

第三，场景案例。场景案例特别适合于培养计划营销、采购、客户服务人员，场景案例最好展示企业自身发生的案例，这需要我们提前去做经验萃取。

第四，所有在知识学习、操作流程、案例中产生的高频问题，可以做成百问百答，供大家在线学习、训练。

（2）思维碰撞与技能演练学习类的内容，线下效果更好

首先，行动学习相关的创意课题，通常这类课程需要大家进行头脑风暴、进行思维碰撞后现场得出答案，所以此类课程在线下进行才能保证效果。

其次，问题分析决策类课题。针对具体的问题去制订决策，这类培训更适合在线下开展。比如，这几年很多企业在推动的战略工作坊、绩效改进工作坊，线下效果往往比线上学习效果好。

再次，需要大量情景模拟或演练的课题。比如操作技能类，以及电力服务类需要大量演练类课程，这类课题线下训练的效果更好。

另外，外出现场教学或拓展，比如去红色教育基地进行现场教学必须采用线下学习的方式才能开展。

**2. 碎片化学习与系统化训练相结合**

线上培训的优点能满足学员碎片化学习的需要，而线下培训往往是有计划的、系统化的，这样就形成了碎片化学习与系统化学习相结合。同时，现在越来越多的企业主张在线上学，线下练习。将线上学到的知识技能，通过线下的练习实现从理论到实践的转。这种培训方式既兼顾员工的不同能力和特征，使他们可以自主安排学习时间和学习方式，解决学习和工作的矛盾，又能丰富培训的层次和手段，使培训变得更加高效，提升培训的投入产出比。

**3. 混合企业需要和个人需要**

企业培训肯定是以企业的效益提升为根本目的，如果在进行企业培训时，既能以企业的需要为大方向，又能兼顾员工个人的职业发展需要的小方向，就可以实现企业和员工同步成长的共赢态势。要做到这一点，在培训时不仅要考虑组织所需知识技能的培训，还要注重对员工个人的培养。以员工为中心，加强对员工的个性化、全方位、持续性培育，可以很大程度地提高企业的凝聚力。

线上线下混合式培训模式就可以很好地混合企业需要和员工个人需要，在线下有计划、系统的培训满足了企业的培训需求，而在线上员工可自主地根据自己的需求与爱好选择自己职业成长所需要的课程进行学习。

**4. 混合内外部师资与教学资源**

企业的培训原则上来说应以企业内训师为主，外部培训师为辅。通过线上线下混合式培训模式，可以很好地将内外部培训师结合起来，内训师以专业知识、内部岗位技能培训为主；外部培训师以通用知识、思维训练类培训为主。

线上线下混合式培训的模式，可以满足一个培训项目甚至是一堂课可以是多路人马一起混合完成，充分发挥各类师资优势，互相取长补短，最大化地整合多方师资力量。同时，可有效整合内外部教学资源，全方位地满足学员的学习需求。

**5. 传统手法和现代技术相结合**

培训方法与培训技术成为提升企业培训效果的重要手段，但对培训而言没有最好的手段与方法，只有最适合的手段与方法，不论是传统手法还是现代技术，只要是适合的就是好方法。

直播、VR 等技术给培训带来了颠覆性的变革，对技能培训的开展起到了极大的推动作用。然而实操训练等传统手段仍然有着极重要的存在价值。对于员工培训来说，实践永远是学习的最好办法，科技再先进，也无法代替人与人之间的情感交流，人与物之间的真实体验。

## 2.1.2 混合式培训不是简单的线上 + 线下

很多人简单地认为只要把线上 + 线下两种模式组合到一起就形成了混合式培训模式，其实线上线下混合式培训绝非两者简单的组合，就犹如随便把一群人组合到一起不一定能形成团队一样，而是要经过有效的分工协作与磨合锻造。笔者认为要做好线上线下混合式培训模式，我们要做好以下几点工作：

### 1. 系统规划与目标导向

线上线下混合式培训作为企业的一种新型培训模式，绝不是简单的线上 + 线下，而一定要经过系统规划，始终瞄准企业的培训目标。无论是线下还是线上，既然作为企业的一种培训形式，就理应为企业服务，本着为企业培养优秀人才为出发点，以配合企业业务发展为契合点，对两种培训模式进行有机的结合，系统规划、统一目标与方向。

无论是线上还是线下，首先要从课程的目标来分析。课程目标有三个层级：记忆与理解、掌握与运用、分析与创新，如图 2-2 所示。

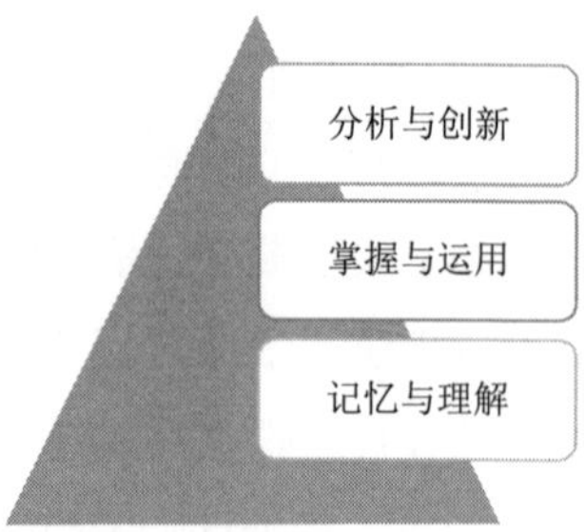


图 2-2　课程目标三层级

①记忆与理解：记忆培训课程的内容和主要知识点，理解领会并能做简单的解释。E-learning 可以很好地达到这个目标，考虑培训成本、组织管理等因素，大部分仅需要记忆与理解的课程，可以采用 E-learning 线上形式进行培训。

②掌握与运用：能够掌握并运用课程所教导的技能技巧，主要以技能课程为主。线上和线下培训的表现形式各有千秋，此类培训课程可混合考虑课程的培训形式，再决定采用哪种培训方式，或采用 O2O 混合式培训。如果以讲授、案例分析为主的课程可以采用 E-learning 的形式，而以游戏、互动、演练、分享和情景模拟为主的课程，则以线下面授为佳。

③分析与创新：通过课程学习，培养学员对现象背后的规律、规则的分析能力，让学员具备在某领域创新的能力。这类注重能力的培养目标，线下面授比在线培训更适合，另一类如测评、考核和标准内容等可以结合在线的方式辅导进行。

### 2. 有效分工与协作

除了系统规划与统一目标外，线上线下混合式培训模式要有效分工与协作，充分发挥两者的优势，相互取长补短。

①线上培训满足学员碎片化、个性化的培训需求；线下培训满足企业系统性、有组织的培训需求。

②线上培训整合外部顶级师资与教学资源，线下培训萃取组织优秀的经验与案例。

③线上培训形式新颖、创新有趣；线下培训实用有料、贴近工作实际。

④线上培训以标准化的课程为主，线下培训以研讨、互动、反思、解决问题及技能实操为主。

⑤线上培训满足中基层员工的普及性教育，线下培训更适合管理者深入研讨性与疑难问题解决类学习。

⑥线上培训更符合新生代员工的喜好，线下培训更受青壮年员工的喜好。

⑦线上培训不受时空的限制，节省成本；线下培训更有体验、学习更深入。

### 3. 不要指望线上学习能取代线下学习

因为线上学习系统有着诸多优点，比如线上学习拥有轻便性、成本低、碎片化、随时随地可发生的诸多优点。于是有人认为甚至鼓吹，线上学习一定会全部取代线下学习。笔者不认可这种观点，原因有如下三个方面。

第一，线下学习有着上千年的传统，深刻影响了人们的学习习惯，不可能说取代便被取代。

第二，线下学习的价值主要有三：一是讲师为学员传道授业解惑；二是构建人际互联的场域；三是促进团队学习。人是群居性动物，人与人之间的情感交流是一种本能性的需要，线下学习的最大价值就在于促进人与人之间的情感交流与人际互动，其次才是传道授业解惑。同时，只有促进团队学习才能构建学习型组织，推动企业的成长与进步。彼得·圣吉在《第五项修炼》中写道："团队的智慧高于个人的智慧，团队拥有整体搭配的行动能力；当团队在真正学习的时候，不仅团队整体产生出色的成果，个别成员成长的速度也比其他学习的方式快。"可见团队学习是构建学习型组织，推动员工成长最快速的方法。因此，从这一点来，线上的个体学习不可能取代线下的团队学习。

第三，线上学习有着天然的弊端，比如线上学习干扰因素多，学员注意力无法集中；学习者难以坚持，对于需要深度思考的学习内容或技能演练型课程的学习效果较差。

因此，就目前而言，我们不要奢望线上培训能取代线下培训。平心而论，线上不能取代线下，线下也不能取代线上，而是两者并存。正如道家所云：“孤阴不生，独阳不长”，“万物负阴而抱阳，冲气以为和”。

### 2.1.3 线上学习平台功能不在于多，而在简便易行

搭建 E-learning 线上学习平台时，很多培训管理者习惯性地追求功能齐全，包括在线签到、在线考试、学员学习、管理和在线监测等，生怕有一项功能没有想到。但是，当我们真正执行的时候发现，80% 的功能最后没有用起来，反而把网络学习平台做复杂了。我们知道，越复杂的事情就越难以执行。比如，当我们看到一个感兴趣的课程，但是点击进去后发现需要先注册账号，注册时还需要邮箱验证等，步骤如此复杂，中途很多人可能就打了退堂鼓。即便在线学习平台的功能再强大，可在吸引学员的第一步就输了。而有些学习课程通过一个链接转发到微信朋友圈，别人点开链接，通过微信账号授权登录即可一键直达，简便易行。

正如奥卡姆剃刀原理所说：“如无必要，勿增实体”，即“简单有效原理”。所以说，线上学习平台功能不在于多，而在于简便易行。

有的培训管理者说：“选择线上学习平台前，我们明明每家供应商拿了 10 个账号，找了十几个人试用，为何全面推广就推不动呢?”只拿到了几个账号，只是找几个人试用，就能证明线上学习系统在公司能全面运营起来，这个逻辑本身便是错误的！培训部门选的几个试用者，往往都是公司里面的积极分子或熟悉的人，起码是能影响到的人。无论你推什么，他们就算是为了面子，也要用起来，毕竟谁也不愿意给别人留下不好学的印象。这几个积极分子用得好，不代表这个线上学习系统就适合公司。

导入企业的 E-learning 学习平台之前，培训管理者可以引导学员用一些免费的在线培训工具，比如培训需求调查可以用问卷星；学习报名可以用麦客表单；传播课程可以用易企秀；在线课程直播可以用千聊、抖音、企业微信、腾讯会议等。

拥有引爆在线学习的热门课程和让员工形成在线学习的习惯，是导入 E-learning 线上学习平台的必要条件。通过使用这些免费的在线学习平台可以实现三个目的。

①打造几门在线热门课程。把在线课程直播的链接发到公司的微信群里，让员工自主学习。如果有超过半数的人学习，有几十条好评，说明这个课程是可以作为热门推广的。

②让员工形成在线学习的意识和习惯。通过零散的、点状地推送线上学习课程，

让员工逐渐形成在线学习的意识。

③培训管理者可以在线学习的尝试中找到关键点和问题点，从而在推广企业自身的在线学习平台时，规避一些问题和障碍。

当企业具备了一些热门课程，同时员工也形成了在线学习的意识，培训管理者也进行了在线学习项目的预热后，这个时候再来推出企业线上学习系统会容易得多。

## 2.2　线上线下混合式培训的实践

线上线下混合式培训模式虽然很好，但在具体的实践过程中，我们往往会遇到一系列的难点与挑战，比如线上教育对讲师教学理念的挑战、对大家学习习惯的挑战、线上线下培训如何有效磨合等。

### 2.2.1　线上教育开展的难点与挑战

线上教育是一个具有完整结构、成体系的信息传播系统，具有多种构成因素，其中最重要的因素有四个：学习者、讲师、学习平台和教学资源。学习者是教育的接受者，讲师是教育的发起者，平台是内容的载体，也是讲师与学员学习的窗口。从这几个方面我们来简要分析一下开展线上教育可能遇到的难点与挑战。

#### 1. 来自学习者维度的障碍与挑战

学习者是一个具有复杂内在心理和外显行为的活生生的人，是线上教育最容易被忽视，也是线上教育最终的受众，因此建议应特别关注在线学习中的“人的因素”。与在线教育相关度较高的学习者因素主要包括：年龄、性别、原有知识与技能、学习自主性与学习习惯等，如图 2-3 所示。

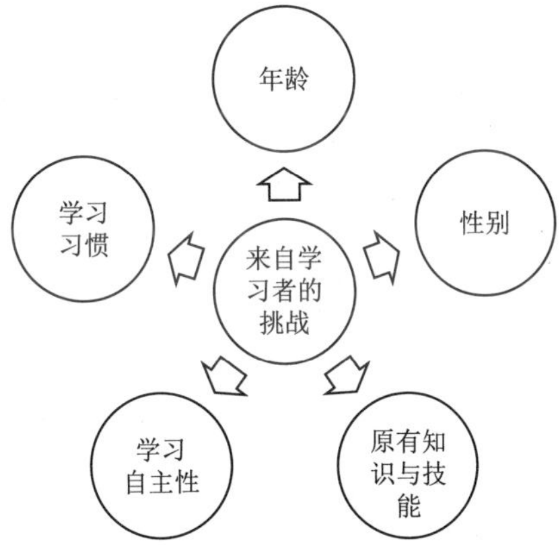

图 2-3　来自学习者维度的五大挑战

①学习者年龄对在线学习的影响。知识含量较高的青年员工比较容易接受线上学习的模式，年龄偏大、工作任务繁重的中壮年员工则不太喜欢线上学习的模式。

②学习者性别对在线学习的影响。主要是兴趣偏好和专业选择使然。在实践中我们发现，

在认知方面男女存在非常大的差异，而在线学习的平台、课程设计上，也体现出性别差异，因此，性别因素可列为影响在线学习行为的另一原因。

③学习者原有的知识与技能情况对在线学习的影响。在线学习平台一般不会做详细的课前调研，按照自有的方式去设置在线课程内容的情况比较多，这样就没有考虑学习者原有的知识与技能的情况。如果原有知识与技能过低，会导致严重的挫折感，此时学习者会选择放弃网络学习；故学习者原有知识和技能不宜过低，否则会导致学习无法进行。

④学习者的学习自主性对在线学习的影响。在企业中并不是所有的员工自主学习意愿都强，相反在企业中大部分员工的学习是被迫式的，而线上学习模式干扰因素多，无法对学员形成封闭式管理，对于一些学习意愿不强的员工很难坚持下去，从而影响学习的效果。

⑤学习者的学习习惯对在线学习的影响。相当大一部分员工还是习惯于传统线下的学习模式，有交流、有互动；而新生代员工更喜欢线上学习模式，轻松、随时随地可发生。

**2. 来自讲师维度的障碍与挑战**

首先，讲师对互联网培训的观念认同障碍。大部分的讲师一直以来都是从事线下教学，虽然积累了丰富的教学经验，但他们由于习惯了传统的课堂教学，从教学思想和观念上还是难以适应网络教学环境。有些讲师难以接受新型教学方式，甚至从心理上排斥在线学习这种教学方式。

其次，讲师对网络教学的适应性障碍。一个讲师在线下课堂，在学员面前授课可以侃侃而谈、从容不迫，而且可以与学员产生良好的互动。但是在网络环境下，讲师面对摄像机、计算机摄像头时，因为看不到学员，可能一下子找不到讲课的感觉，讲起来也是兴趣寡然。

最后，数字化技术的障碍。讲师在信息技术手段的运用上，绝大多数已经能够熟练运用 PPT 等软件制作和演示讲义。但是在数字化素材处理（如视频、图片、动画、声音）上，讲师仍然欠缺足够的技能。在线上题库资源建设上，还缺乏相关经验，绝大多数讲师仍然采用 Word 来编写试卷，并没有把试题导入数据库中。

**3. 来自在线教育平台的障碍与挑战**

在线教育平台的搭建是打造线上学习系统的关键，该平台一般包括用户注册与登录、课程制作、课程浏览与查询、学习、练习与考试、师生交流、积分等功能。它是一个复杂的系统，可以分为若干个子系统，其中每个子系统都是相对独立的产品，如

图 2-4 所示。

图 2-4　在线教育平台系统

在线教育平台的搭建是一个系统的工程，绝不是上线一个简单的软件系统，它必须满足以下几点要求：

一是功能匹配齐全，要满足教学的要求。在线教育平台功能应覆盖线上教育的主要需求，包括学习、考试、学员管理、资料查询等。

二是前端功能简捷易用而且高效。现在网站用户对操作的简洁性要求很高，往往没有耐心学习平台的使用，因此在线学习平台在产品设计时应符合人机操作规范，操作简单、高效。

三是数据互通规范。数据互通规范是教学系统与其他信息系统之间的交换，比如统一用户登录验证、学习记录及信息接口等。最好在线教育平台与公司原有的信息系统能对接，这样会带来极大的方便性。

四是支持跨平台学习特性。在线教育平台不仅要支持基于电脑端浏览器的学习，而且在当前移动学习势头正猛的形势下，在线教育平台也应该支持移动学习特性，使得在线电脑端学习与移动手机端学习平台共享共同的用户信息、课程信息、学习记录等数据，给用户创设无缝学习体验。

**4. 来自教学资源维度的障碍与挑战**

教学资源是在线教育的客体，主要指各种数字化的内容资源，如视频课件、Flash 课件、音频、文本、PPT、试题库。其中内容资源是在线教育成本构成中，占据非常重要的比重，一般占整个项目支出的 40% ~ 50%（其他为平台开发及运营推广成本）。

来自教学资源维度的障碍主要表现为以下三点：

一是教学资源的兼容性，能否尽可能地把更多好的教学资源兼容到在线学习平台，包括传统知识技能类课程、动画类课程、微课课程及企业自己制作的典型课程与案例等。

二是教学资源的开发周期要快，成本要低。如果教学资源开发周期长、成本高，就大大限制了在线教学资源的丰富性与及时性。

三是教学资源的实用性与针对性差。往往在线教学资源大多来自外部讲师或平台，企业自己的典型技能培训课程、经验萃取与案例资源少，导致教学资源的实用性与针对性差，如何鼓励企业内训师制作更多的内部教学资源上传到线上学习平台非常重要。

## 2.2.2 在线深度学习活动设计与实施

在构建学习型组织的过程中，随着互联网、移动互联网等信息技术的不断创新发展，教学从线上为主的单线实施，走向了线下线上教学的融合，在线教学成为教学中的新常态。在备受关注的同时，在线教学也因其质量参差不齐、学习投入度不高、学习体验不佳等受到质疑和诟病。因此，提升线上教学的质量势在必行。而提升线上教学的质量，首先需要从在线学习的体验和成效入手。讲师利用有效的在线教学策略，设计学员能主动参与的学习活动，促进深度学习的发生，帮助学员提升学习体验的成效，在线学习才能真正有效、持续地开展起来。

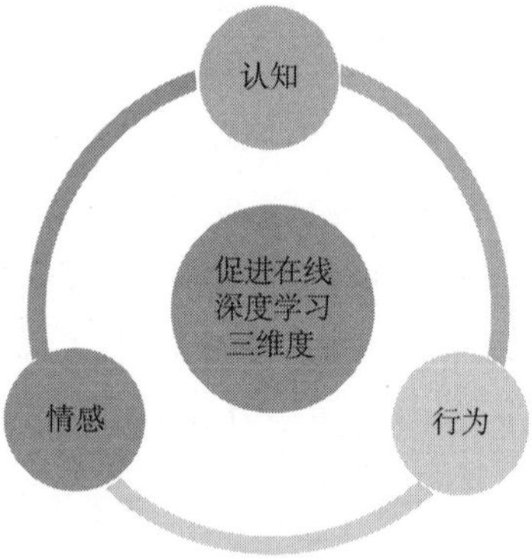

图 2-5　促进在线深度学习三维度

据心理学研究表明，一个人要发生改变需要在三个维度与其发生联结：认知、情感和行为，如图 2-5 所示。培训的本质是促进员工行为发生可持续性改变，从而提升工作技能和工作绩效。因此，讲师需要使用不同的策略与方法从这三个维度促进学员深度在线学习的发生。

### 1. 从认知上促进在线深度学习的发生

在线深度学习的认知活动不再是接收信息和记忆信息，学员需要利用所学的知识进行高阶认知加工，如概念的迁移、规则的应用、规律的寻找、理论的进阶、变式的辨析等，因此当深度学习中的认知负荷较大，课堂上会给学员带来挫败或引发学习中断。我们可以利用以下三个策略从认知上促进在线深度学习的发生，如图 2-6 所示。

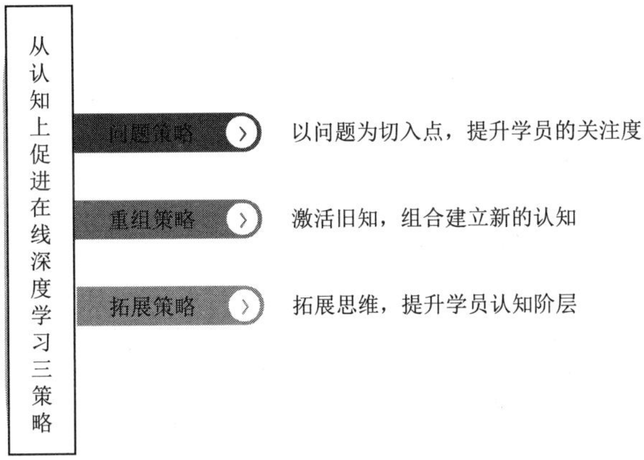


图 2-6　从认知上促进在线深度学习三策略

（1）问题策略

问题策略是指在线教学要有针对性，以学员关心的问题为切入点，让学员尝试运用所学知识来对真实问题进行分析，厘清问题解决过程中的关键点、步骤和方法，形成自己的问题解决方法或方案。这个过程让所学知识与真实世界紧密关联，引发学员高阶思考和深入协作，提升学员自主学习的兴趣与主动性。

（2）重组策略

重组策略是让学员将新学知识技能和已有知识技能建立联结，促进知识结构的发展，发生有意义的学习。学员通过概念的重组能产生创新性的观点。这就要求讲师在教学过程中以旧知为“酶”，通过旧知激活新知，帮助学员将旧知与新知进行有效的组合，从而帮助学员构建新的知识体系。

（3）拓展策略

拓展策略可以推动学员学习额外的知识，对已有知识形成新的认识，拓展学员的思维。这就要求讲师在教学过程中讲解一些学员在工作中学不到的知识点，但又不脱离实际工作，类似于原理、方法论，帮助学员拓展思维，提升认知阶层。

### 2. 从情感上促进在线深度学习的发生

认知是促进学员改变的浅层因素，而情感才是促进学员改变的深层因素。

在线学习中，深度学习必然带来更多的认知负荷，学员投入的时间、精力都大于被动的听讲或观看视频。因此，从情感上对学员进行激励，提供正向引导，让他们主动参与到学习过程和活动中，将当下的学习与现实生活、真实世界联系起来，明确深入学习的意义和作用，才能让他们坚持已开展的学习过程。

从情感维度促进学员在线深度学习，我们也可以从以下三个方面的策略实施，如图 2-7 所示。

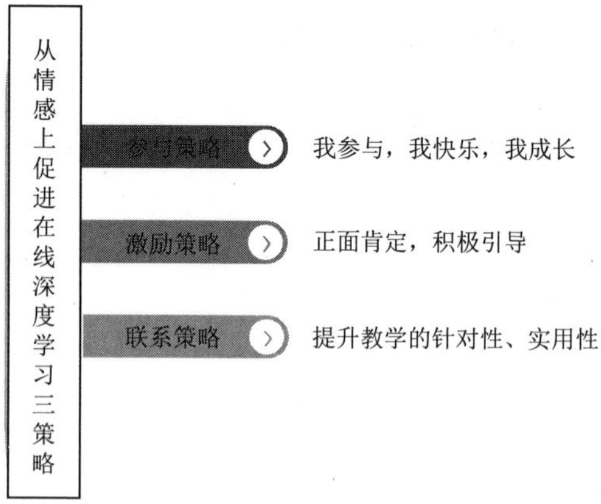


图 2-7　从情感上促进在线深度学习三策略

（1）参与策略

参与策略是指鼓励学员积极参与，充分调动学员在情感上参与的意愿，并在学习过程中对学员的参与不断进行正向强化，帮助他们主动参与深度学习。在线深度学习的参与性体现为学员参与相关任务活动的强度和情感质量，通过持续的参与行为及其对任务完成的总体积极影响或情感。

（2）激励策略

激励策略是指提升学员的积极性，提高自我效能感，让他们得到更好的在线学习体验。深度学习中的激励不只是简单表扬、点赞等，而是讲师在学员需要时提供正面的肯定、引导性的评述和对学员坚持的具体支持，保障深度学习的动作不会因困难、困惑而中断，促使学习得到持续开展。

（3）联系策略

联系策略是指让学员解决现实问题或者参与某种真实任务来增强自身的学习动力。讲师将课程中的新知识与个人生活或职业活动相联系时，学员就会更有动力掌握知识。

### 3. 从行为上促进在线深度学习的发生

从心理学的角度来看，以行动影响行动，以行动带来习惯的改变也是一种不错的方式。在线深度学习过程中，学员需要根据反馈进行自我反思与自我调节，积极地参与各项具体活动，做出各种具体的行动。为了能让学员产生批判性思维，形成自己对事件或观点的看法，创造性地提出问题解决的方法等，讲师需要采取相应的策略对学员的行为进行指引和督促。

从行为维度促进学员在线深度学习，我们也可以从以下三个方面的策略实施，如图 2-8 所示。

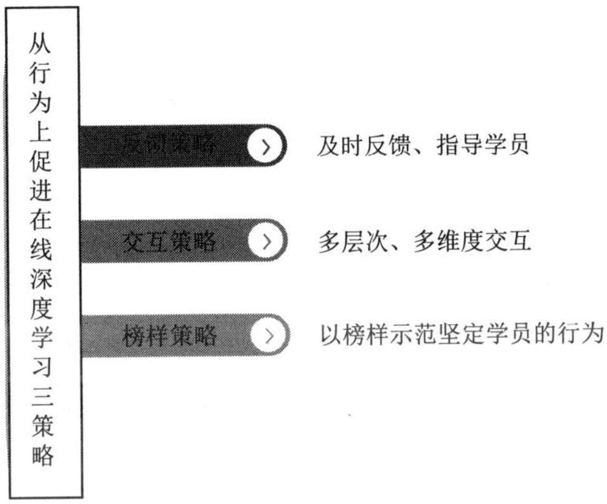


图 2-8　从行为上促进在线深度学习三策略

（1）反馈策略

反馈策略指讲师从自我行为调节的角度，在教学中为学员提供及时的反馈，引导其深度反思学习状况，及时调整学习策略、学习状况等。

（2）交互策略

交互策略是指讲师从与他人交互的角度，组织实施多层次、多维度的交互，促进在线学习学员之间的深层次互动。形式多样的社会性交互活动能够有效消除时空分离带来的距离感，促进学员在网络学习平台上开展深度学习。

（3）榜样策略

讲师要做自己所说，说自己所做。俗话说：“言传不如身教”。讲师的榜样示范能有效带动学员的行动，坚定学员持续改善的信心。

## 2.2.3　企业线上学习平台的搭建与运营

线上学习平台的搭建与运营是开展线上教育培训的核心，是支撑便捷、高效开展线上培训的基础。所谓在线学习平台，是指基于企业战略规划和人力资源规划，为完成企业所需要的人才培养而建立的一套动态系统和机制，包括企业员工培训、企业考试、线上课程培训、刷题练习等都可以通过系统来完成。

### 1. 企业线上学习平台搭建的要点

企业线上学习平台的搭建一般有三种方式：第一种方式是自己组建团队来开发线上学习平台，这种方式的成本高、难度大；第二种方式是借助 SaaS 工具搭建培训平台；第三种方式联合线上学习平台企业定制化搭建。后面两种方式是目前企业选用的主流线上学习平台搭建方法。不同企业开发的线上学习平台，稳定性和安全性不同，对培训工作的支持度也不同，如何选择与定制开发一个可靠的企业在线学习平台呢，我们可以从以下四个方面入手。

（1）明确企业在线学习的需求

选择在线学习平台，我们要先清楚企业需要拿在线学习平台来做什么。也就是说，从学员和管理者视角，要明确所有的应用场景，如移动学习、直播、在线考试、社群化学习、混合式学习。明确了这些需求后，我们才能针对性地给服务商提要求，然后有针对性地去开发定制化的在线学习平台，尽量选择功能齐全的学习平台，免得二次开发带来的麻烦。

（2）操作要简单便捷

要知道在线学习体验，关键在于在线学习平台的操作是否简单便捷。对于学员来说，界面是否清晰简单，使用过程中是否轻松易上手，是否支持电脑、手机、平板随时随地访问，影响着学员的学习积极性。而对于培训管理者来说，需要开展线上学习、O2O、考试、调研、数据统计等，在后台操作中是否便利，是否一看或简单一说就知道怎么操作，影响着他们的效率和心情。

（3）功能是否满足要求

虽然企业在线学习平台不必追求大而全，但功能上必须满足内部培训的业务需求，绝不能单纯地用于线上培训，还需要具备学员管理、培训信息管理、讲师管理、培训班级管理、在线考试等功能。同时，在线学习平台也需要具备专业的可视化多维数据统计功能，以便培训管理者掌握每一位员工的学习情况，通过精准分析运营数据，为后续的运营决策提供依据。

（4）服务支持是否有保障

选择在线学习平台还要看培训系统服务商的服务是否有保障，主要体现于能否及时地解决问题，即响应速度、响应质量、驻场支持等，比如举行大规模考试请服务商来支持，请乙方老师来教授如何使用平台功能等。这些往往在实际使用前难以知晓，需要直接询问其他合作的客户可能会更直接，也可以邀请服务商约几位客户负责人电话访谈调研，最好在购买在线学习平台签订服务协议时，应在合同条款中明确后期服务支持的相关要求。

### 2. 企业线上学习平台的运营

所谓线上学习平台运营是指以企业在线学习平台为基础，围绕平台、学员、内容和活动等开展一系列运营管理活动。通过有效的线上学习平台运营，能大大提升大家对学习平台的使用率，完善平台内容，充分发挥好平台的价值。

线上学习平台的运营主要包括：平台基础运维、内容运营、活动运营和学习效果运营四个部分，如图 2-9 所示。

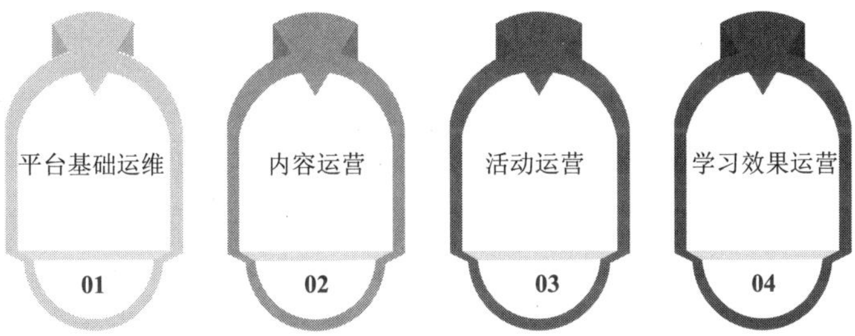


图 2-9　企业在线学习平台的运营

（1）平台基础运维

平台基础运维主要包括三个部分内容。

一是为学员答疑解惑。对于学员在使用过程中通过各种渠道反馈问题，运维人员要及时、高效地解决学员的问题，并形成平台操作手册。

二是优化平台功能。通过内部的功能测试和优化建议，并利用平台和客服渠道收集管理员、学员的建议与反馈，对外部同类型学习产品的调研，结合三者整理为优化方案，由技术人员评估并执行优化方案，完成平台版本的升级迭代。

三是平台的日常运营管理。这是一个持续的过程，通过日常运营管理，保障在线学习平台运行的高效性与无障碍性。

（2）内容运营

内容运营是指及时丰富与完善线上学习平台的教学课件、学习资源，创造更多对学员更有价值的培训课程。企业在线学习平台的基础服务是内容资源，课程学习是平台的核心功能。因此，在线学习平台的内容运营重点是对学习资源进行运营，体现为统筹管理企业学习资源，跟踪学习数据进行资源分析及建议，设计内容宣传推广方案，通过持续的内容运营，增加学员使用平台活跃度和忠诚度，提升培训管理的效率。

（3）活动运营

活动运营主要包括主题学习活动的宣传和全过程管理，在主题学习开始前通过制作长图文、营销页面（H5）、视频宣传资料，通过平台、微信、内部办公自动化等渠道，加强学习活动的宣传。在主题学习开展中，多利用线上平台对其进行教学、管理、考试等，提升大家对平台的使用率和认同度。

（4）学习效果运营

通过不断培训，可使学员熟悉运用平台，从而提升学员对学习平台的使用效率；通过线上线下混合式学习模式可提升学员的学习效果，从而进一步提升大家对线上学习平台的认同度。

### 2.2.4 线上线下混合式培训设计的要点

线上线下混合式教学是一种多场景融合、依靠科技进行线上线下深度融合、优势互补、各取所长的教学模式。

#### 1. 基于混合式的教育理念融合

线上线下混合式培训的开展首先是教育理念的有效融合，传统的线下教学模式强调讲师是授课的主体，讲师主导和支配整个教学活动，学员则是被动的参与教学活动，这种模式忽视了学员的差异性及个性化需求，导致学员在课堂上的自主性缺失，限制了学员的探究和创新能力的发展。而线上线下教学模式将授课内容移到线上，学员通过在线视频学习重点知识，通过课堂时间完成知识的消化吸收，这样的教学模式使课堂内容安排和时间分配上发生了改变，使师生角色发生了改变，明确了学员在教学活动中的主体地位，线上线下混合模式和创新能力，协作沟通能力和创新能力的提升，可以极大地提升教学的效果。

基于线上线下混合式培训设计的首要是教育理念的融合，表面上看这些理念是相互矛盾的，但实则是共生共长，正如古代医学家所说："阳根于阴，阴根于阳，孤阴不生，孤阳不长"。

混合式教育理念的融合包括：传统教学与前沿数字化技术的融合；线上碎片化学习与线下系统化训练的融合；线下讲师主导与线上学员自主学习相融合；线上拓展思维与线下技能实践相融合；企业组织方需求与学员个性化学习需求相融合；真实模拟场景学习与虚拟模拟场景学习相融合。

### 2. 基于培训效果的混合式教学设计

培训效果落地是培训教育最大的难题，一般的课程评估更多关注学员当场的反馈，而没有深入关注学员学习后的行为改善和绩效提升。要让培训效果落地，笔者认为可以从以下三个维度来进行混合式培训的有效设计，如图 2-10 所示。

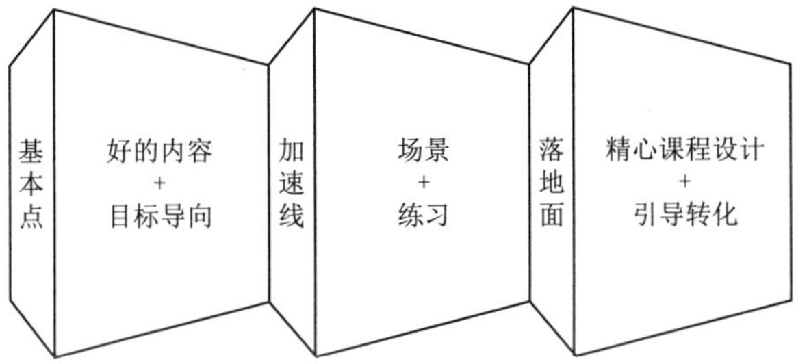


图 2-10　提升培训效果的三个维度

首先，好的内容 + 目标导向是培训效果转化的基本点。不管培训形式如何转变，无论是线上培训还是线下培训，好的内容始终是学习的本质。而目标导向、满足培训组织方的需求，是培训存在的根本价值。如果培训的课程内容本身就存在短板，纵使数字化技术再先进，都无法弥补内容本身的短板，甚至会放大不足。所以，好的内容 + 目标导向是培训落地的关键与基础，也是混合式培训课程设计的出发点。

其次，场景 + 练习是培训效果转化的加速线。知识转化为技能的关键在于练习，而真实场景中的练习是效果转化的根本。因此，效果转化不仅要专注于“练习与反馈”的循环，同时也要构建经验场景和在岗实操这两个真实场景。所以，混合式培训设计的第二种重要方式，就是线上学习 + 线下经验场景练习。线上学习解决知识与流程的认知与理解，线下经验场景练习就是在课堂上模拟真实挑战，将学员置身于案例情景中思考并引导解决问题，以此来观察学员的关键行为，评估学员在某个特定场景下解决问题的能力，做出反馈并实时调整改善。因此说，混合式培训重要的不是线上线下的形式混合，而是课堂讲授 + 导师带教 + 在岗实操的学习场景混合，技术只是拓展了混合学习的边界。

最后，精心课程设计 + 引导转化是构成培训效果转化的落地面。一是课程的精心设计不仅是课程内容的精心设计，还包括课程教学活动、教学组织的精心设计；在课程设计上要遵循“721”学习法则（70% 的知识经验来自实践工作中的学习，20% 知识经验来自向有经验者的学习，10% 的知识经验从培训课程中获取），从重学习到重实战的调整，聚焦于解决工作场景中的真实挑战，精准定位问题，加重实战模拟训练的比例。二是讲师的角色需要从讲师转变为一名引导者，对于深陷问题的学习者而言，讲师要帮助学员进行及时的答疑解惑。更为重要的是讲师要担任督导师的角色，督导学员的学以致用，学习的关键在于应用。要想促进学习效果落地，讲师重要的任务是帮助学员制订训后行动改善计划表并监督执行。

**3. 基于技术的混合式教学工具运用**

线上教学的核心优势是能够运用多种互联网教学工具与平台，这些教学工具与平台不仅可以在线上学习时用，在开展线下培训时也能很好地借鉴与使用。基于互联网教学主要的工具包括以下四大类：

第一类授课软件工具，包括课件制作软件、课程录制软件、课程剪辑软件、教学系统软件等。

第二类授课硬件工具，包括摄像头、麦克风、补光灯、手写板、智能电视、VR设备等。

第三类直播软件工具，包括腾讯会议、阿里钉钉、小鹅通、抖音、视频号、企业微信等。

第四类营销软件工具，包括图片设计软件、微信机器人软件、H5、企业微信等。

这些工具能很好地帮助我们开展线上培训，但并不意味着线下培训的各类教学工具与设备就不能在线上用，比如无论是线上还是线下制作课件的PPT软件、教学用计算机等是可以相通的，只不过是在开展线上培训与线下培训时，这些工具的使用方式略有不同。基于技术的混合式教学工具的运用理念就是充分发挥教学工具的最大价值，不要严格区分哪些是线上才能用，哪些是线下才能用。

**4. 基于优势互补的混合式教学开展**

教学的最高境界是线上教学与线下教学的融通整合，让学习教育自然发生。基于优势互补的混合式教学开展要做好以下四点，如图2-11所示。

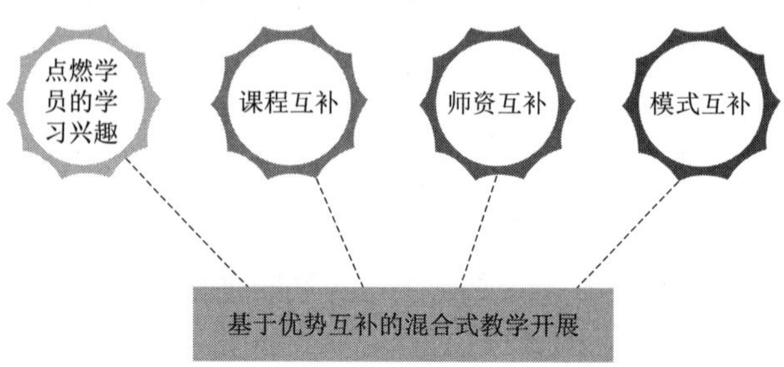


图2-11 基于优势互补的混合式教学开展

（1）点燃学员的学习兴趣

教育的本质是点燃而不是灌输，激发学员的学习兴趣比组织学员学习本身更为重要。西方有句谚语：你可以把马儿牵到河边，但你不能强迫它喝水。这句话隐喻学习中学员具有自主性。所以，无论是线上教学还是线下教学，首先应解决的是学员的学习兴趣。我们可以进行如下操作：

➢ 通过线上微课、线上学习视频的新颖性、实用性、碎片化特点来吸引学员，特别是年青学员的注意力，克服传统线下课程灌输式培训对年青学员影响力弱的问题。

➢ 通过线上学习＋线下场景训练的培训模式，提升培训的针对性与实用性，从而激发学员的学习兴趣与学习参与度。

（2）课程互补，扩大培训的覆盖率

线上教学适用于标准化、知识性的课程内容；线下教学适用于技能演练类、问题研讨类、模拟演练、现场教学类课程内容。通过线上线下一体化教学，可以有效扩大培训的课程范围，扩大培训学员的覆盖率。这也是线上线下一体化教学的核心优势之一。

（3）师资互补，提升教学资源的利用率

线上线下一体化教学要有效地进行师资互补，最大化地利用优质教学资源。比如，利用线上教学我们可以很方便地获取外部优质师资和教学资源，可以大大扩展学员的思维与视野，避免内训师教学的视野局限性。而内训师却可以有效萃取企业内部的典型经验与案例事件，可以提升教学的针对性与实用性，避免外部讲师教学针对性的缺失。

（4）模式互补，提升培训的效果

线上线下两种培训模式各有优劣势，所以线上线下混合式培训的核心价值就是融合两种培训模式的优势，规避劣势，互为补充，相互促进，而不是对立地来使用。只有做到两种培训模式的优势互补，才能真正提升培训的效果；否则会适得其反，任何一种培训模式都会搞不好。

## 2.2.5　做好混合式培训管理的三大思维

培训管理者在开展线上线下混合式培训的过程中要建立三大思维——数字化思维、一体化思维、游戏化思维。

### 1. 数字化思维：培训落地的关键技能

数字化思维就是在企业开展线上线下混合式培训管理过程中，借助数字和智能技术，依据数据发现问题、分析问题、解决问题和跟踪问题的培训管理方式。数字化思维对于培训从业者来说，是一项非常重要的关键技能。在传统的培训中，培训管理者往往缺乏数字化思维，比如在培训需求沟通中，往往根据员工的需求来设立培训课题，没有识别出贴合业务的“关键指标”，导致培训内容“隔靴搔痒”；制订培训计划时，忽略“关键节点”，缺乏节点管控，导致培训执行“虎头蛇尾”；在培训实施中，没有对课程核心内容进行“关键清单”梳理，导致培训内容“天马行空”；在培训评估时，忽视对评估结果的“关键反馈”，或者未及时反馈，导致培训评估“流于形式”。

而用数字化思维来进行培训管理，要求我们在培训需求沟通时，建立关键指标；在培训计划制订时，建立关键节点；在培训内容实施时，建立关键清单；在培训内容评估时，建立关键反馈。这种数字化思维管理模式，笔者称之为“培训数字化管理4K思维模型”，如图2-12所示。

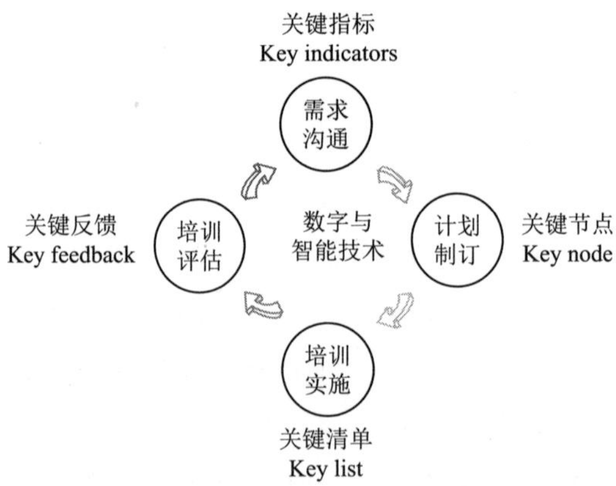


图 2-12　混合式培训数字化管理 4K 思维模型

（1）需求沟通——关键指标

在传统培训需求沟通中，很多培训管理者只是简单地采用问卷的形式，根据员工的需求来设计培训课题。这种方式导出的课题往往与业务的贴合度不高，导致培训的针对性不强。比如，在一次问卷调查中，大部分员工选择需要“跨部门沟通技巧”课程，但是培训后发现，对业务并没有明显的促进作用，跨部门沟通与协作的难题依然没有解决。要想让培训促进业务发展，我们需要在培训需求沟通前，识别业务的关键指标。

（2）计划制订——关键节点

在制订培训计划时，很多培训管理者往往忽视“关键节点”的管控，导致培训项目的执行不到位。培训计划“关键节点”的设置非常重要，比如在新员工的入职培训中，我们可以设计 4 个管控节点：入职前一星期的线上教学、入职 1~2 个月集训、入职 3 个月内导师带教、转正前的认证考核，见表 2-2。

表 2–2　新员工入职培训关键节点管控表

| 时间 | 入职前一星期 | 入职 1~2 个月 | 入职 3 个月内 | 转正前 |
|---|---|---|---|---|
| 阶段 | 线上教学 | 集训 | 导师带教 | 认证考核 |
| 内容 | √公司简介<br>√公司文化<br>√管理制度<br>√新员工入职培训须知 | √职业素养与礼仪<br>√岗位应知应会<br>√岗位通用技能<br>√行业状况与运营政策 | √岗位职责<br>√工作流程<br>√工作技能<br>√安全须知 | √职业素养<br>√基本常识<br>√运营政策<br>√岗位技能 |
| 方式 | E-learning | 面授 | 带教 | 线上 + 线下考试 |
| 组织部门 | 公司人力资源部 | 公司人力资源部、培训中心 | 公司人力资源部 | 公司培训中心 |

（3）培训实施——关键清单

在培训实施中，很多讲师喜欢天马行空地授课，内容过于宽泛，导致学员对学习内容的印象不深刻，培训内容的落地性不好。而培训的有效实施需要建立“关键清单”，把学员需要掌握的知识点变成清单，逐条进行落实。

（4）培训评估——关键反馈

在培训评估中，培训管理者往往把评估当目的，大张旗鼓地做完评估后，对于评估结果的运用却不到位。培训评估只是培训落地的手段，而非目的。培训评估结果要及时反馈，进一步促使学员掌握知识点。比如在学员培训结束后，借助“问卷星”平台，通过“扫码”的形式，在手机上进行测试，为防止学员之间抄袭，我们在题目中可设置一些“陷阱”，让只有真正掌握培训内容的学员才能发现这些“陷阱”。这样一来，学员只需要在工作间歇抽出 15 ~ 30 分钟就能完成测试，这样大大减轻了学员们的抵触情绪。同时，学员们填完后提交，马上就能看到分数和答案，可以及时温习做错的题目（相当于再做了一次培训）。所有培训学员填完后，还能看到分数排名。

### 2. 一体化思维：彰显混合式培训的核心价值

线上线下混合式培训模式不是简单的“线上 + 线下”，而是要用一体化思维，形成两种模式的优势互补。在教学实践中，可以很好地将线上线下形成一体化。

（1）教学设计一体化

企业在开展培训教学时，课前可通过在线学习平台，让学员预习和掌握基础知识；课中线下集中面授，将精力集中在实践活动、体验反思、交流互动等团队与教学活动；

课后再通过线上学习平台进行复习，进一步巩固线下培训学到的东西，从而巩固整体的学习效果和质量。这种一体化学习模式，笔者总结为课前预习、课中练习、课后复习的“三习模式”，如图 2-13 所示。

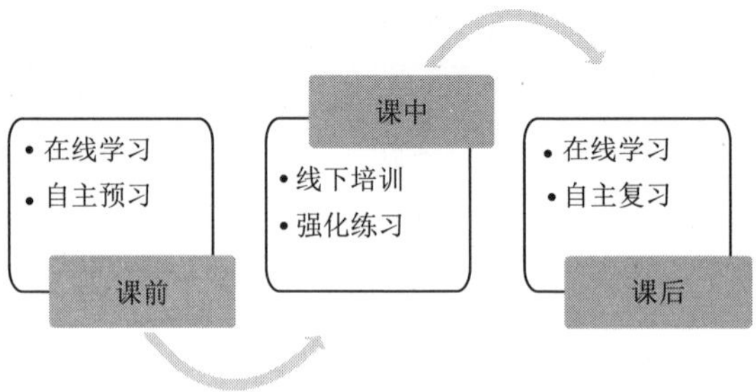


图 2-13　三习模式

（2）培训管理一体

培训管理分为培训需求挖掘、培训计划制订、培训组织实施和组织评估四个主要部分内容，混合式培训可以很好地推进培训管理一体化操作。在开展培训需求挖掘时可采用线下调研访谈 + 线上问卷调查一体化进行；在开展培训计划制订时要综合考虑线下面授课程与线上学习课程；在组织培训实施时要综合考虑线上线下一体化教学的优劣势，哪些课程适合线上开展，哪些课程适合线下开展；在开展教学评估时，可采用线上问卷 + 线下实操考核方式进行。

（3）学员管理一体化

在学员管理维度，可将学员的线下面授学习与线上的视频学习积分进行累加；也可组织学员线下面授，利用线上学习平台来签到与积分管理。

**3. 游戏化思维：点燃学员的学习兴趣**

将游戏化思维引进混合式培训中可点燃学员的学习兴趣。游戏化思维并不是把培训课堂变成游戏的娱乐场所，而是借鉴游戏的机制，让学习者能够积极地投入培训中来。如果大家能把学习当成游戏一样来操作将会乐此不疲。

成功的培训游戏化机制设计必须具备四个特征：合理的目标、明确的规则、及时反馈和奖励。

（1）合理的目标

学员在学习过程中需要有明确的目标，比如让学员获得多少积分，解锁多少徽章，在线上积分排名榜达到多少名等。这个学习目标最好是渐进式的，过于宏大、难以达成的目标容易给学员带来挫败感；同时，小目标最好可以形成难度上的递增，形成阶梯挑战，维持学员的斗志。目标激发学员的学习行为，是用来引导学员学习行为的关键。

（2）明确的规则

游戏化培训设置要有明确的规则，让学员可以按照规则执行，并维护规则的公平性，公平性是维持学员继续玩下去的重要理由。

（3）及时反馈

对于目标的反馈和呈现是游戏化培训落地的基石。常用到的是积分、徽章和排名。用积分来实现对有效学习行为的积累，用徽章来实现对学习里程碑的确认，用排名来实现对学员之中相对位置的标识，激发学员的荣誉感。目标进展是量化的，每个学习行为需要有明确、具体的对应分值；目标进展也是可视化的，能够让学员直观地看到自己的学习过程，可以是在一个地图上的位移，也可以是下一站的距离，反馈可以让学员对整个学习过程拥有掌控感。

（4）奖励

在学员达成目标后，需要有奖励作为激励和认可。奖励需要有时间性，强度也要与目标的实现难度相匹配，否则与期望的落差会让学员产生失望感，形成负面情绪。

很多培训活动学员的积极性比较低，每当老师提出问题时，全场都是“低头一族”、鸦雀无声。如何让学员积极地配合？如何让学员积极地参与学习？在培训中刻意地加入游戏化机制，并设置一定的奖励，这个奖励不一定是要物质的，也可以是精神层面的。

## 【疑难问题】如何解决线上培训学员学习难持续的问题

在企业组织学员开展线上学习过程时，往往发现学员在线上学习很难持续。一方面由于是工作场景中，经常会被日常工作打断学习；另一方面在于学习者的学习自主性与恒心不够，线上学习的孤独感时刻消磨学习意志。结果导致很多线上学习项目虎头蛇尾，草草收场，那么企业如何有效解决企业线上培训学员学习难持续的问题？

**【疑难解答】**

**1. 注重仪式感，提升实用性**

万事开头难，要组织开展好线上培训学习，首先要通过有效的学习运营让学员对课程产生兴趣。而要引发学员的兴趣，无非采取两种办法：一是让学员了解学习的意义，二是让学员意识到学习内容对自己有用。比如，通过线上学习启动仪式让学员了解本次学习的整体架构，通过高管寄语让学员了解组织的期待和对自己的益处，通过课程简介让学员了解课程所能解决的挑战，通过宣传海报激发好奇心，通过分组竞赛活动激发学员学习的主动性。

相比线下培训项目，线上学习项目通常会忽视前期宣传和意义倡导，也没有班级的概念，相对缺失仪式感。若要激发学习的热情，就需要在这一环节有更多思考。

**2. 摆脱孤独感，即时反馈**

难坚持和难深化是标准线上学习的天然弱点，前者是源自学习的孤独感，后者则是因为缺少及时的检查与反馈。要摆脱孤独感，建议可以通过两件事来运营：建立虚拟班级与小组、适度提醒学习。比如建立微信群并请学员分组建立战队，增加团队学习感；建立学习排行榜并保持跟进、给予相应奖励或积分，不仅记录个人积分，更要记录小组积分；设置阶段性任务或活动，要求学员学后以小组形式进行比拼。同时，让老师或培训管理者在线及时提醒与监督学员的学习，对于学员在学习过程中的疑问，老师及时给予回复。

**3. 线上与线下相结合，促进线上学习**

通过课前线上学习 + 课中线下练习 + 线上复习相结合的培训方式，可以有效促进学习的持续化，以这种教学模式开展培训，如果学员没有学完线上的课堂内容，线下课程练习内容就有可能跟不上。同时，经过一段时间的实践后，组织学员再次学习线上的内容，温故而知新，进一步深化理论学习。

## 【实战案例】国网河南省电力公司管理培训混合式培训新模式

针对互联网时代培训变革特征与国网公司的要求，国网河南省电力公司在总结多年培训经验的基础上，打出一套基于人才战略发展的混合式培训新模式：以促进企业人才高质量发展为目标，以“三个引领”为原则，推进混合式人才培养“三大策略”，以“三化”为保持措施，提升企业人才培养与组织提质创效相结合，实现员工成长与组织发展双促进，如图 2-14 所示。

**1. 精准制定人才发展战略**

人才战略的制定是一个较为复杂的过程，它的根基是组织战略和业务目标，国网河南省电力公司经过精密的思考，设计了人才战略制定的“148 思考模型”，如图 2-15 所示。它重点关注四个维度：人才发展目标与挑战、人才盘点与供应、人才激励与保留、关键岗位与关键人才打造；在制定人才战略时综合考虑八个因素，即政策变化、企业战略、业务目标、竞争优势、组织文化、技术变革、竞争对手、行业发展。

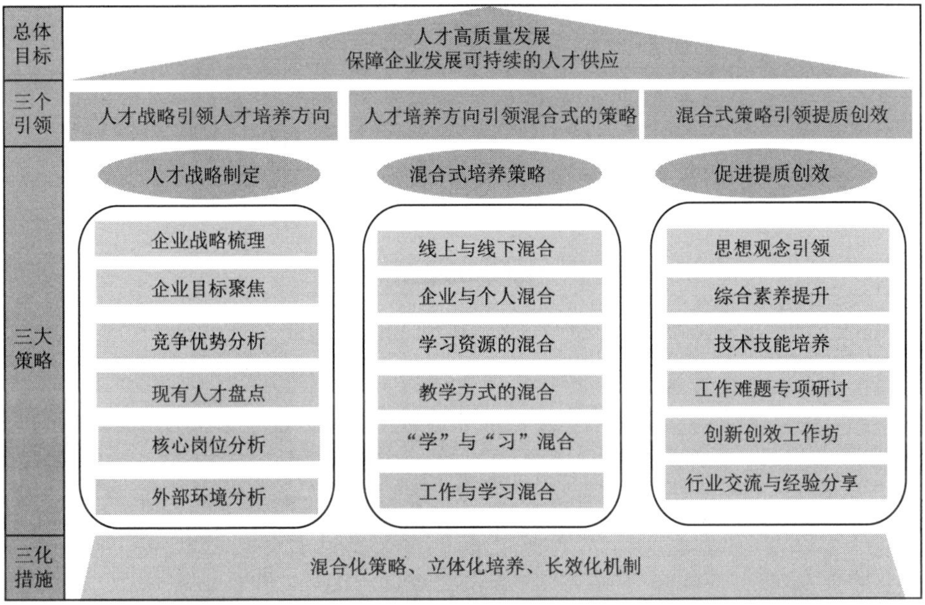


图 2-14　基于人才战略发展的“混合式”培训新模式

图 2-15　制定人才战略的“148 思考模型”

## 2. 混合式培养策略助力人才培养

基于互联网时代的特征及新时代国网公司对企业人才的培养要求，通过混合式培养策略助力企业人才的培养，从而促进企业人才的高质量发展。混合式培训模式促进

“三效合一”，如图 2-16 所示。

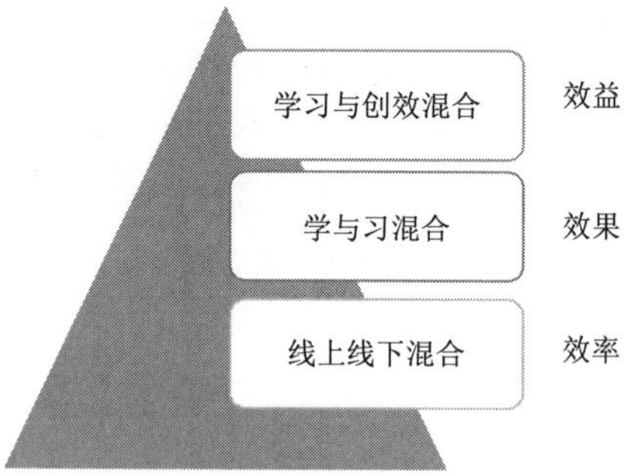


图 2-16　混合式培训模式促进“三效合一”

（1）多种人才培养模式的混合

国网河南省电力公司不断创新企业培训方式，形成多种人才培养模式的混合。例如，线上与线下混合、企业需要与个人需求混合、内部教学资源与外部资源混合、多种教学方式混合、“学”与“习”混合、工作与学习混合。打造线上线上一体化培训模式，充分利用各类资源，促进学员的学习与实践相结合，让学习随时随地发生。

（2）效率、效益、效果的融合

通过线上线下混合促进培训效率的提升；通过“学”与“习”混合让培训理论与实践相结合，促进培训效果；通过学习与企业创新创效混合，聚焦企业目标达成与业务发展，通过创新工作坊、行动学习、头脑风暴、世界咖啡等学习形式促进企业创新创效。

（3）信息共享与人才赋能相结合

培训资源的获取，单靠企业自身难以满足。通过运用互联网时代的“平台思维”，建立线上培训资源平台，将企业内部的优秀经验、实战案例等形成学习资源，在平台上进行交互，实现知识的共享和增值。利用微信、QQ 等各种工具，通过互联网把个人与个人、个人与组织之间联结起来。促进了信息共享与人才赋能相结合，让信息化成为加速企业人才赋能的一种重要方式。

### 3. 人才培养促进企业提质创效

通过人才培养，提升人才的价值创造，是培训的主要目标。国网河南省电力公司以“混合式人才培养策略”“立体化人才培养方式”“长效化人才培养机制”支撑企业人才发展战略的落地，从而更好地为企业提质创效服务，如图 2-17 所示。

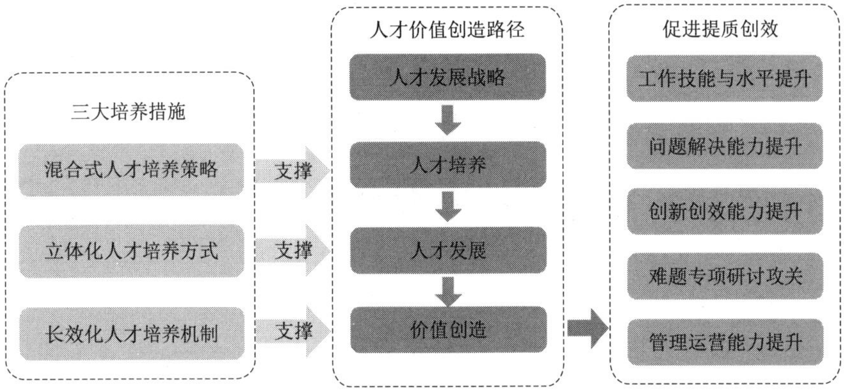


图 2-17　三大培养措施促进人才价值实现

（1）三大培养措施作保障

首先，通过混合式人才培养策略，实现线上线下一体化教学，促进培训效果的“三效合一”。

其次，通过立体化人才培养方式，包括理论学习、在岗实践、专题培训学习、技术攻关、管理难题突破、岗位技能 PK 赛、经验萃取、创新工作坊、导师带徒、轮岗实践等形式，促进人才的立体化培养。

最后，进一步完善企业人才培养保障。一是进一步完善企业《网络培训管理制度》《外聘讲师管理办法》《培训质量管理手册》《班主任工作手册》《多元化教学手册》等；二是建立长效人才培养机制，专注青年人才培训班培训、科级处级管理干部培训、党员干部培训等。

（2）聚焦人才价值创造

根据人才战略制订详细有效的人才培养计划，并组织开展人才培养工作；通过混合式培训、立体化人才培养，促进企业人才高质量发展，提升人才的价值创造，提升组织人效。

（3）促进企业提质创效

通过培训方式与教学理念的转变，开展丰富多样的、与企业业务紧密联系的教学，比如专项技术研讨会、创新创效工作坊、管理运营行动学习、业务技能大比拼等形式，促进人才培养与业务发展的融合，从而推进企业的提质创新。

# 第三章
# 实时更有趣：线上直播形式培训

从2020年开始，直播行业变得异常火爆，直播带货成为中国企业竞相追逐的热点，企业不是在借助直播卖货，就是在通向直播的路上。受此影响，直播形式培训走进了许多高校和企业。那么直播培训与传统的培训形式有哪些区别？怎样才能做好直播培训？如何培养企业内部直播培训讲师？本章节内容将为你揭晓答案。

# 3.1 线上直播培训的认知

线上互动直播课在国外称为虚拟课堂，在欧美国家已经发展了十几年，技术已经比较成熟。微软、谷歌、思科等一直用它作为解决跨时空、跨地域学习赋能的替代方案，并且收到了不错的反响。近年来，国内线上互动直播发展迅速，线上直播培训也广泛走进高校、企业。

## 3.1.1 线上直播培训的优势

传统的线下课程的优势有系统性、现场感比较强，方便老师与学员即时互动；师生之间容易形成一个学习的场域，便于沟通与交流，老师在现场就能及时解答学员的疑问。但线下课堂的缺点是受训人数受限，对于组织跨地域工作的学员上课，比较麻烦，且时间成本、交通费用比较高。

而线上直播培训能很好地弥补线下培训的缺陷，线上直播总结起来有五大优势，如图 3-1 所示。

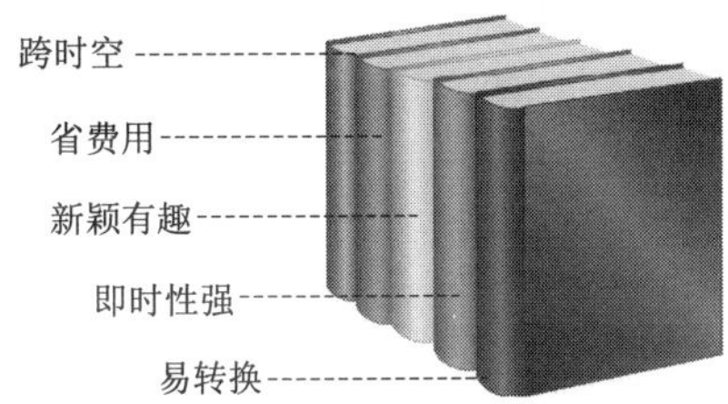

图 3-1 线上直播培训的五大优势

### 1. 跨时空

线上直播培训最显著的一个优势就是跨时空。因为线上直播培训可以实现实时互动，所以它不受时空阻隔，学员足不出户就能实现远程学习。这给跨地域工作的企业开展培训来说，带来了极大的便利。同时，线上直播培训不像线下培训那样受制于培训场地的限制，原则上说线上直播培训没有学员人数的限制。尤其是近年来受疫情的影响，企业大面积开展线下培训比较困难，而线上直播"跨时空"的优势特点，让它迅速成为企业员工培训的"新宠"。

### 2. 省费用

由于线上直播培训是以线上开展的方式进行，学员只要人手一台手机就可以实现随时随地学习，大大节省了由于培训组织产生的差旅费、食宿费用与员工的误工成本。例如，一个管理干部线下培训班 50 人，3 天培训的差旅费是 3 万元，食宿成本是 6 万元，脱岗成本每人每天 300 元，这又是 4.5 万元（按 3 天计算），这成本就高达 13.5 万元，而线上直播就能很好地节省这笔费用。

3. 新颖有趣

如今的时代是人们注意力稀缺的时代，线上直播培训要想牢牢抓住学员的注意力，培训师讲的课程内容必须具有非常强的针对性与趣味性，且课程内容要求新颖、干货多，就像直播带货一样，老师要能牢牢抓住学员的眼球。直播培训本身就是一种新颖的方式，对大部分企业来说直播培训算是比较新鲜的培训形式。

4. 即时性强

线上直播培训是以“线上同步语音 + 视频 + 互动”的形式开展，即时性强。几乎所有的直播软件都可以进行单向、双向甚至多向的互动交流，即时性与互动性非常强。在线上学员可以随时与老师互动，老师可以随时解答学员提出的疑问。有效避免了以往录制好的微课或远程网络培训课程的滞后性与缺乏互动性。而且老师可以非常方便地在线上布置作业，通过对作业进行持续的辅导与点评，及时了解学员的转化和应用情况。

5. 易转换

现在大部分的直播软件都有录播功能，老师在上直播课程时可以很方便地实现一键录制功能，课上完，录像也就录好了。只要稍加剪辑，就可以将其分段变成录播课。然后再上传到公司网络学习平台，可以很好地方便学员复习、查看。

## 3.1.2 线上直播培训的难点与挑战

虽说线上直播有很多优势，但也有着天然的劣势。企业要想做好网上直播培训要克服以下几点挑战，如图 3-2 所示。

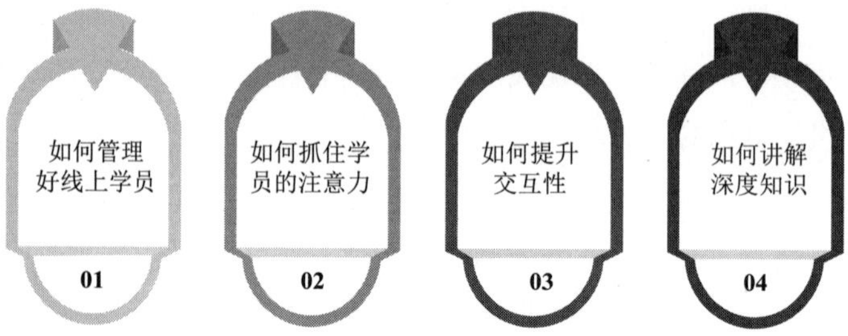


图 3-2　线上直播四大挑战

1. 如何管理好线上学员

线上直播由于组建的是虚拟班级，老师与学员也是隔着屏幕，老师无法像线下课堂那样可以控制课堂的纪律、组织学员开展课堂研讨、推进学员的学习进程等。由于隔着屏幕，老师在上课时，不知道学员在干什么，他可能是边工作、边听课，也可能只是把手机开着，其实根本没有在听课。所以，如何管理好线上学员，是开展直播培训时遇到的第一个挑战。

**2. 如何抓住学员注意力**

线上直播的第二大挑战就是如何抓住学员的注意力。据笔者观察，学员对于线上课程的耐心明显变得缺乏，现在手机上各类电影、短视频、新闻消息占据着人们大部分的时间。要想做好线上直播培训，我们首先要牢牢抓住学员的注意力。如果我们的直播课程没有趣味性、针对性，学员就容易开小差。培训圈曾经有人总结了一条直播经验，有一种广为流传的说法："15 秒决定听不听，1 分钟决定是否持续听"。生动形象地说明了在线课程为了争夺和保持学员注意力所遇到的巨大挑战。

**3. 如何提升交互性**

因为屏幕的阻隔，像线下培训的许多培训教学方式就不能使用，比如小组研讨、角色扮演、沙盘模拟、行动学习等互动性强的教学方式。往往很多时候线上直播基本上是老师一直在讲，老师对于把握学员的状况、学习内容的巩固和练习、引导学员注意力等方面受到了一定的影响。缺乏线下培训的即时交互性，也缺少线下培训大家之间的人际关系。因此，如何提升线上直播课程的交互性，成为第三大挑战。

**4. 如何讲解深度知识**

线上直播培训课程大多以基础性知识和技能为主，对于深度的知识与需要反复练习的技能，在线上直播培训就比较困难。因此，如何利用线上直播平台的分组、互动等功能来提升讲解知识的深度，是我们做好线上直播的第四大挑战。

### 3.1.3 做好线上直播课的"五力模型"

线上直播课的设计与传统线下课程的设计有着较为明显的区别，为很好解决线上直播的四大挑战，笔者认为好的线上直播课程应做好五点设计，分别是逻辑力、互动力、出镜力、总结力和练习力设计，简称线上直播课程设计的"五力模型"，如图 3-3 所示。逻辑力让课程立得住，互动力让学员坐得住，出镜力让镜头撑得住，总结力让知识被学员记得住，练习力让培训效果

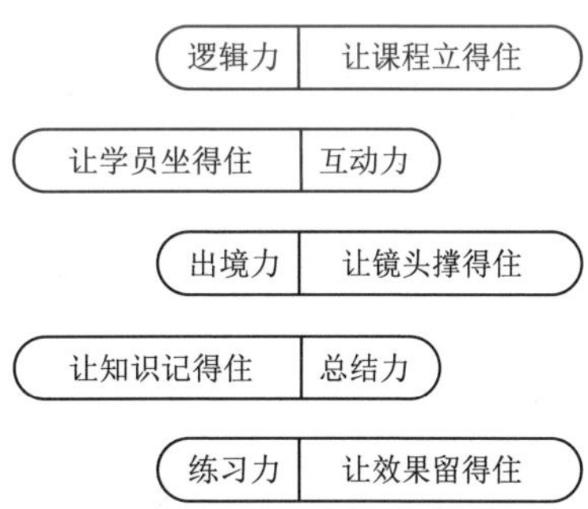


图 3-3 五力模型

留得住。

逻辑力是指讲师按照互动直播的特点，为课程搭建一个直指绩效和实际应用的逻辑结构，针对性强，以学员和应用为中心开展内容，主要解决学员缺乏耐心的问题。线上直播授课内容一定要简洁有用，逻辑性强，增强实质内容。

互动力是指基于学习内容及环节的不同，采用简便、合适的方式鼓励学员的参与和投入，比如实时提问解答、留言区留言讨论；技能操作类内容可以用在线方式完成必要的演练和检查。互动力主要解决学员缺乏耐心、交互性不足的问题。

出镜力是指讲师如何在屏幕上最大限度地通过声音、手势、眼神、身体、直播辅助提示工具等，展示自己的专业形象，吸引学员的注意力，留下良好印象。

总结力是指讲师基于课程的内容、风格，在关键环节，及时总结归纳，强化学员的记忆。甚至可以打造和设计让学员耳目一新、印象深刻的系列金句，从而提升课程核心内容的黏性和传播效果。金句往往具有易传播、有趣有料、让人耳目一新的感觉。

练习力是指讲师设计、布置有效的课中或课后作业，并进行有针对性的练习、辅导与检查。课后作业是互动直播的一大特色，各种在线研习营、训练营都离不开课后作业这一环节。练习力主要解决学员参与度与准备度的问题。

## 3.2 线上直播培训的学习与准备

线上直播培训的学习准备工作与线下培训有着诸多区别，尤其是线上直播设备与网络的调试非常重要。古语云“工欲善其事，必先利其器”，事前的充分准备，是做好线上直播培训的必要条件。

### 3.2.1 线上直播工具的掌握与运用

要做好线上直播培训，首先要对线上直播平台、硬件配置与直播设备进行详细的了解与掌握。很多老师对线上直播有种恐惧感，主要痛苦源于对直播设备与直播技术的生疏。讲师要做好线上直播培训，唯有多实践、多总结，熟能生巧。

**1. 常用直播软件的核心功能**

据笔者统计，目前我们常用的线上直播软件一般可实现以下九大核心功能，见表 3-1。

表 3–1　常用直播软件的九大核心功能

| 核心功能 | 有何价值 | 备注 |
|---|---|---|
| 实时视频 | 允许讲师和学员进行视频，以便其他人能够看到自己的实时状态与动作 | |
| 语音 | 允许讲师和学员发言，以便其他人听到自己的声音。形式可以是讲师讲、学员听，也可以是双向交流互动 | |
| 屏幕共享 | 允许讲师和学员在需要时共享屏幕进行示范和展示，讲师可以把授课用 PPT 进行屏幕共享，让学员比较直观地了解老师的授课内容 | |
| 聊天 | 允许讲师或学员在聊天区输入文字信息，以便所有人都能够及时看到，一般会分为公聊（所有人都能看到）和私聊（单独发给某个学员，其他学员看不到） | |
| 连麦 | 允许讲师在授课过程中与他人进行连麦，这样可实现几个老师来共同讲一门课，或者在课堂中老师与学员进行连麦，提升教学的互动性与学员的参与性 | |
| 白板与画图 | 允许讲师和学员在白板或共享文档上表达自己的想法，而且大家可以一起涂写，将结果实时展示给所有人 | |
| 即时反馈 | 允许学员在讲师上课过程中通过各种表情表达自己的意见 | |
| 录像 | 允许讲师或组织方对教学全过程或必要环节进行录像，然后上传到网络学习平台，支持学员课后回看，对知识进行复习及巩固 | |
| 分组 | 允许讲师根据课程安排及内容，在需要时灵活地将学员分成若干个小组，进行小组讨论或主题研讨 | |

## 2. 常用直播平台介绍

截至目前，国内外活跃的、比较好用的培训直播平台有腾讯系的腾讯会议、企业微信、视频号，阿里系的阿里钉钉；其他常用直播软件，如小鹅通、抖音，思科的 WebEx 和随锐科技推出的瞩目。其中讲师用于直播培训使用较多的软件是：腾讯会议、企业微信、小鹅通、钉钉、视频号、抖音，且操作比较简单。下面将几种常用的直播软件平台功能做一个比较介绍，见表 3-2。

表 3–2　常用直播平台的功能比较介绍

| 直播平台 | 平台名称 | WebEx | 腾讯会议 | 企业微信 | 视频号 | 阿里钉钉 | 小鹅通 | 抖音 |
|---|---|---|---|---|---|---|---|---|
| 基础功能 | 视频授课 | √ | √ | √ | √ | √ | √ | √ |
| | 语音 | √ | √ | √ | √ | √ | √ | √ |
| | 共享屏幕 | √ | √ | √ | × | √ | √ | × |
| | 聊天 | √ | √ | √ | √ | √ | √ | √ |
| | 聊天记录保存及分享 | √ | √ | √ | √ | √ | √ | √ |

续表

| 直播平台 | 平台名称 | WebEx | 腾讯会议 | 企业微信 | 视频号 | 阿里钉钉 | 小鹅通 | 抖音 |
|---|---|---|---|---|---|---|---|---|
| 高级功能 | 录播 | √ | √ | √ | × | √ | √ | × |
| | 回放 | √ | √ | √ | × | √ | √ | × |
| | 屏幕标注功能 | √ | √ | √ | × | √ | √ | × |
| | 分组 | √ | × | × | × | × | × | × |
| | 白板 | √ | √ | √ | × | √ | × | × |
| | 投票 | √ | √ | × | √ | √ | √ | √ |
| 其他 | 允许随时进入培训 | √ | √ | √ | √ | √ | √ | √ |
| | 设置联席主持 | √ | √ | √ | √ | √ | × | × |
| | 参会人数上限 | 无上限 | 300 人 | 无上限 | 无上限 | 无上限 | 无上限 | 无上限 |

备注：本表格功能是截止笔者写本书时各直播软件平台的功能介绍，仅供参考。由于各直播软件一直在不断更新迭代，其功能可能不断升级，以实际功能为准。

## 3.2.2 线上直播硬件设备与环境的要求

### 1. 直播的硬件配置

要做好线上直播培训首先要配置基本的直播设备，满足直播的基本硬件资源。常用的直播硬件配置包括：电脑、网络、摄像头、话筒、补光灯、手机支架、翻页笔等。具体的相关配置要求如下：

（1）电脑

为保证直播质量，建议选择尽可能高配的电脑直播。原则上配置不低于酷睿 i5 处理器，8G 内存，配固态硬盘、独立显卡。

（2）网络

网络要求通畅，保障直播时不掉线和卡顿，不影响学员的观看体验。一般而言上下行网络在 20 Mbps，可以支撑 720P 清晰度直播，网络抖动和延迟越低越好。最好同时有线网络与无线网络两种方式都能用，如果某一种网络较慢，建议及时切换到另一种网络模式。有时有线网络光猫长时间工作后性能可能受限，此时断电几分钟重新启动可能会提升网速。

（3）摄像头

技能类培训授课直播，对摄像头要求不是特别高，720P 清晰度即可，1080P 更好。可以用笔记本电脑自带摄像头，也可以选购自带麦克风的摄像头，推荐型号：罗技 C920、C922。

对于全屏真人出镜类直播授课，对摄像头的要求比较高，至少需要在1080P；有条件的可以使用采集卡+单反直播，如果对画质要求特别高，也可以采用专业摄影机直播。如果是用手机做抖音、微信视频号直播，建议选用相机清晰度较高的手机。

（4）麦克风、声卡

一般对于要求不高的直播授课，使用笔记本电脑上自带的麦克风和声卡即可，如果课程对声音要求比较高，或者需要在抖音平台上直播授课的话，可以考虑配一个外置声卡；直播声卡可以提升音质，也可以增加一些混响，让声音更浑厚；同时，直播声卡可以高保真收音，无论是高音或低音都可以还原得更真实，让声音更加出众。

（5）补光灯

对于一场画面要求较高的直播，可增加补光灯。补光灯可以根据不同的场景来调整画面亮度，具有美颜和亮肤作用。补光灯的重要性甚至要超过摄像头，如果室内光线不好，再好的摄像头也难拍出理想的效果。对于专业的直播室，可以选购专业的LED灯，但对于讲师个人直播授课或者解决临时性需求，可选购性价比更高的专业移动端直播补光灯，价格也比较便宜。

（6）手机支架

讲师在进行直播授课，考虑到直播过程中需要同步看到观众互动，所以讲师最好再额外准备一部手机，供其随时查看，可以用手机支架、懒人支架将其支撑起来。

（7）翻页笔

翻页笔是讲师授课中的标配，用于授课过程中PPT演示的翻页，同时有些翻页笔具备将画面或重点内容文字放大、凸显的功能，便于直播时观众清晰的观看。

### 2. 直播场地简单布置

讲师直播授课的场地要求灯光较明亮，附近没有干扰声音，最好是安静的地方。直播间场景布置方式为，从斜上方打灯，这样既保障灯光的亮度，又有瘦脸的作用；摄像头位于讲师正前方，这样容易让学员比较直观地看到讲师的面部表情与肢体动作。桌子一般选浅色，不要太花哨，以免影响学员的视觉感。

### 3. 直播讲师着装与化妆

直播讲师着装要求不要与背景色彩一致，要有反差。讲师如果有条件的话，可进行适当化妆。化妆应注意如下要点：

①底妆：不要太浓，轻薄自然一点，有痘痘可以微微盖一下，因为美颜相机和美颜灯可以掩盖脸上的瑕疵。

②阴影：有时候美颜灯太亮，直播磨皮，五官会变得更扁平，所以鼻阴影和脸两

侧阴影可以加强一些。

③眉毛：眉毛可以画的比平常深一点，主要勾勒出眉毛轮廓。

④眼妆：不要用太鲜艳太闪亮的眼影，适当画上眼线会让眼睛变得更加明亮。

⑤基本原则：提升气色，维持妆感的清澈度，妆容要精致淡雅，脸部不能看起来污浊。

### 3.2.3 常见线上直播平台的操作要点

#### 1. 钉钉直播操作要点

阿里系的钉钉是比较常用的一种在线直播工具，其基本操作步骤如下：

（1）注册钉钉账号

如果你已经在使用钉钉，可以直接使用现有钉钉发起直播。如果还没有注册钉钉，需要先注册一个个人版账号并登录，后期如果企业有协同办公需要可进行企业认证，仅发起直播可先不必企业认证。

（2）建立钉钉群

登录电脑版钉钉，建立直播群如图 3-4 所示。点击右侧【+】按钮，选择发起群聊，选择需邀请的学员，可先随意选择，后期再邀请具体的学员，在“群名称”处设置群名，可以是机构名、直播课程主题命名等；再选择“群类型”，一般建议选择“普通群”，如选择“内部群”则仅同一企业员工可进入。

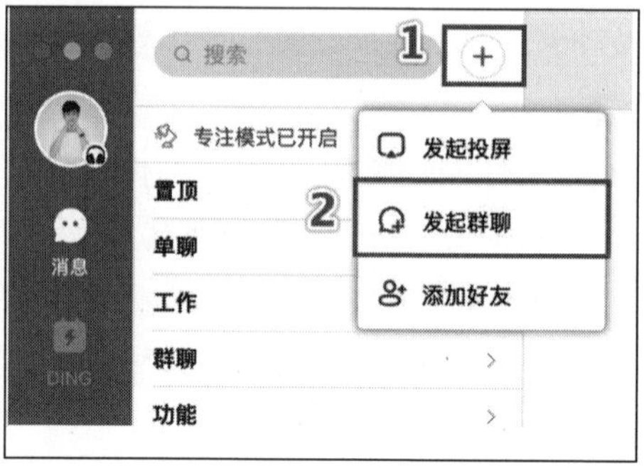


图 3-4　建立钉钉直播群

（3）邀请好友入群听课

钉钉群建立的操作方式与微信群、QQ 群类似，但功能更加强大，可以通过设置群名、群公告等方式来装修钉钉群。同时，可以用和微信、QQ 群相似的方式生成群二维码、群号、群链接，邀请好友入群听课。直播开播后，群内成员将会收到推送提醒。

（4）发起钉钉群直播

首先是要找到对应群聊发起直播，如图 3-5 所示。注意，首次发起直播会要求实名认证，按提示使用支付宝信息实名认证即可。

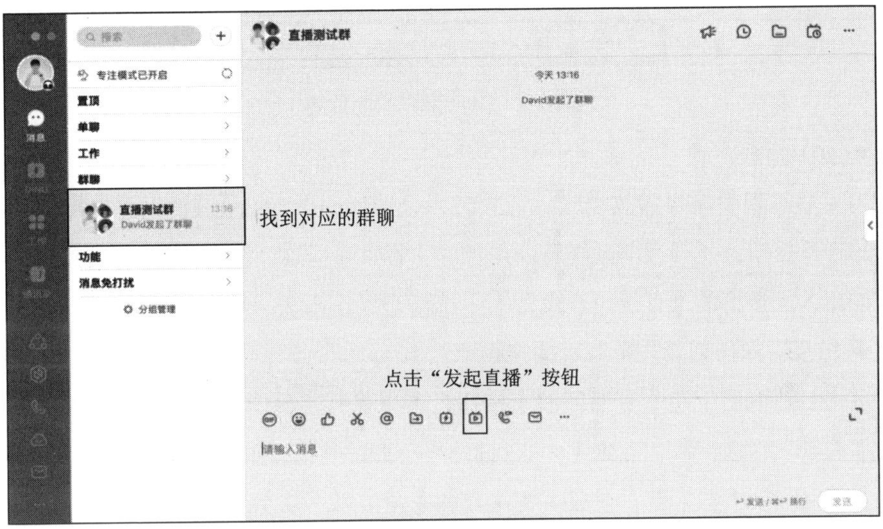


图 3-5　找到对应群聊发起直播

其次是设置直播主题，选择直播类型，如图 3-6 所示。摄像模式适合全屏人像的直播，一般适用于技能类课程；屏幕分享模式适合一般教学类直播，可以露脸出现在右上角；专业模式可以实现多屏联播等更多玩法。

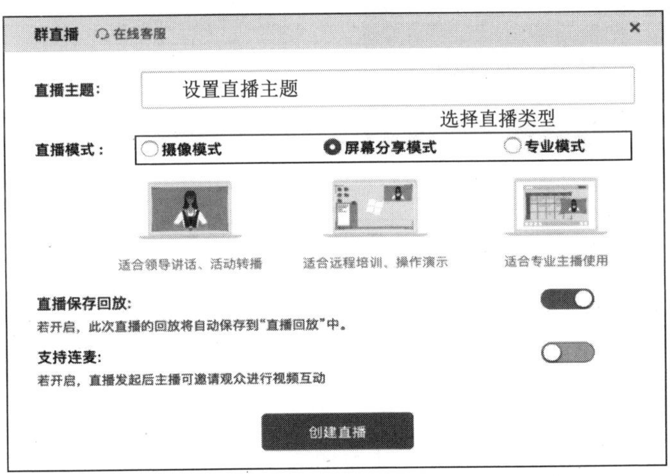


图 3-6　选择钉钉直播类型

（5）如何实现高阶玩法

◆ 屏幕分享过程中如何露脸

开启直播后，点击屏幕上方浮动工具栏中的【露脸】按钮即可，如图 3-7 所示。

图 3-7　直播露脸功能按钮

◆ 如何播放声音

当直播过程中需要播放视频、音效时，设置如图 3-8 所示。首先点击操作系统右下角的音量按钮，找到当前系统转入声音的【音源】，点击屏幕上方浮动工具栏的【麦克】按钮，在弹出的【直播声音设置】中选择与操作系统一致的音源。

◆ 结束后如何查看、下载直播视频

点击钉钉群右上角【直播回放】按钮，可以打开本群内的所有直播。由群主或直播发起人进入直播回放，点击【…】，选择要下载的直播，如图 3-9 所示。点击【权限设置】可以限制下载人数，一般不建议开展【全员可下载】。

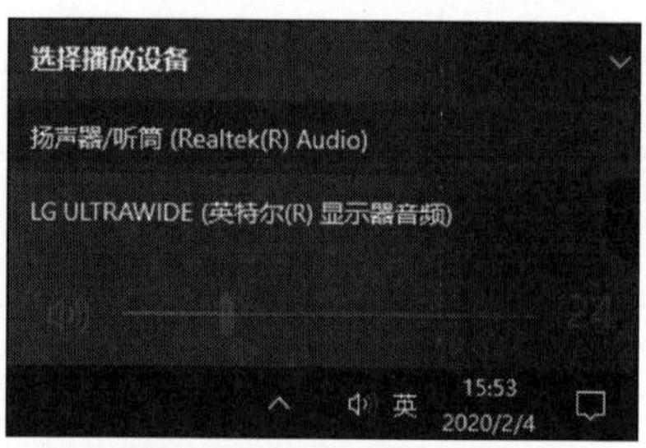


图 3-8　系统本身声音操作

图 3-9　下载直播视频

◆ 如何生成直播分享链接

由群主或直播发起进入直播回放，点击【…】，选择权限设置，选择【链接分享】和【复制链接】，如图 3-10 所示。

## 2. 腾讯会议直播操作要点

腾讯会议已成为企业线上会议、线上直播授课的一种常见方式，其操作简单、方便，学员接受度高，微信一分享，直接小程序打开就可以，有手机和网络就能在线参与培训。

而且腾讯会议还有云录制功能，即便错过了实时培训，后期也能快速跟上。

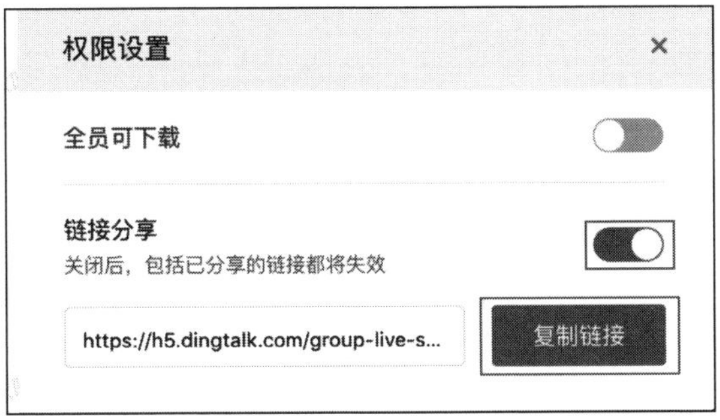


图 3-10 直播分享链接复制

（1）安装腾讯会议 App 并注册登录

在手机商场下载腾讯会议 App，可绑定微信授权登录，首次登录“腾讯会议”需要进行手机号码绑定。登录界面如图 3-11 所示。如果讲师需要使用电脑授课，可在电脑上下载“腾讯会议”电脑版 App。

（2）创建网络课程

选择【快速会议】，如图 3-12 所示。进入会议，在弹出的页面框勾选【入会时使用电脑音频】，点击绿色框【使用电脑音频】，正式进入会议。

图 3-11 腾讯会议账号注册

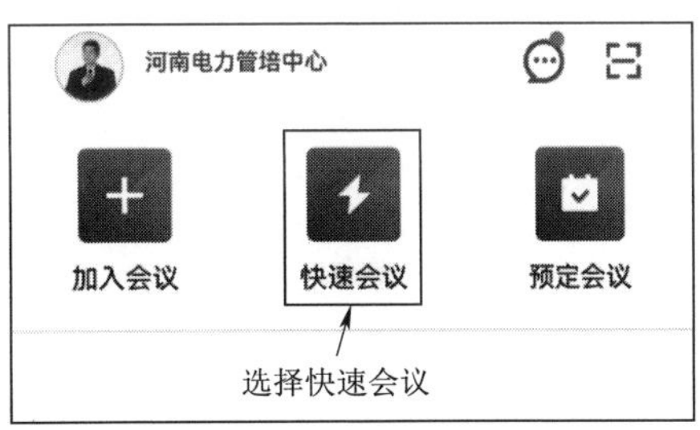


图 3-12 快速创造会议按钮

进入会议界面后，主界面左下方可先调试电脑音频、视频的情况，如图 3-13 所示。

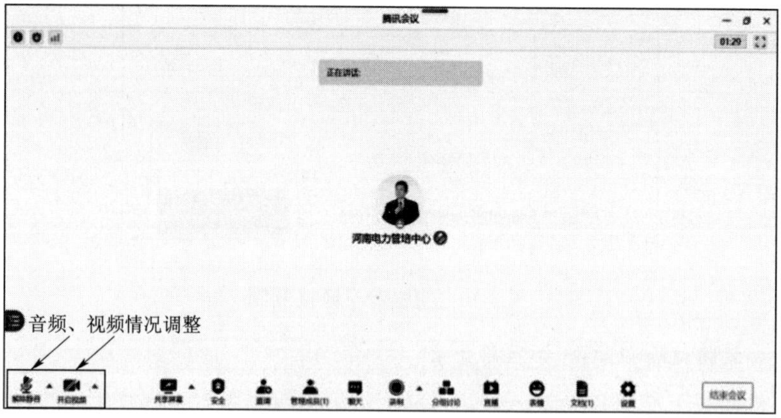


图 3-13　音频、视频情况调整按钮

（3）邀请学员加入课程

点击主界面下方【邀请】按钮，弹出页面框选择【复制邀请】，将本次上课的信息发送至学员所在的 QQ 群或微信群，学员可根据邀请链接或者会议 ID 号加入本次课程。信息样本如图 3-14 所示。

河南电力管培中心邀请您参加腾讯会议
会议主题：青年干部培训《管理基础与管理者角色定位》
会议时间：2021年9月15日14:00～17:00
点击链接直接加入会议：
×××××××
会议ID：×××××××

图 3-14　上课邀请信息样本

（4）共享授课课件

点击主界面左下方的【共享屏幕】，弹出页面框选择【桌面 1】，点击【确认共享】即可共享讲师电脑桌面，之后电脑桌面切换至授课 PPT 页面即可，如图 3-15 所示。

（5）高级运用操作

◆ 如何管理成员

点击主界面下方【管理成员】按钮，弹出页面框选择【全体静音】，学员之间就不能相互听见声音，点击【更多】，勾选【允许成员自我解除静音】，学员可自己解除静音回答老师的问题。

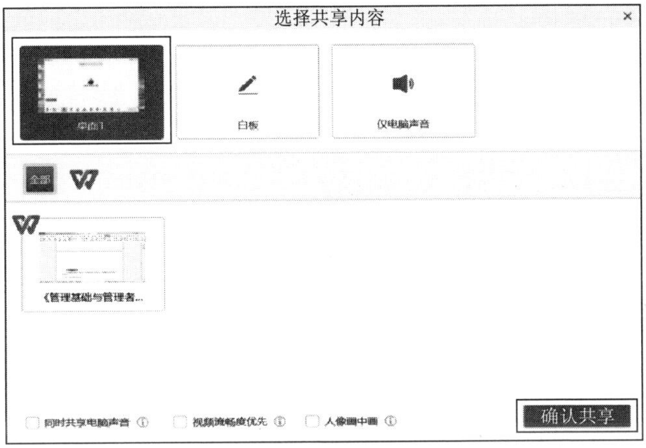


图 3-15　共享授课课件操作

◆ 如何文字对话

点击主界面下方的【聊天】按钮，弹出对话框就可以发送文字。

◆ 如何上传文档

点击主界面右下方的【文档】按钮，在弹出的页面框中讲师可根据课程的需要上传相关的文件、作业，学员也可上传自己的文件、作业。

◆ 如何结束课程

点击主界面右下角【结束会议】按钮，即可结束此次课程。

### 3. 企业微信直播的操作要点

如果是知识类、培训类的直播，推荐大家使用企业微信直播工具，简洁好用，稳定，与微信的融合程度高，在微信群里发送一个直播的二维码，学员识别后，直接调用小程序便可以观看直播，学员无须下载 App。

讲师在使用企业微信实施直播培训时，具体操作步骤如下：

（1）安装企业微信 App 并注册登录

在手机商城下载企业微信 App，可绑定微信授权登录，首次登录“企业微信”需要进行相关信息注册。如果讲师需要使用电脑授课，可在电脑上下载“企业微信”电脑版。

（2）直播准备与宣传预热

第一步，进入直播界面。打开企业微信，点击左边的工作台按钮，点击【上课直播】，如图 3-16 所示。

图 3-16　企业微信直播操作界面

第二步，选择直播方式。当点击【上课直播】按钮后，会出现三种直播操作模式——大班课、小班课、通用直播。一般我们选择【通用直播】，再点击进入，有两种直播方式供选择，立即直播和预约直播，根据不同的需要选择相应的直播方式，如图 3-17 所示。

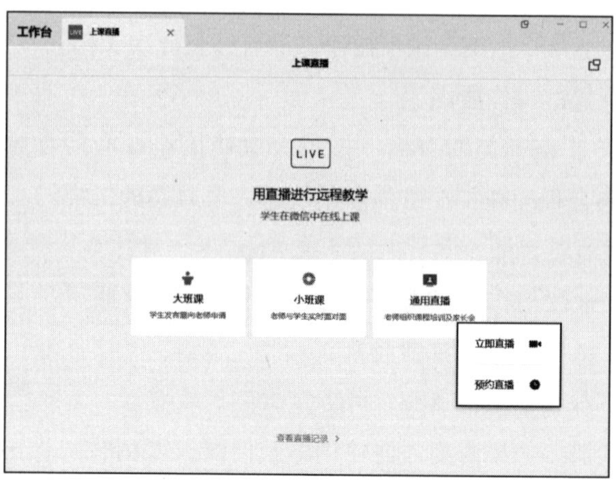


图 3-17　企业微信直播方式选择

在企业直播培训前，一般需要预热宣传，所以一般建议选择预约直播。点击【预约直播】按钮后，按照指引填写直播信息，包括填写本次直播的主题、开始时间、直播时长、直播的内容简介等，如图 3-18 所示。填写完之后，可以直接生成直播二维码海报，点击右下角的【分享直播】，选择【直播二维码】，点击下载二维码。然后就可以把这个图片转发给需要观看直播的学员或微信群。

如果直播信息有误，或者临时有变动，可在封面右下角修改直播信息或者取消直播，再重新设置直播信息。

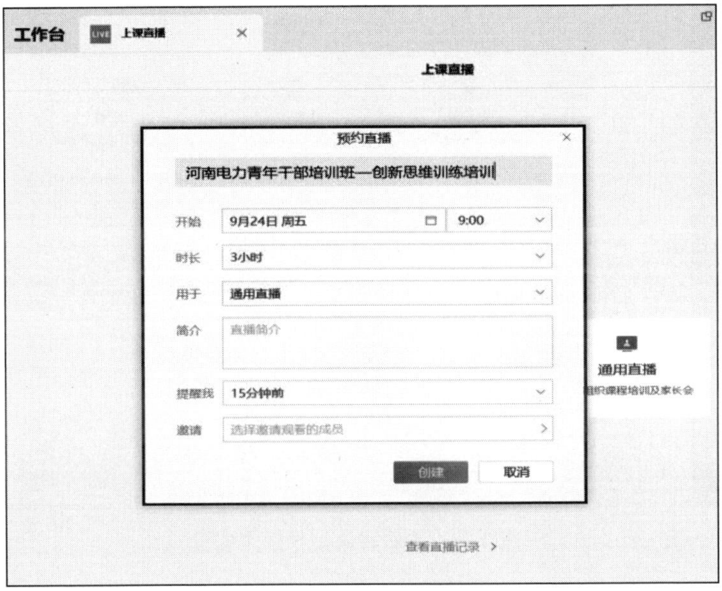


图 3-18　填写预约直播信息

（3）开始直播

到了直播开始前，建议讲师提前 10 分钟入场，调试好相关设备，并可在直播培训前进行简单的预热。打开直播之后，点击画面下方【屏幕演示】按钮，直播画面会出现在讲师电脑屏幕画面上，然后可以按【F5】键，将 PPT 进入演示播放模式。直播过程中，如果出现意外，可以点击右下角的【暂停直播】按钮。直播结束，点击【结束】按钮，直播便告完成。

（4）直播统计

企业微信直播，提供了一个很好的功能就是直播的数据统计，点击【观看明细】按钮就可以看到这些数据，如果还需要对这些数据进行二次分析，可以把数据导出成为 Excel 表，再用 Excel 软件进行分析，可以清晰明了地了解学员的学习情况，比如每位学员的学员时长、线上评论数量等。

（5）查看直播记录和回放

可以在【预约直播】和【立即直播】的按钮下方查看直播记录，如图 3-19 所示，在直播记录里点击播放图标，然后会弹出直播信息（直播主题、时间、时长）等。

图 3-19　查看直播记录操作按钮

点击最下面的【观看直播回放】按钮，即可调出直播的视频。拖动进度条，可以选择调整观看进度。

（6）下载直播视频

企业微信直播还有一个强大的功能，就是支持同步录制，即直播培训一结束，就在线上同步完成了录制，并支持回放与下载。

点击进入【直播回放】界面，右击【…】，选择【下载】，即可实现下载功能，可将视频下载至电脑保存，或发送至客户方留档，如图 3-20 所示。

**4. 微信视频号直播操作要领**

从 2020 年微信视频号开始内测到现在，其功能不断完善，越来越多的人开通了视频号，其功能非常多，尤其方便我们做在线直播，用微信做在线直播培训操作非常简单。

（1）开通视频号入口

打开微信 App，点击界面底部的【发现】，在【发现】界面中会看到【视频号】入口，点击入口即可进入视频号主页，如图 3-21 所示。对于初次开通视频号的用户，需要完成基本信息的注册与完善。

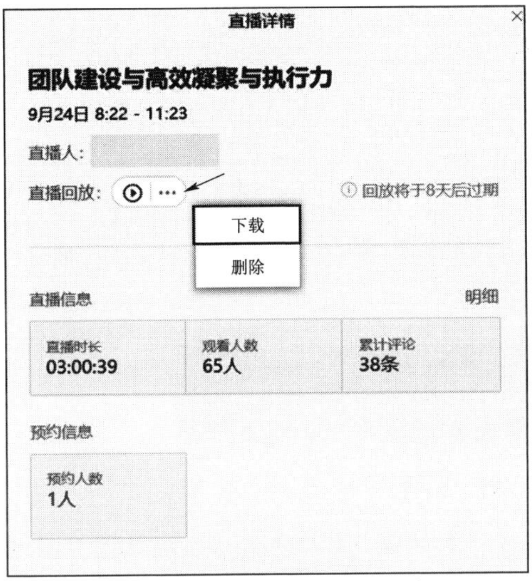


图 3-20　下载功能

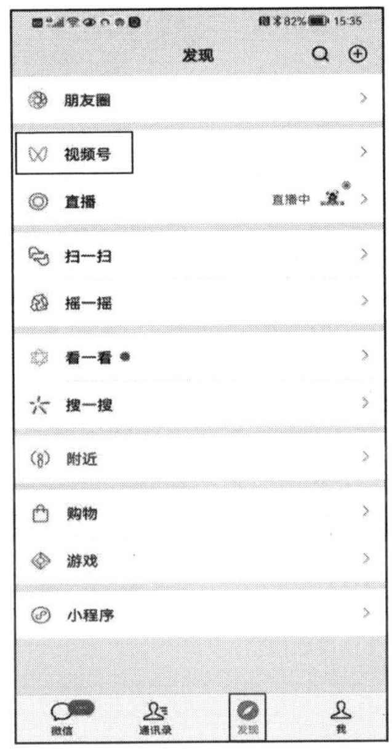


图 3-21　视频号入口界面

（2）如何利用微信视频开展直播培训授课

手机如果是安卓或华为鸿蒙系统，讲师可以按照一定步骤来做视频号线上直播，步骤如下：打开微信的【发现】—【视频号】—右上角【我的】—【发起直播】。简单方便，易操作。

手机如果是苹果系统，需要先升级微信至 7.0.20 及以上版本，用视频号线上直播，步骤如下：打开微信的【发现】—【附近的直播和人】—直播页面的【开播】。

（3）高级功能操作

➢ 直播连麦：讲师在直播过程中可点击直播界面下方的【连麦】按钮，可邀请其他老师同步授课或邀请学员进行连麦回答问题、互动，通过连麦可有效提升授课过程的互动性与趣味性。

➢ 镜像：在直播过程中或在直播开始前，点击【画面】，选择【镜像】，可实现画面左右颠倒，这样在直播画面中显示的字就是“正”的，而不是“反”的，方便讲师在授课过程中展示的书写内容。

➢播放音乐：在直播过程中可点击界面下方的【音乐】，设置添加音乐，可实现直播课程中或休息中的音乐播放。

5. **抖音直播的操作要点**

抖音直播也成为线上直播培训的一种有效方式，抖音直播培训操作按以下步骤实施：

（1）安装抖音 App 并注册登录

使用手机通过应用商店下载抖音 App，验证手机号码完成注册后，进行登录。

（2）完成直播前授权、实名认证

首先点击抖音页面底部【+】，初次打开需要按提示授权，选择【开直播】功能，再点击【开始视频直播】按钮，如图 3-22 所示。

图 3-22　选择开直播功能

第一次操作需按提示输入信息，完成实名认证，如果不完成实名认证可能无法开展直播功能。

（3）选择直播模式

抖音直播提供【视频直播】和【游戏直播】两种模式，视频直播是指直接用手机前置摄像头发起直播，游戏直播是指通过电脑或专业设备推流直播。可以根据需要选择【翻转镜头】【美化】【道具】【带货】等功能。再点击【开始视频直播】按钮就可以开始抖音直播授课了。

## 3.3　线上直播的组织与实施

线上直播课程的组织实施与线下培训课程的组织与实施有着较大的区别。在培训形式、授课组织、学员管理、作业管理等方面都有着完全不同的操作方式。

### 3.3.1　线上直播培训的策划与组织

线上直播培训不能仅做成一次简单的直播课程，而是要做好线上直播培训项目的策划、宣传、组织、评估总结等一系列工作。

### 1. 线上直播培训项目设计与组织

一般来说，线上直播培训项目的设计与组织实施流程如图 3-23 所示。

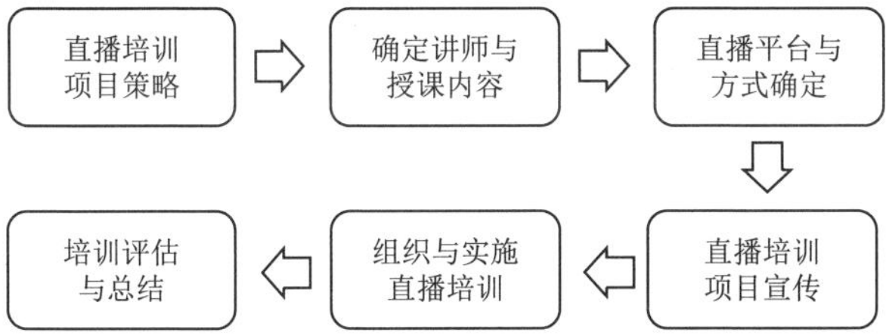


图 3-23　线上直播项目设计与组织实施流程

（1）直播培训项目设计原则

直播培训项目设计要遵循三个原则。

一是要开发针对性内容。由于直播培训对学员注意力的抓取显得非常重要，所以直播课程的内容设计一定要有针对性，与学员的工作场景或实际岗位任务要求相联系，这样才能很好地吸引学员的学习兴趣，保留其观看直播培训内容的耐心。

二是重视组织需求。直播培训项目设计也算是正规培训授课的一种形式，培训是企业的投资行为，是为满足企业战略发展和生产经营对人力资源的需求，是为了满足员工高水平完成本职工作对知识、技能、态度和经验的需要，是为了提升绩效而采取的行为。所以，直播培训首先应满足组织需求，为建设一流的企业，培养一流的人才队伍服务。

三是做好项目宣传与策划工作。由于直播培训不像传统线下培训那样，按部就班地依照计划组织开展相关培训工作就可以了，而是要经过系统的策划与有效的宣传，只有宣传到位才能更好地吸引学员，提升他们学习的兴趣与主动性。

（2）确定讲师与授课内容

首先是确定授课主题与内容，要综合考虑企业年度培训计划，同时要考虑哪些课程适合线上直播，哪些课程不适合线上直播，对于不适合线上直播的课程（比如技能操作类课程）要尽量规避做线上直播培训，因为这样不仅达不到想要的培训效果，还浪费时间与成本。

其次要确定合适的讲师，由于线上直播授课与线下授课有一定的区别，并不是所有的讲师都适合做线上直播课程，所以我们应尽量选择线上直播授课经验较丰富的讲师来讲授。

（3）直播平台与方式确定

在确定讲师与授课内容后，我们要根据实际情况，选择适合的直播平台。直播平台的选择既要考虑到授课的方便性，又要考虑到讲师对平台操作的熟悉程度与学员的接受程度。

（4）直播培训项目宣传

可以在开展培训前一周开展相关直播培训项目的宣传，包括开展此次培训的原因与出发点、培训主题、授课讲师、课程大纲、直播平台、培训收益等信息，并可事先将直播链接分享到学员微信群或QQ群，做好培训前的预热宣传工作。

（5）组织与实施直播培训

组织与实施直播培训是培训开展的重点，在直播培训前，我们的培训组织方要提前与讲师对接好，检查直播平台是否能正常使用（链接是否失效）、检查网络是否畅通，并提前邀请讲师做试播。

（6）培训评估与总结

在组织与实施直播培训结束后，我们仍然要组织培训评估与总结，可以向学员发送线上问卷调查，通过问卷调查形式收集学员对讲师线上直播授课的反馈；同时，培训管理者应不断总结企业线上直播培训的经验，不断总结与复盘，力求每次做得比上一次好，避免重复犯错。

### 2. 打造有吸引力的标题：勾起学员的兴趣

往往优秀的标题能吸引学员对学习的兴趣，我们可通过以下方式来打造新颖、有趣的线上直播课程标题。

（1）价值传达型标题

价值传达型标题是指向学员传递一种学习了内容之后就可以掌握某些技巧或者知识的标题。撰写价值型标题时，可以使用比较夸张的语句突出内容的价值，懂得一针见血地抓住学员的需求，重点突出技巧知识点好学、好用。比如，“十分钟教你会×××”“三大秘诀包你×××”等，虽然价值传达型标题需要添加夸张成分，但要把握好度，不要提供虚假的信息。

（2）励志鼓舞型标题

励志鼓舞型标题最为显著的特点就是“现身说法”，一般通过第一人称的方式讲故事，故事的内容包括成功的方法、教训及经验等。比如“我是如何逆袭成为国网河南省电力公司全省内训师大赛第一名”“一个简单的创意模型是如何使我快速成为公司的创新能手”。

（3）悬念制造型标题

好奇是人的天性，悬念制造型标题就是利用人的好奇心，通过留下悬念进行标题的打造。标题中的悬念是一个引导学员关注学习内容的诱饵，因为大部分人看到标题里没被解答的疑问和悬念时，就会忍不住想弄清楚到底怎么回事。悬念制造型标题在日常生活中运用得非常广泛，也非常受欢迎。人们收看综艺节目的时候会经常看到一些节目预先类广告，这些广告就会采取悬念标题引起观众的兴趣，让观众对接下来的内容产生期待。我们可以这样设计标题“万万没想到，电力高压作业员的一天竟是这样度过的”“你真的懂‘00后’新生代员工吗”“前沿电力泛在物联网技术揭秘”。

（4）影视潮流型标题

影视潮流型标题是指借用当前最新、最流行的影视作品作标题，让学员一看课程标题就有一种新颖与时尚感。比如“知否知否——电网企业人力资源改革串讲”“柜员特烦恼——电力窗口常见服务问题解决技巧”“大决战——电网企业迎峰度夏工作布置技巧”。

（5）独家分享型标题

独家分享型标题，也就是从标题上体现讲师提供的授课内容是独有的珍贵资源，让学员觉得非常值得观看。从学员的心理方面而言，独家分享型标题代表的内容，一般会给人一种看了就想率先获知相关信息的感觉，更容易让学员获得心理上的满足。在设置这类标题时，可加入“独家”“探秘”等字眼。比如“探秘电网企业一流党建文化打造”“省公司国家级劳模张师傅的独家创新秘诀”等。

（6）数字具化型标题

数字具化标题是指在标题中呈现出具体的数字，通过数字的形式来概括相关的主题内容。数字不同于一般的文字，它会给学员比较深刻的印象，学员更加直观地把握讲师授课内容。数字具化型标题生动形象，容易吸引学员注意力；突出重点，点明结构，一目了然。比如“从平凡到非凡——新员工 90 天成长计划”“青年干部成长的三个阶段”“内训师成长的三维六步”“一年产出 20 件创新成果，劳模李师傅是这样做的”。

## 3.3.2　线上直播培训的组织与学员管理

培训的组织实施是教学活动的实施过程，包括学员组织、培训签到、培训现场管理、培训过程意外情况处理等。与线下培训不同的是，线上直播培训的教学组织基本在线上完成，培训管理工作人员一定要熟悉线上开展培训组织工作的相关流程与技术。

### 1. 如何确认参训学员

学员参训确认包括与学员本人确认、与其直线经理人确认两个方面，与学员本人确认是与学员确认能否按时参加培训，与其直线经理人确认旨在争取学员领导对其培训的支持。确认单可见表 3-3。

**表 3–3　学员参训确认单模板**

<table>
<tr><th colspan="4">× × 线上直播培训课程学员参训确认单</th></tr>
<tr><td colspan="4">× × 主任：<br>根据公司年度培训计划要求，公司拟开展以“× ×”为题的培训学习班，具体安排如下：</td></tr>
<tr><td>培训日期</td><td></td><td>培训地点</td><td></td></tr>
<tr><td>培训对象</td><td colspan="3"></td></tr>
<tr><td>培训主题</td><td colspan="3"></td></tr>
<tr><td>直播平台或方式</td><td colspan="3"></td></tr>
<tr><td>培训要求</td><td colspan="3">对培训学员及考勤情况的具体要求：<br>（1）<br>（2）</td></tr>
<tr><td>学员姓名</td><td>职务 / 岗位</td><td>参加方式<br>（强制参加 / 自主报名）</td><td>确认意见</td></tr>
<tr><td></td><td></td><td></td><td></td></tr>
<tr><td></td><td></td><td></td><td></td></tr>
<tr><td></td><td></td><td></td><td></td></tr>
<tr><td></td><td></td><td></td><td></td></tr>
<tr><td></td><td></td><td></td><td></td></tr>
</table>

### 2. 如何下发培训通知

培训通知是通知培训学员相关事宜的文书，包括培训的背景、目的、时间、地点、培训要求等事项。培训通知至少提前 1 周公布，且用正式的公文形式发放通知，培训通知应以邮件或微信的形式下发至每位参训学员，并提前在公司显眼的公告栏张贴。培训通知模式可参照图 3-24 所示。

关于 ×× 线上培训班开班通知模板

1. 项目背景：
（简要说明）

2. 项目目标：
（简要说明）
3. 培训班实施方案：
（1）培训时间安排：
（2）线上培训形式：□直播　□录播　□微课　□远程教育
（3）培训讲师：
（4）参加人员：
（附参训名单）
（5）培训安排及课程设计
（详细说明）
4. 其他注意事项

图 3-24　线上培训班开班通知模板

### 3. 直播培训的过程组织

直播培训组织与线下课程的组织有着很大的差别，根据实践总结，笔者此处分享以下几条经验。

（1）直播培训开始前多预热

培训主持人可以在直播培训开始前多预热，可以开展线上小游戏，比如抽红包、自我介绍、成语接龙、表情符号猜猜猜等，让讲师在未授课前将课堂的气氛活跃起来。

（2）直播培训中有效组织

直播开始后，一定要全程把控好节奏。把控节奏的第一张王牌是内容，而把控内容节奏的目的是让学员形成集体心流，那具体应该怎么操作呢？

第一，建立仪式感。直播培训一定要有非常正式的全流程仪式感，比如开场的正式介绍、向老师问好，等等。传统面授培训的仪式感都可以使用。

第二，设立学习专员。学习专员既要维护教学秩序，也要每个互动环节带动节奏，尤其在直播互动环节中进行流程的引导，让每个主动互动的学员感觉到他被注意到了。同时，学习专员还可以协助老师收集直播过程中的问题，让老师更投入的讲授。

第三，做好学习过程管理。线上培训过程中，讲师需要做好互动，但有时讲师在培训时不太方便查看群内学员的信息，主持人就要负责收集学员提问，并反馈给讲师，能处理的问题，主持人需及时在群内进行回复。此外，主持人还需时刻关注讲师直播培训的效果，如果出现网络卡顿、声音比较小、视频比较卡的情况，要及时进行提醒并调整。

如果培训时间比较长，需要进行中场休息时，休息时间结束后主持人需要群里提醒，以方便学员及时掌握开课进度。

第四，穿插教学反馈点。直播是非常不可控的，我们需要设计一个非常清晰可控的反馈清单。那么设计哪些反馈点呢？比如说，为了加强重要知识点掌握，可以应用游戏设计的重复原则，讲完后做投票测试、答疑、把这些知识点用文字图片再发一遍；结束后主动制造反馈，直播结束引导大家写学习心得，做心得集锦，引导大家加入社群进行后期强化复习；此外，还可以与培训管理者合作做训后的考试评估、岗位行为评估等。所有的反馈点一定要在培训前就与老师或培训管理者对接好，这样才能保证直播培训能达到预期目标。

第五，建立有效激励机制。线上直播培训也可以有多种机制，物质上、精神上都可以，根据实际情况来定。比如，不花钱的方式有直播培训后行为改变的打卡激励、直播培训后建立社群的班长、组长、每日学习标兵、金句王等各种身份机制激励，效果非常好。

（3）直播培训后总结评估

直播培训结束后，需要对整场直播培训的效果进行评估，如了解学员的整体参与活跃度、分析学员观看行为、讲师内容及形式评估等，以促进优化下次直播培训的讲课方式和授课水平。

此外，还需要做好直播的在线回放，主题和介绍的编辑，以及现场照片整理，培训报送推送，下场直播活动预热等。

总之，不管线上直播培训还是录播培训，好的在线学习项目是设计出来的，而成功的在线学习项目是运营出来的。

## 3.4 线上直播讲师的修炼

基于线上直播培训的蓬勃发展，如何培养线上直播讲师成为电网企业打造内训师队伍又是一个重要命题，它是对传统内训师队伍的有效补充，更是对传统内训师队伍的升级。

### 3.4.1 线上直播培训与线下培训对讲师的不同要求

根据电网企业近年来的实践总结，线上直播培训与线下培训对讲师的要求有着一些本质的区别，又有着许多相似的要求。但线上直播培训与线下培训对讲师相比，明显线上直播培训对讲师的综合要求更高。有些在线下水平很高的讲师去做线上直播可能表现一般，有些刚入行的讲师可能在做线上直播时反而显得很从容。究其原因，做线上直播培训与线下培训的方法与技术是完全不一样的。

那我们来看一下线上直播培训与线下培训对讲师的要求究竟有哪些区别。

**1. 线上直播培训要求熟悉直播软件的操作**

要做好线上直播培训，首先要熟悉直播软件的基本操作。由于每一款直播软件的操作方式、功能都是不一样的，所以讲师要做好线上直播培训前，就要对常用的直播平台软件熟练操作，每款直播软件至少要操作 2~3 次以上才算比较熟悉，否则在直播的时候就容易手忙脚乱，影响直播授课的效果。

**2. 线上直播培训要求出镜感、即时互动感更强**

由于线上直播培训不能像线下培训那样能组织各类小组研讨、即时练习、游戏互动等教学方式，线上直播培训主要依靠讲师的表达与即时互动来完成，这就要求讲师有较好的出镜感与即时互动感。至少讲师要做到面对直播摄像头能自如地表达，在此基础上多与学员在线上即时互动。一部分讲师刚开始直播时面对摄像头就紧张或不习惯，这会影响其表达水平与授课互动的发挥。在直播培训时如何抓好出镜感、如何做好线上即时互动，需要多练习，多看优秀的直播培训师是怎样操作的，然后自己慢慢摸索与总结经验。

**3. 线上直播培训要求对课程精心设计**

通常直播培训不像线下培训那样动不动几天时间，它一般在 1~6 小时，对于时间越短的直播培训，越需要讲师对课程内容进行精心设计，不一定要求非常系统性，它可以是微课的升级版，比如 1 小时的直播培训，讲师讲几个知识点的重要内容就行了，再留出部分时间来与学员在线上互动。而线下授课培训一般讲究课程的系统性与持续性。

同时，线上直播培训一般以知识类授课内容为主，对于需要强化练习、研讨反思的学习内容，仍然需要到线下组织实施才能发挥更好的授课效果。我们可以采用翻转课堂的授课模式：线上直播预习 + 线下强化练习 + 线上直播复习。

总之，线下培训与线上直播培训有着明显的区别，想要做好线上直播培训就要系统学习线上直播的流程、软件操作、线上直播表达与互动技巧等，由理论指导实践，再通过实践不断总结经验，这样才能不断地提升讲师直播培训的水平。

## 3.4.2　转型做线上直播讲师的五层修炼

从传统的线下培训讲师向线上直播讲师转型需完成以下五层修炼，如图 3-25 所示。

图 3-25　线上直播讲师的五层修炼

### 1. 克服恐惧与偏见

传统讲师在向线上直播讲师转变过程中经常会出现两种情况。

一种情况是讲师对线上直播表示恐惧，认为自己从来没做过线上直播，根本没有这方面的经验；线上那么多人观看，万一讲砸了多没面子呀。总之一提到线上直播，他就担心害怕。

另一种情况可能比较极端，他们认为搞直播培训就是不务正业，线下培训都搞不好，还来搞线上培训，肯定没效果。其实这是一种错误的认知，随着互联网的高速发展，各行各业都在开始搞直播，我们要顺应趋势，学习先进的技术，而不能一味地应循守旧。

### 2. 修炼一流表达力

一流的表达力是成为优秀直播培训师的核心能力，要练习一流的表达力，可从以下几个方面入手：

（1）课程内容结构化设计

通过课程内容结构化设计，可有效助力直播讲师结构化输出表达。常用的课程内容结构模型有：2W1H 结构模型（为什么、是什么、怎么做）、PRM 结构模型（问题—原因—解决办法）、三段式结构模型（导课—主课—结课）、要素结构模型（要素 1—要素 2—要素 3—要素 4）。

（2）注意语句表达

在语句表达上，讲师首先要注意话语的停顿，把握好节奏；其次，语言表达要连贯，让人听着自然流畅。如果讲师的表达不够清晰，那么学员接收信息时就容易造成误解。另外，讲师可以在规范用语的基础上发挥个人特色，形成个性化与规范化的统一。同时，讲师授课表达时，要塑造自己的亲和力，给学员温暖舒适的感觉，符合他们的心理期待。

（3）结合肢体语言

当单一的话语不足以表达自己的情绪时，讲师可以借助动作、表情进行辅助表达。眼神的交流和夸张的肢体动作都可以使讲师的表达更显张力。

（4）懂得有效倾听

懂得倾听是一种美好的品质，同时也是讲师必须具备的素质。给学员授课时，除了会说，还要懂得用心聆听。在和学员交流沟通的互动过程中表面上看是讲师占主导，但实际上以学员为主。讲师想了解学员关心、想要讨论什么话题，就一定要认真倾听其心声和反馈。

**3. 修炼直播出镜力**

线上直播授课，镜头感非常重要。由于线上直播授课讲师的信息传播通道被压缩了，只留下视觉和听觉两个通道，所以直播授课时对讲师的声音和画面感要求就会更高。

（1）声音塑造

声音塑造我们可以从六个维度来进行修炼，如图 3-26 所示。

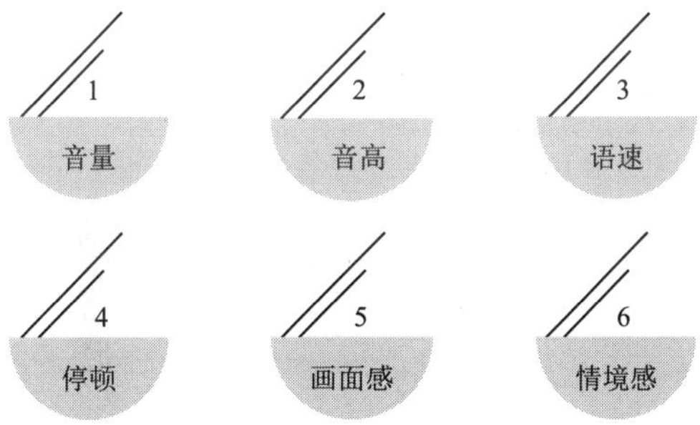


图 3-26　线上直播讲师声音塑造六维度

对声音的塑造，首先要从四个方面来把握：音量、音高、语速、停顿。音量就是说话声音的大小，做直播培训时，由于没有音响设备，讲师授课时的音量就要比平常大一些。音高是指高音、中音或低音，声音是尖利的还是低沉的。语速指说话的快慢，语速快会给人一种紧张感和压迫感，会让人更费神，适当运用可以让学员不犯困、注意力集中，过度运用会让学员跟不上甚至放弃课程。语速慢给人感觉比较沉稳自信，对于重点的内容需要放慢语速、提高音量，重点强调，停顿也很重要。

其次线上直播授课要塑造语言的画面感。塑造画面感能激发学员的想象，讲师可以通过增加修饰词、描述细节、讲故事等方式来提升语言的画面感。

最后要塑造语言的情境感。因为塑造情境感能提升学员的亲切感，让学员感受到讲师授课内容与自己有关，从而提升听课的兴趣与参与度。情境感可以通过比喻、类比、生活化、场景化语言来塑造。

（2）画面塑造

除了声音，画面塑造是另一种重要方式，包括讲师的肢体语言、眼神、面部表情等。互动直播课中，画面取景通常在讲师胸部以上的部分，所以实际上能辅助表达和提升表现力的主要肢体动作靠手势和面部表情来完成。关于手势的运用与传统线下授课手势的运用技巧差不多，区别在于手势的幅度不能像线下授课那样大。

其次是“眼神”的塑造。人们常说：“眼睛是心灵的窗口”。在面授课中，训练有素的讲师非常注重跟学员的眼神交流，而在线上直播课中，这个要求更为重要。因为很多时候，学员只能通过镜头看到讲师的面部。想做到跟学员亲切自然的眼神交流，要做好两个准备。第一，要学会使用多部设备。一个主设备放演示课件并且做面部交流（一般是笔记本电脑或台式电脑），另一个设备用来看学员反馈的信息（一般是手机）。第二，讲师要保持主设备的摄像头的高度与眼睛的高度齐平。这样眼神就会与学员是平视的状况，如果摄像头太低，导致摄像头仰视讲师的头部，这样讲师的鼻孔、鼻毛和耷拉的眼袋将会无比清晰地呈现在学员面前，这样就会显得不雅。同时，要做好与学员亲切的眼神交流，我们可以通过眼神去营造三种感觉：第一种是镜头感，即讲师要提醒自己讲话时主动地看摄像头。第二种是关注感，讲师光有意识去看镜头还不够，每次看镜头还要盯住镜头一定的时间，不然学员感觉到的仍然是讲师飘忽迷离的眼神。第三种是交流感，讲师要有意识地制造眼神的交流。讲师还可以通过调整自己跟镜头的距离来促进自己与学员的交流，比如强调重点内容或者跟学员分享一些秘诀时，讲师可以让眼睛靠近镜头，给学员制造讲悄悄话的感觉。如果长时间用同一距离和姿势去讲课，学员会感觉无聊。

**4. 修炼直播互动力**

互动力是线上直播的一大核心和特色，也是线上直播讲师要掌握的核心能力。要修炼直播互动力，我们可以从以下两方面入手：

（1）学会互动直播载体

互动力高度依赖直播互动的载体，常用的在线互动直播载体有五类。

一是共享屏幕。讲师通过全屏共享幻灯片（PPT），或者同步在屏幕上标注和书写等，可以有效地增加与学员的互动感，尤其是使用屏幕同步标注，让学员感觉就像线下授课一样。

二是对话聊天。这个我们可以在聊天窗口通过文字快速地与学员交换信息。在学习过程中，互动直播平台通常会提供两种类型的对话方式，一种是公聊，即讲师说的话，所有人都能看见。另一种是私聊，即讲师跟某个特定对象进行交流。讲师在授课过程中可以要求学员回复“666”“111”等信息，来检验学员的理解与掌握程度，比如“各位学员，这个知识点已经理解的请在聊天栏回复666”，通过这种方式可以有效地得到学员的反馈。

三是连麦分享。连麦分享是把语音分享的机会给特定的学员，让他们发表自己的意见，其他学员进行聆听。这个过程类似于线下培训的意见分享。在连麦过程中，开不开视频都可以。连麦比单纯的打字回复效果要好，它可以让学员分享更加复杂和深入的信息。

四是网络视频。可以要求大家都打开摄像头，让所有人在某些环节能够看见彼此，这样会有更好的现场感，就好像大家坐在你身边一样。

五是学员手册。学员手册是支持学员学习做笔记和课后复习的要点手册，在线下课程比较常见。实际上，线上直播授课更需要学员手册。有了学员手册，学员可更好地记笔记，有助于对知识的消化、反思。同时，学员手册还是培训痕迹化管理的有效手段，这是学员参与学习的证明。

（2）学会掌控好开场、结尾的时间

在线上直播培训授课组织过程中，往往会有候场、开场、结尾等环节，这些环节是互动的关键时候。在学员候场时，我们可以组织一些线上候场活动，比如“图片找碴”“表情符号猜猜猜”“成语接龙”。在开场时可增加学员间介绍、游戏互动（比如哑剧接力、课程知识找碴）等；在结尾时可邀请部分学员来做总结回顾，并给优秀学员线上颁发奖品等。

### 5. 熟练操作各类直播软件

熟练操作各类直播软件是成为优秀直播培训师的必经路径。直播软件使用多了，直播培训授课次数多了，自然就成为“老江湖”，你的直播培训经验才会更加丰富，对于直播授课才能更加游刃有余。

## 【疑难问题】企业如何做好线上直播培训

对于传统企业来说，开展直播培训比较困难，一方面没有专门的直播内训师，另一方面学员的参与度不高，作为企业如何正确认知与组织好线上直播培训呢？

**【疑难解答】**

根据笔者的实践经验与同行的交流经验总结，企业想做好线上直播培训，要做好以下几项工作：

**1. 提升对“直播 + 企训”模式的重视**

近年，我们发现很多原来集中线下培训的企业，开始转型线上培训。从长远来看，线上直播会是大趋势，“直播 + 企训”的形式赋予内容互动性强，能够让学员更投入，拥有更好的临场感，这也是直播比录播更有优势的地方。

“直播 + 企训”不仅能够让员工学习效率更高，还原线下的教学场景，还能节省因人员分散产生的组织、场地、人力成本，方便讲师追踪不同学员的学习效果。可以预见的是，视频直播培训会成为一家企业培训师的必备能力，也会成为企业培训方式的有力补充，企业培训管理人员应加强重视。

**2. 加大线上直播培训师培养力度**

不仅要在思想上重视线上直播培训，我们还要加强线上直播培训的组织与实施，更要培养一批企业内部的直播培训师，这样才能真正推进企业线上直播培训工作的开展。可通过开展集中培训、鼓励培训师不断实践、技能 PK 等方式加速企业线上直播培训师的培养。

与传统线下授课培训师的能力有所不同，线上直播培训师的能力集中在以下几个方面，其能力模型如图 3-27 所示。

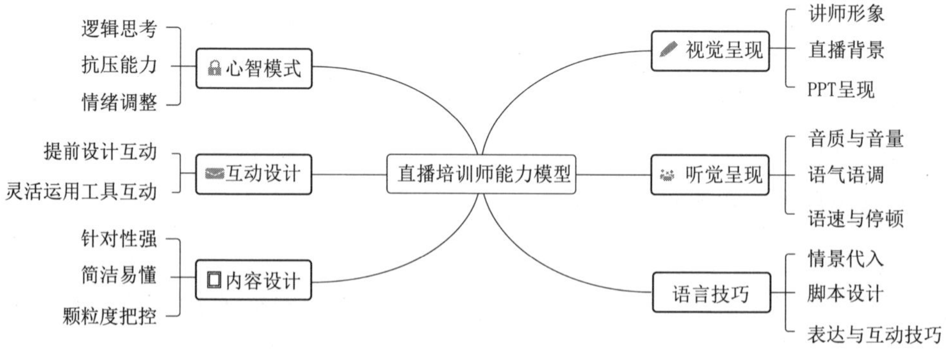


图 3-27　线上直播培训师能力模型

（1）视觉与听觉呈现能力

线上直播培训师的视觉呈现与听觉呈现能力非常重要，其中视觉呈现主要由讲师、直播背景和 PPT 呈现方式三点构成，讲师的外貌这里并非简单指好看，而是指气质和个人魅力。

如果说视觉决定了第一印象，而听觉决定了学员是否能听完课程，讲师的声音、语速、语调、停顿都是需要重视的环节。

（2）语言技巧

同样的知识点，换不同的人去表达，得到的效果是不一样的，这是培训师需要长期去磨炼的能力。语言表达技巧包括语言表达准确性、情感带入能力、场景带入能力、演示互动等软技能。这些能力直接影响到讲师传授知识的效果。

（3）心智模式塑造

心智模式属于线上直播培训师的底层能力，涵盖了逻辑思考、抗压能力、情绪调整等。比如，在线上直播时因为看不到学员，也不能大面积互动，有时甚至是讲师一直在讲，这对讲师的抗压力与情绪调整能力要求很高，因为对于讲师来说，线上直播没有线下授课那样有成就感。

（4）直播互动设计

在线下培训中，有互动的课程效率高于单向讲解，线上直播也是如此。互动环节主要在于提前设计，比如提前整理大家感兴趣的话题，也可以讲师设计好话题，把这些话题提前分给几个学员，让几个学员提出这些话题，为线上的讨论及交流带动氛围。直播过程中，至少每 5 分钟要有一次互动，加强学员参与感。可以通过“三动”来进行思考和设计。

一是触动，可以将典型的、发人深省的现象或案例通过讲故事的方式讲述出来，增加过程和细节描述，给予学员触动。如运用“我曾经遇到”“前段时间”“大家都知道”等技巧。

二是带动，结合实际场景，用疑难问题增强学员代入感，如“我知道大家对 ×× 比较有困惑”“有人问我 ×× 问题”，每一个具体的问题点，尤其是方法、技能、工具都应该尽量结合学员遇到的疑难问题。

三是推动，讲解中自然地带出一些学员易于参与的问题，边讲边问，用多种方式直接提出问题，启发学员思考，但不一定都是学员回答。形式可以是选择、判断等。如“大家觉得这种说法对吗”，诸如此类。

（5）内容设计

在内容设计维度要注意以下三点：

一是内容要有针对性，这样才能对学员真正有效、有用。

二是注意内容的颗粒度。直播过程中，听众容易被外界因素干扰，所以在内容颗粒度上要保持一定的独立性，一个知识点的演绎时间控制在 5 分钟以内，当然能做到

3 分钟的颗粒度更好，这需要对讲授内容进行高度的提炼与切割。

三是高度简洁。少讲废话或是大白话，这是考验直播培训师对知识的高度提炼能力、诠释力及对实际经验高度抽象的能力。

### 3. 完善网络培训管理相关制度

要推进线上直播培训模式的发展，除了有企业自己的直播培训师外，更需要有完善的网络培训制度作为保障，包括制定与完善《网络培训管理制度》《线上直播培训计划制定与组织实施制度》等。

# 第四章
# 微出新世界：M-learning 微课、微课堂

近年来，以微课、慕课和翻转课程为代表的新教育方式，逐渐被教育领域专家和培训讲师们认可。微课因为其“短小精悍”的特点及丰富的表现形式，深受企业及学员的喜爱，成为企业常用的一种新型培训形式。

# 4.1 M-learning 微课的认知

最早，微课的出现，让培训管理者看到的是炫酷的形式和方便的平台。微课是否能够长久发展，则取决于它究竟能给企业培训带来什么。

当微课因为其新鲜、好玩进入大家视野时，无论是培训管理者还是企业经营者，最初都没有意识到它将带来的深刻变化，这种变化，远不止对企业学习领域的促进，更来自其可以超越原来“课”的范畴，延伸到营销、客服、产品宣传等业务领域，让学习与绩效零距离，如图 4-1 所示。

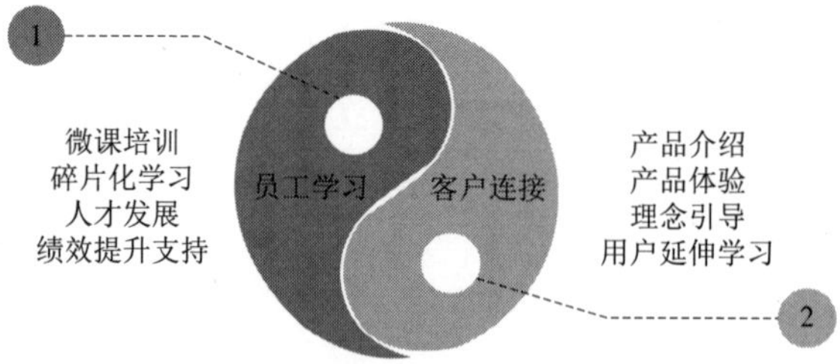


图 4-1　微课在企业中的广泛应用

## 4.1.1 微课，不只是时间短的课

关于微课的定义，有着不同的版本，有人认为微课就是时间短的课，其实这种说法是不太严谨的。其实，微课是微课程的简称，它是以微型教学视频为主要载体，针对某个知识点或技能为单位，以解决问题为目标而设计开发的一种情景化、支持多种学习方式的微型视频网络课程。所以，微课不是以时间为单位，而是以知识点或技能为单位，即每一节微课要讲清 1~2 个知识点或技能，以解决某个问题为目标。比如，逻辑思维 60 秒，每天 60 秒讲的都是一个知识点，而不是把一个大的知识点裁剪成每天 60 秒播放。时间短是微课在移动互联网上满足人们碎片化学习需求的外在形式。

### 1. 微课的特点

微课一般具有“简、短、新、用”四个基本特点，如图 4-2 所示。

①简——选题独立，内容简明。每一节微课可以独立选题，内容要求简洁明了，讲清 1~2 个知识点即可，只有这样，微课才能“微”而不泛、“微”而不断，才能实现“微”言大义、“微”而易学。请注意，这里说的“简”不是“剪”，不是通过粗暴的剪切将大量的内容变“微”；比如将一个 60 分钟的课强行按 5 分钟一节进行分割，这

不是标准的微课。

②短——匹配形式，长度适宜。微课的时间较短，通常在 3～10 分钟，根据课程知识点的长度，匹配合适的时间。

③新——形式新颖，引进新知。要求微课必须言之有物，在短时间内呈现足够的“干货”。有经验的老师和演讲者都知道，时间越短越难讲。与传统的课程相比，微课的引导方法可以“微”，呈现形式可以“微”，但最不能微的就是内容。同时，微课的表现形式要求新颖，可综合采用动画微课、PPT 微课、语音微课等多种形式表现。

④用——针对性强，有料有用。要求微课必须有的放矢，与企业的绩效需求和个人的实际问题相结合。只有做到针对性强，才能让企业学员喜欢。

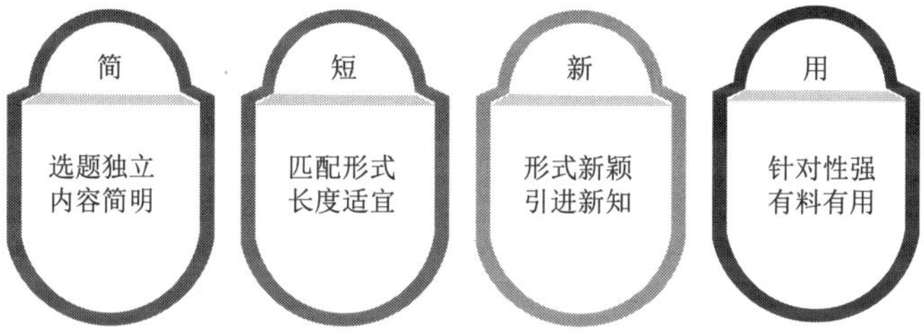


图 4-2　微课的四个基本特点

### 2. 微课结构的三大模式

微课的设计一般有三种常用的模式，分别是：非常 4+1 微课资源结构模式、111 微课内容构建模式和 163 微课教学运作模式。

（1）非常 4+1 微课资源结构模式

“1”是指微视频，是最核心、最重要的教学资源，其他 4 个资源围绕该资源进行设计和构建，配合该资源用于教学过程之中。

“4”是指与微视频密切相关、相互配套的 4 个教学资源，包括：微教案、微课件、微反思、微练习。

该模式具有层次少、结构简单、适用性强等特点，适合于相对独立、内容简单、参赛类微课的设计与建设，如图 4-3 所示。

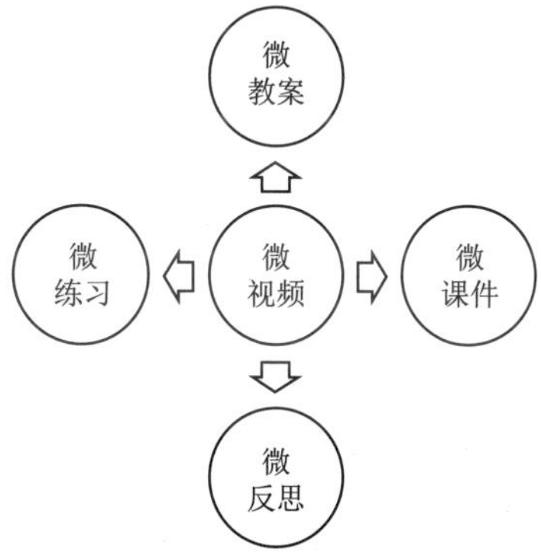


图 4-3　非常 4+1 微课资源结构模式图

（2）111 微课内容构建模式

111 微课内容建构模式是指在每一集微课设计的过程中，注重把握好三个“1”的教学环节设计，其结构模式要素如图 4-4 所示。包括：用 1 个案例引入教学情境；带出 1 个原理或概念；1 个训练实现知识迁移。

首先，最好用企业或行业适用案例或问题点作为微课导入，既体现出行业针对性，又能使学习者明确知道下面要学习的知识 / 技能在岗位的实际应用意义和价值，引起更高的学习兴趣。

其次，在微课中间至少要讲述 1 个知识点，即原理或概念，这部分是此节微课的重点内容。

最后，在微课视频的最后，利用 1 个总结、测试或实践操作，实现知识的初级内化、迁移，形成基本的职业能力，实现教学目标。

图 4-4 111 微课内容构建模式要素结构图

（3）163 微课教学运作模式

根据对微课的实践应用，国网河南省电力公司创新性提出“163 微课教学运作结构”。

“1”是指以 1 组微课视频为核心开展教学活动。对于企业培训，通常一门微课程需要设计制作 20 ~ 30 集微课，那么这一组 20 ~ 30 集的微课视频就是核心教学资源。

“6”是指围绕 1 组微课视频提供的辅助教学资源，包括：微课教案、导学案、微宣传、微学习、微训练、微行动计划。

“3”是指关注微课教学的三个阶段：课前、课中、课后，课前做好微课的宣传与铺垫，提升大家学习的积极性，并通过微课教案，帮助了解微课的框架与脉络；课中通过微课视频、导学案的教学强化认知，并通过微训练提升大家的实践能力；课后设计微行动，要求大家把微课所学应用到工作中。

## 4.1.2 微课制作的六个误区

虽然我们很多人已经在接触微课，甚至在尝试制作微课，但是很多人对微课的认识至今仍存在诸多偏差。归纳起来大致有以下六个误区：

### 1. 线下课程“搬家”

直接将传统的线下大课拆解成微课，仅仅是缩短了教学时间。比如，将 1 天的课程变成半天的课程，把 2 小时的课程裁剪成 4 段 30 分钟的课程。或者，只是改变教学渠道，从线下变为线上，这就是从线下到线上课程的“搬家”模式。微课要针对合适的选题，进行重新设计，尽量避免采用这种课程“搬家”的模式。

但并不是说，做线上微课就不能用原来的课程内容。毕竟，对于大多数企业和讲师而言，此前已经花费时间、精力积累了大量优势的课程资源，从原来的课程出发，能够大大降低内容开发的难度，快速批量完成微课。但必须先破后立，所谓“破”，就是循着知识体系和学习逻辑，将其中能够碎片化的内容拆解出来，而“破”出来的微课，虽然组合起来不一定是完整的学习地图，却延续了其清晰的主线和脉络，如同树干衍生出的树叶，承担各自的职责而又与主体密不可分。

原有课程“破”为微课主要有三种情形：一是综合考虑学员特点和内容特点，将原有的课程全面更改为微课进行学习；二是在基本保留原有课程的基础上，衍生出与之匹配的微课作为课前预习或者课后巩固的内容，与课程组合学习，一方面减少集中培训的时间，另一方面使学习与工作更紧密地结合；三是从原有课程中抽取部分内容开发成微课，给特定人群学习或解决特定的问题，如提供给有一定基础的新人、频繁出现某些问题的员工或作为相关岗位的拓展学习。

### 2. 纯文本呈现

很多讲师在传统授课中，习惯把所要讲的文字都堆到 PPT 上，上课就是念 PPT。这种习惯也传染到微课上，这种教学方式的效果非常差。用尺寸有限的手机屏幕来看大量的文字内容，体验也不佳。如果确实需要大量的文字，那么，讲师可能要重新审视自己的选题，看它是否适合用微课的形式来呈现，或者需要将其拆分为若干门微课。

### 3. 内容杂乱

由于每门微课只有 3 ~ 10 分钟，因此保持简洁，只能围绕一个知识点、技能点或问题点进行设计。所选内容应该围绕一条主线，由清晰的结构来呈现，这样才能达到有效的教学效果。如果内容杂乱无章，只能被人抛弃。

### 4. 内容多、时间长

在有效的注意力时间内，传递过多的学习内容，只会适得其反。实践表明，3 ~ 5 分钟的微课更容易吸引学习者的注意，超过 5 分钟的微课要有更为精彩的内容和设计，才能有效地吸引学习者。如果要传递的内容确实很多，可以通过系列微课的方式，千万不要企图将所有内容都“塞”到一门微课中。

**5. 华而不实、假大空**

很多微课开发者基于以往的经验，把传统课程的开发方法照搬过来，选题比较大，例如《有效沟通技巧》《培训师授课技巧》等，这样做的结果，要么是篇幅很大，要么为了压缩时间什么都讲不明白。还有些选题没有真正实质性的内容，没有解决任何问题，显得空洞乏力，比如《品牌的力量》《战略解读》等。微课适合讲清楚一个知识点、问题或观念，要求简洁、明确和具体，最好具有特定的场景和精准的目标人群定位。

同时，有些微课的设计太过于注重形式而忽略了内容的有效性，也失去了“课”的价值。既然是“课”，就需要有明确的学习目标，这也是微课区别于其他微视频的根本特征。

**6. 形式不当**

不同内容课程应该有不同的呈现形式，例如简单步骤操作类的课程，可以用图文并茂的流程图来表达，而一些用文字描述很困难的技能或操作，则可以选用视频。如果选择不当，不仅令人费解，还可能南辕北辙。因此，对于适合用微课形式学习的内容，要根据学员对象、学习内容和目标以及具体情景，选择不同的表达、呈现方式。

## 4.2 M-learning 微课的设计

微课的设计与传统线下课程的设计有着本质的区别，它有精细的流程与独特的方式方法。接下来我们从微课设计的原则、步骤、结构设计、内容设计、制作工具等维度展开讲解。

### 4.2.1 微课设计的原则与流程

首先，我们要清晰微课设计与制作的原则与流程，这是基础性工作，这样才能保障微课设计方向不跑偏，才能设计出实用的优秀微课。

**1. 微课设计的原则**

微课设计要遵循以下四个基本原则：

（1）精心设计原则

微课已成为企业培训的一种有效形式，既然是“课”，它必须经过精心的设计，而不是简单地将传统的线下课程按时间进行粗暴的切割。它必须有明确的学习目标与任务，精准的学习内容，有效的学习方式及配套资源等，如图 4-5 所示。

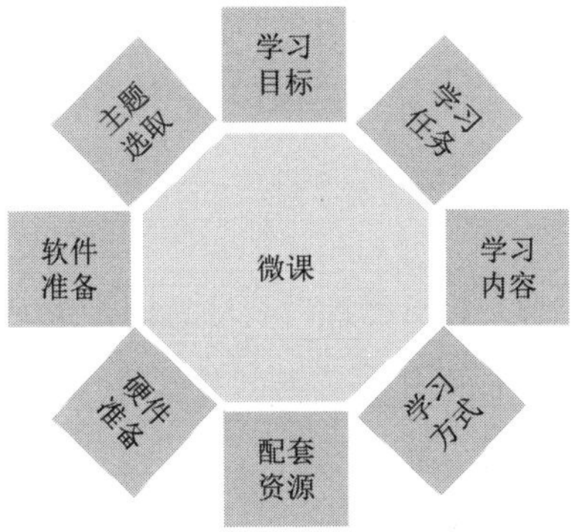


图 4-5　微课的精心设计原则

好的微课不只是课，它更像一场微电影，它的首要目标是吸引学员的注意力。在课程选择的主动权上，传统线下大课是采用相对封闭的教授模式，无论学员爱不爱听，老师都有一定的强制办法，但是线上微课选择的"开始按钮"在学员手上，如果内容枯燥乏味，学员可以立马"关闭"或"划过"。

如何吸引学员的注意力？我们可以通过图片、动画、音频和视频等形式向学员讲述故事、传播知识。大部分学员对故事的记忆更为深刻。故事中包含了对象、冲突、要解决的问题、要实现的目标，以及紧张状态的激发和舒缓。这需要我们聚焦三个点：学员、任务和需要解决的问题。聚焦学员就是要求我们了解目标学员是谁，换言之，微课是做给谁看的；聚焦任务，就是需要明确，微课要教会学员什么；聚焦问题，就是需要清楚，微课需要解决什么典型问题。

（2）简洁实用原则

好的微课应像产品说明书一样，简洁实用，一看就懂。比如灭火器的使用说明，让人一看就懂；"乐高玩具"的产品说明书更厉害，一个复杂的"乐高玩具"需要几天才能拼接完成，然而一个五六岁的小孩，只要一步一步照着"产品说明书"去做，就能准确无误地完成任务。

好的微课应具有产品说明书一样的四个特性。

一是获取信息与知识的直接性。产品说明书摒弃冗长的铺垫，挤去了多余的水分，直接让用户了解产品的知识。

二是获取信息与知识的需要性。产品说明书可以帮助用户利用有限的时间学习最需要组装与维修的知识，这些知识是非常有价值的。

三是获取信息与知识的有效性。产品说明书能在短时间内使用户获得知识或技能，并转化为有效行动。

四是获取信息与知识的便捷性。产品说明书可以随时帮助用户，解决用户在产品使用中的困惑。

（3）新颖有趣原则

由于微课时间短少，因此在设计微课时要注意切入课程的方法和途径，力求新颖、迅速而且要与题目关联紧凑，以把更多的时间分配给核心内容的讲授。在微课的教学设计中，通常可以采用以下四种方式切题：

- 设置一个题目引入课题。
- 开门见山进入课题。
- 从学员生活与工作常见现象、实际问题引入课题。
- 设置一个疑问、悬念进入课题。

（4）适合、匹配原则

首先，我们要明确并不是所有的课程内容都适合做成微课，其实微课更适合知识传播类、简单操作类课程，对于复杂的理论、技能类课程并不是特别适合。

其次，我们要根据不同课程内容的需要，选择合适的微课制作形式，并选择合适的微课制作软件。根据在微课制作过程中所使用的技术来划分，可以将微课的制作方法大致分为以下四种：PPT 式微课、录屏式微课、拍摄式微课、综合式微课。常用的微课制作软件有：PPT、Focusky 动画演示大师、万彩动画大师、Camtasia Studio、GIF 动画录制工具等。

### 2. 微课设计与制作的流程

微课设计与制作一般可分为六个基本步骤：第一步，选取恰当的微课主题和标题；第二步，明确教学目标与策略；第三步，编写教案、脚本；第四步，制作微课脚本和课件；第五步，制作微课视频；第六步，教学反思。

（1）选取恰当的微课主题和标题

首先，讲师要“跳出微课来做微课”，要以顶层设计和系统规划的理念来设计微课。要设计制作一个较大的完整的教学内容或教学主题，并对较大的教学内容进行微课的细化切分，制作成若干个具有层次性、逻辑性、连续性的微课集。让学员既有体验到单个微课的碎片化、可视化的学习体验，又能构建和形成自己特色的相对完整的知识体系和能力结构。

其次，要选择较好的微课标题，一定要有设计感。绝大部分学员正式学习微课内容之前，首先是通过其标题来判断是否点播。传统线下课程习惯采用“科目式”命名方式，比如“跨部门沟通技巧”“电力窗口服务礼仪技巧”等，这种科目式的命名方式能够让学员清楚地了解课程的内容，但是放在线上就欠缺吸引力。在互联网平台上，吸引眼球有时候比内容本身更重要。我们可以用以下几种方式来设计微课标题：

①热点式。结合当下热点标题，更接地气、更受欢迎。而借热点发挥也能让学员知道你的微课是前沿的、与时俱进的。比如，“大决战——电网企业迎峰度夏工作部署要点”“观长津湖电影，学做电网一线工作坚守人”“掌握这些知识点，电力技术晋级考试不用拜锦鲤”。

②疑问式。传播一个知识点或解决一个问题，提问能激发学员的好奇心，营造与观众的互动感。比如，“为什么你看了很多书，却依然没有洞见”“为什么你工作那么忙，绩效考核却依然分数不高”。

③时间式。体现课程获得收益的时间节点，降低学习者的畏惧感，传递简单学习和立马速成的感觉。比如，“5 分钟教你学会公司财务报销流程”“7 天让你成为创新高手”“5 分钟教会你如何快速处理电力客户投诉”。

④最体式。通过使用“最新”“最全”“最好”“最强”等词汇能给人急迫感，引起学员兴趣。比如，“史上最好用的电力人工作计划表”“史上最全的电力巡线操作要领”“最强党建品牌创建方法”。

⑤速成式。标题里体现“立马速成”的法则容易引人关注。比如，“3 招轻松学会文档目录自动生成技巧”“一张表，做好部门运营管理”“职场新人如何快速草拟领导讲话稿”。

⑥数字式。对知识点用数字式进行表述，它的好处在于归纳总结性强，有逻辑。比如，“电力检修四部曲”“管理者做好工作汇报的三大秘诀”“如何管理新生代员工，看看这八个方法”。

（2）明确教学目标和策略

微课既然作为一门“课”，首先应有明确的教学目标，也就是这门微课的学习针对谁？为谁提供服务？要达到什么样的学习效果？这些问题是首先应该要明确的。

教学策略是教学方法的一种情景化的体现，微课教学策略就是为了快速有效地达到微课的教学目的，对教什么（课程、内容等）和如何教（组织、方法、媒体的使用等）进行的针对性、个性化、创新性的设计方法。

（3）编写教案、脚本

选好微课要讲解的教学内容后，就要开始编写教案，编写教案必须围绕所选的重点、难点、疑点、易错点，学员最需要帮助的地方，从多个角度用多种方法，设计最易于学员理解并掌握的方式方法展开教学设计。微课的教案设计是后续制作教学课件和编写微课脚本的依据。

（4）制作微课的课件、脚本

微课课件包括教学内容、教学素材与练习测试，结合微课程知识点，充分运用图、形、声、像、动画等多媒体元素制作相应的课件，配合讲授不容易理解的知识点，辅导讲师现场讲授。

脚本可以理解为剧本，它是微课教案设计思想的具体体现，是教案微课转化的纽带，也是微课实际制作的依据和指导说明书，是微课制作者思考的工具、交流的载体。脚本的编写一般方法是先确定解说词，再根据解说词确定画面和时间长度。

（5）制作微课视频

微视频是微课的核心，微课的录制可以选择电脑屏幕软件录制、摄像工具录制、录播教室录制。对于摄像工具录制、视频摄像工具拍摄，可以选择手机、数码相机、DV 摄像机、视频摄像头等一切具备摄录功能的设备。讲师在录制过程中，要调整好自己与摄像设备之间的距离，以确保讲师整个头部呈现在画面中。在整个教学过程中，要适应镜头，与摄像头或摄像机有眼神交流。特别是采用屏幕录制的时候，要利用鼠标的点击与拖动配合解说，适当使用画笔功能。

（6）教学反思

微反思也是微课程的一部分，及时吸取学员观看后的感受和反馈，对于学员不满意的方面要和学员多交流，找出好的解决方法与途径。也可以和爱好微课的同行多切磋交流，多观摩同行的优秀微课作品，找出每个作品的闪光点加以学习借鉴，以期不断改进微课制作水平。

### 4.2.2 微课设计的内涵

微课的设计是制作高质量、高水平微课的基础，它包括微课教案的设计、教学内容的设计、课件的设计与微课脚本的设计与编制等。

### 1. 微课教案的设计

微课教案是微课视频教学方案的简称。教案是指导讲师正确教学活动的规范性作业的指导书，讲师的教学活动不能脱离教案而随意授课。在教育教学机构中，教案是一种内部的程序性文件，具有内部约束力。在企业授课中，也往往有教案，这是指导讲师开展培训教学的依据。

教案的设计要解决以下三个问题：

（1）明确教学目标与策略

教案的核心价值之一便是明确微课教学的目标，即本次微课是为了完成什么教学任务而设计；其次选择有效的教学策略，包括教学方式、配套资料及测试题目设计等。

（2）设计教案的通用模板

微课教学模板的设计可有效统一企业讲师教案编写的一致性、通用性，模板的内容结构应尽量充实、完整和规范。常用的模板可见表 4-1，仅供参考。

（3）教学内容如何体现出教学目标

由于微课的时长只有几分钟，时间短、任务重。所以，教学内容与案例的选取应符合以下几个原则：

①引起学习者兴趣原则。俗话说：“兴趣是最好的老师”，当微课内容能强烈吸引学员的兴趣时，就相当于成功了一半。

②实用性原则。微课内容与案例应选择与学员工作、生活相关，切实为学员解决实际问题，使学员知道所学知识具有很高的价值，以此提高学员对学习内容的兴趣和学习效果。

③简洁明了原则。由于微课时间短，对于课程内容与案例的选取应简洁明了，对于不适合微课教学的情节与内容应进行删减、补充和调整，既要简洁明了又要满足教育学的“正能量”属性。

④匹配教学目标原则。按照课程目标分解的微课目标，通常是知识与技能、过程与方法、情感态度与价值观三维度目标。我们在研读大量的微课视频过程中发现，很多微课的内容不能完整地体现该微课的教学目标，特别是情感、态度与价值观维度的缺失，反而知识与技能目标体现得较充分。在企业教育课程中，情感、态度和价值观能够很好地体现企业和职业属性，这一维度是企业教育目标的重要基础，缺乏这一维度的教学目标是不完整的、有缺陷的。

**表 4–1　微课教案模板**

<table>
<tr><td>微课名称</td><td colspan="3"></td><td>微课类型</td><td colspan="3">□重点 □难点 □易错点 □其他</td></tr>
<tr><td>设计者</td><td></td><td>审核者</td><td></td><td>难度级别</td><td></td><td>微课编号</td><td></td></tr>
<tr><td>微课类型</td><td colspan="7">方法区分：讲授型（　）演示型（　）传播型（　）探究学习型（　）其他型（　）<br>内容区分：知识型（　）技能型（　）故事型（　）动画型（　）混合型（　）</td></tr>
<tr><td>教学焦点</td><td colspan="7">重要知识焦点：<br>次要知识焦点：<br>重要技能焦点：<br>次要技能焦点：</td></tr>
<tr><td>适用对象</td><td colspan="7">按级别分：基层员工（　）基层管理者（　）中层管理者（　）高层管理者（　）<br>按专业类别分：行政后勤类（　）一线操作类（　）技术技能类（　）管理类（　）</td></tr>
<tr><td>对学员的<br>基本要求</td><td colspan="7">身体基础要求：<br>知识基础要求：<br>技能基础要求：<br>学习条件要求：</td></tr>
<tr><td>微课设计思路</td><td colspan="7"></td></tr>
<tr><td>教学方法应用</td><td colspan="7"></td></tr>
<tr><td>教学目标与<br>教学内容</td><td colspan="7"></td></tr>
<tr><td>微课特色与<br>创新点</td><td colspan="7"></td></tr>
<tr><td>教学环境<br>条件与道具</td><td colspan="3"></td><td>微课制作<br>技术条件<br>要求</td><td colspan="3"></td></tr>
<tr><td colspan="8">教学过程与内容</td></tr>
<tr><td colspan="2">教学活动</td><td colspan="2">讲师言行</td><td colspan="2">学员言行</td><td colspan="2">设计意图</td></tr>
<tr><td colspan="2">教学活动 1<br>案例导入<br>……</td><td colspan="2">介绍案例，提出问题<br>分析引导学员思考与研讨<br>……</td><td colspan="2">与讲师互动，进行思考<br>（1）<br>（2）</td><td colspan="2">通过案例使学员理解本知识点的应用并引发学员反思<br>……</td></tr>
<tr><td colspan="2">教学活动 2<br>教学焦点 1</td><td colspan="2"></td><td colspan="2"></td><td colspan="2"></td></tr>
<tr><td colspan="2">教学活动 N<br>教学焦点 N-1</td><td colspan="2"></td><td colspan="2"></td><td colspan="2"></td></tr>
<tr><td rowspan="3">微课结尾</td><td>微课小结</td><td colspan="6"></td></tr>
<tr><td>课后作业</td><td colspan="6"></td></tr>
<tr><td>问题研讨</td><td colspan="6"></td></tr>
<tr><td>教学反思<br>与体会</td><td colspan="7"></td></tr>
</table>

### 2. 微课内容的设计

教学内容的选择与处理是做好微课的基础，因此在设计每一节微课时，首先要慎重选择知识点，把握以下原则：

①知识点尽量选择教学的重点、难点、疑点和热点。

②知识点的选择要细，5 分钟左右能够讲解透彻。

③知识点要适合多媒体表达，能以微课视频的形式表达出来。

④要将知识点按照一定教材的知识体系和内在逻辑分割成多个小知识点。

### 3. 微课课件的设计

这里提到的课件主要是指 PPT 课件，设计 PPT 的作用，一是可以进一步完善教学设计；二是可以借助 PPT 课件中的技术因素展现教学内容，控制教学进程。微课课件设计主要包括内容设计、版面设计和 PPT 美化设计三类。

（1）内容设计

PPT 课件中只出现核心内容，非核心内容可以通过讲师的语言和动作表达，PPT 内容设计要具有针对性、启发性和强烈的悬念。

（2）版面设计

版面设计要体现课件内容的逻辑结构，可分为首页、中间页、结束页等，首页应包括微课的标题、作者及单位、章节、简洁的背景介绍；中间页用于展示核心的内容；结束页可以加入感谢语、时间、结束金句等文本信息。

（3）PPT 美化设计

PPT 的美化设计主要指排版设计，整个 PPT 课件，背景与内容要和谐、相得益彰，文字不宜太多。文字、图片、视频、动画等各种元素要相宜。文字大小合适，整个 PPT 文字颜色不要超过三种，PPT 画布要上下一致，左右协调，过渡效果要相对统一。

### 4. 微课脚本的设计与编制

脚本通常是指表演戏剧、拍摄电影等所依据的底本或书稿的底稿。微课作为一种视频呈现形式，同样需要一个底稿。一个微课作品的诞生需要两个过程：一是前期的脚本设计，二是后期的录制合成。可见脚本设计是微课制作的基础。一个优秀的微课作品，一定是依靠优秀的脚本作支撑的。所以，讲师在制作微课时，应该把重心和精力放在脚本设计中，而不是放在炫酷的动画效果中。

微课的制作脚本模板见表 4-2。

表 4-2　微课制作脚本模板

<table>
<tr><th colspan="4">微课设计脚本</th></tr>
<tr><td colspan="4">微课基本信息</td></tr>
<tr><td>微课设计者</td><td colspan="3"></td></tr>
<tr><td>微课名称</td><td colspan="3"></td></tr>
<tr><td>微课时长</td><td colspan="3"></td></tr>
<tr><td colspan="4">微课描述信息</td></tr>
<tr><td>学习目标</td><td colspan="3"></td></tr>
<tr><td>问题类型</td><td>□事实性知识的问题<br>□概念性知识的问题<br>□程序性知识的问题<br>□元认知知识的问题</td><td>目标类型</td><td>□记忆<br>□理解<br>□运用<br>□分析<br>□评价<br>□创造</td></tr>
<tr><td>知识点描述</td><td colspan="3"></td></tr>
<tr><td rowspan="2">呈现策略</td><td>呈现资源</td><td colspan="2"></td></tr>
<tr><td>呈现方式</td><td colspan="2"></td></tr>
<tr><td>设计思路</td><td colspan="3"></td></tr>
<tr><td>参考资料</td><td colspan="3"></td></tr>
<tr><td colspan="4">微课教学过程</td></tr>
<tr><td></td><td>时间段</td><td>内容</td><td>策略</td></tr>
<tr><td>片头</td><td></td><td></td><td></td></tr>
<tr><td>导入</td><td></td><td></td><td></td></tr>
<tr><td>正片</td><td></td><td></td><td></td></tr>
<tr><td>总结</td><td></td><td></td><td></td></tr>
<tr><td>结束语</td><td></td><td></td><td></td></tr>
</table>

微课脚本的设计一般包括四个步骤：选择合适的课题、确定脚本的类型、理清内容的逻辑、完善细节与创建亮点，如图 4-6 所示。

（1）选择合适的课题

并不是所有的知识点都适合做微课，能够被选作微课的课题应该满足三个基本条件：小、巧、精。

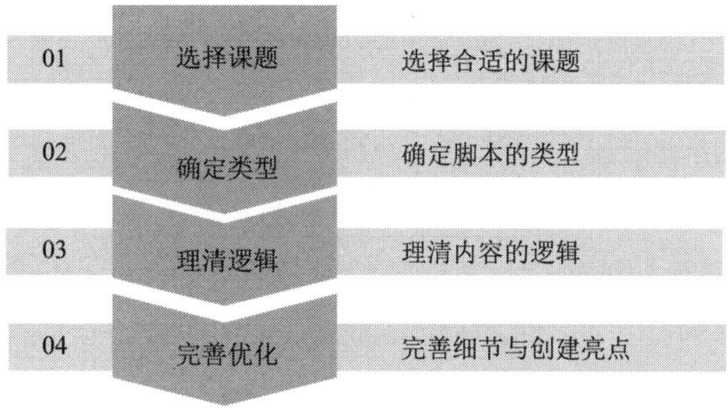


图 4-6 微课脚本的设计

小：小是指知识主题小，一个微课只讲一个特定的知识点或一个问题，3~10 分钟能将内容讲完即可。

巧：巧是指所选题材是教学中的重点难点、价值点，微课是为了解决学员学习中、工作中存在的问题，所以在选题上要尽量挑选平时学员学习中容易混淆、出错的内容进行制作，使之成为解决问题的辅助学习资料。

精：微课的课题应当是精选的，其内容必须且只能用视频呈现。微课要求在有限的时间内尽可能地呈现精彩的内容。

（2）确定脚本的类型

在确定了合适的课题后，我们要快速确定脚本的类型。一般来说，脚本包括四种类型：知识原理类、技能操作类、问题解决类和案例故事类。每种类型的脚本有不同的设计思路与呈现方式。

（3）理清内容的逻辑

逻辑是微课内容的骨架，通过有效的逻辑设计，可以帮助我们把微课讲清楚，不同的微课类型，也有不同的设计逻辑。

◆ 设计知识原理类微课

知识原理类微课逻辑设计，一般用“是什么”“为什么”“怎么做”的方式进行讲解，即 2W1H。比如设计《电力安全防范管理》的微课逻辑：电力安全防范管理是什么，为什么要进行安全防范管理，怎样做好电力安全防范管理。

◆ 设计技能操作类微课

技能操作类微课逻辑设计可以先用一个操作错误作为引爆点，分析其错误的关键点，继而讲解正确的操作方法，最后进行总结。比如《安全帽佩戴的操作要领》，可以先讲平常员工佩戴安全帽的常见错误点，并分析原因，以此快速吸引学员的关注，再详细讲解正确的操作步骤加深印象。

◆ 设计问题解决类微课

问题解决类微课的逻辑设计为：提出问题—分析原因—技能讲解—得出解决方案。比如《电力客户投诉的快速解决》微课的逻辑，先列举客户投诉的常见问题，再分析各类客户投诉背景的原因，再讲解如何处理各类投诉的原则与策略，最终提炼快速处理客户投诉的解决步骤或方法，如“快速解决电力客户投诉的五步法”。

◆ 设计案例故事类微课

人人喜欢听故事，不喜欢听道理。用故事来讲解知识点往往可以收到很好的效果，这是因为比起直接的讲解，学员更喜欢听故事。设计好案例故事类微课要集齐故事的元素，即时间、地点、人物、情节。创建故事的层次，即开端、发展、高潮和结尾。

（4）完善细节与创建亮点

微课脚本设计的第四步是完善细节与创建亮点，这一步是脚本完善加工阶段，在系统梳理课程内容与逻辑的基础上，进行整体设计，完善细节，并找出每节微课中的亮点，以便在后期制作时进行更好的视频呈现。无论哪种微课类型，其一般结构的时间划分如下：

①片头 10 秒左右。

②快速精彩导入 10 秒左右。

③重点知识讲解 3 ~ 4 分钟。

④难点突破 2 分钟。

⑤知识重点巩固 30 秒左右。

⑥扩展课堂深度思考 10 秒左右。

⑦片尾 10 秒左右。

### 4.2.3 微课 PPT 课件的设计与编写

PPT 课件的编写是微课制作、讲师授课的基础，PPT 课件是一种幻灯片播放的多媒体文件，可以将文字、照片、视频、动画、语音等多媒体综合进行编辑、播放，使一些难以使用文字表现出来的问题，通过其他媒体方式有效地呈现出来，具有图文并茂、表现力和视觉冲击力强等特点，是讲师无论是线下授课还是线上授课都不可或缺的有效工具。

### 1. 优秀微课 PPT 的主要特征

优秀的微课 PPT 与传统线下课程 PPT 有着本质的区别，主要体现在以下四个方面：

（1）创意性

PPT 课件的创意性包括微课内容有创意、表达形式有创意和使用过程有创意三个方面。PPT 课件中的教学内容以重点内容表述、图片、动画、表格等多媒体呈现，不能是文字图片的堆砌，而是将听觉和视觉结合起来呈现给学员。

（2）创新性

PPT 课件的创新性主要体现在理念创新、模板创新、教学内容创新和信息技术应用创新四个方面。以学习者为中心的教学理念、行动导向教学理念等应在 PPT 课件中予以体现。讲师应根据微课内容设计具有特色的模板，使其与教学内容相互依托。另外，除了应用 PPT 课件以外，还应根据微课内容特征，应用互动式微课课件设计工具 Storline、万彩动画、iSpring Suite 软件等设计制作高水平的微课课件，以提高微课教学效果。

（3）高度简洁性

PPT 课件是微教学中的一种辅助教学手段，讲师不能依赖于 PPT 课件，PPT 课件内容应高度简洁，而不是简单的文字搬家。对于 PPT 课件呈现的重点内容，或难以用语言表达的内容可采用图像、视频、动画等形式进行表达，讲师应对课件呈现的内容进行必要的详细解析、演示、操作等，使学习者更好地理解课件内容。

（4）协调性

PPT 课件的内容应该与授课录像、引入的视频等内容相互补充和协调一致，共同构建微课教学内容，而不是各自独立。同时，PPT 的设计本身也应遵循协调性原则，包括 PPT 模板与风格要统一，配图与配色要与内容协调等。

### 2. PPT 设计的原则

微课 PPT 的设计要遵循四个基本原则：简单、逻辑、匹配、冲击。简单原则意味着 PPT 的设计要高度总结内容，不拖泥带水；逻辑原则意味着 PPT 的设计要有逻辑性，让人一眼看上去就能理解内容的结构，容易让人们记住；匹配原则意味着 PPT 的设计，无论是颜色、图像还是文字应与教学内容相匹配，不多余，不喧宾夺主；冲击原则意味着 PPT 的设计要给人以视觉冲击感。

### 3. PPT 课件中 SmartArt 图形软件的应用

在 PPT 课件制作中，熟练掌握 SmartArt 工具能有效提升 PPT 制作的速度与美化效果。SmartArt 图形软件本身就内置在 PPT 软件（Windows 版）中，为 PPT 课件中的逻辑图像设计增添了新的光彩，使 PPT 课件设计更加具有冲击力和吸引力。

打开 PPT 使用界面，点击【插入】按钮，再点击【SmartArt】按钮，如图 4-7 所示。进入 SmartArt 图形软件操作界面。

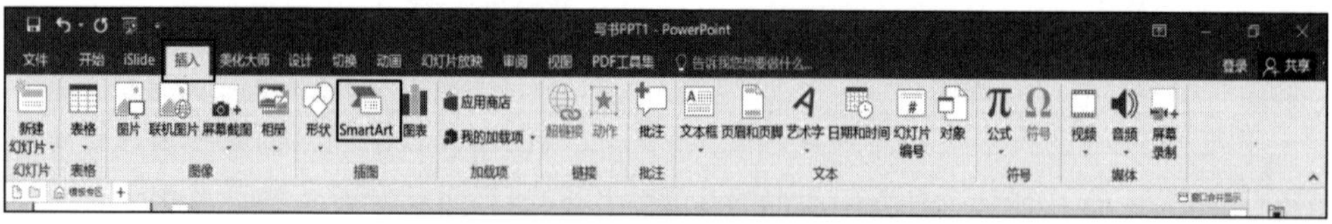


图 4-7　进入 SmartArt 图形软件操作示范

SmartArt 图形软件中包括列表、流程图、循环图等 8 种类型，基本满足了微课教学中对教学内容之间的关系、色彩、布局等方面的要求。知识可视化可通过视频、图片和逻辑关系图形等方式实现。对于复杂、难以理解或隐性的知识通过可视化方式呈现出来，可以使学员更容易学习和接受。选择 SmartArt 图形界面如图 4-8 所示。

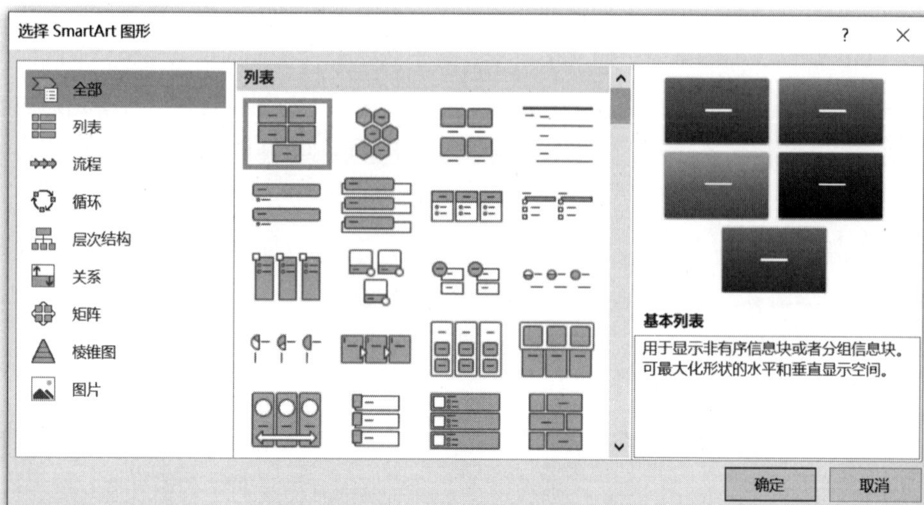


图 4-8　选择 SmartArt 图形

对于 SmartArt 图形软件中图形类别与选用原则，见表 4-3。

**表 4–3　SmartArt 图形类别选用说明**

| 图形类别 | 主要应用范围和特点 |
| --- | --- |
| 列表 | 显示无序信息块或并列关系信息块，用于强调信息块的重要性。可最大化水平或垂直显示空间 |
| 流程 | 显示有序单向信息块关系或步骤，如业务流程、时间顺序、知识构建次序。前后逻辑关系明确 |
| 循环 | 显示有序的连续循环信息块或逻辑关系信息块。图示关系只是呈现循环关系 |
| 层次结构 | 显示分层的信息结构及逻辑关系，用于创建组织结构、知识分层等。层次间的逻辑关系明确，同层中不显逻辑关系 |
| 关系 | 显示信息块之间的各种逻辑关系，不同逻辑关系对应不同的图形。对边界关系进行图解，逻辑关系明确 |
| 矩阵 | 显示部分块与整体信息块之间的关系。逻辑关系有时模糊 |
| 棱锥图 | 显示信息之间的层次比例关系，底部、中部、顶部中与最大一部分之间的比例关系。逻辑关系、数值关系明确 |
| 图片 | 显示无序、无逻辑关系，但有内在关联的信息块。关联明确，无逻辑关系 |

### 4. PPT 课件中美化大师软件的应用

在微软 Windows 系统中，可直接在网上下载安装“美化大师”软件，它是一款 PPT 幻灯片软件美化插件，为用户提供了丰富的 PPT 模板，具有一键美化的特色。

当安装了“美化大师”软件后，打开 PPT 文件，单击【美化大师】按钮，便出现各种功能窗口，如图 4-9 所示。

图 4-9　美化大师软件操作界面

Windows 美化大师的功能分为更换背景、范文库、图片、形状库、批量替换字体、导出等 14 个功能模块。打开幻灯片模板，里面有 7 个种类近 700 个样式的模板可供选择使用，范文中有 13 种类型近 600 种样式的模板可供使用。其模板数量、样式之多，能够满足微课教学的大部分需要。

### 5. WPS 强大的 PPT 课件制作功能介绍

最新版的 WPS 软件非常好用，此处向大家推荐用 WPS 软件快速制作 PPT 课件。最新版 WPS 软件集合了 10 多种常用 PPT 设计所需的功能，包括在线图片搜索、智能图形、稻壳素材、流程图、思维导图、动画、屏幕录制等，如图 4-10 所示。

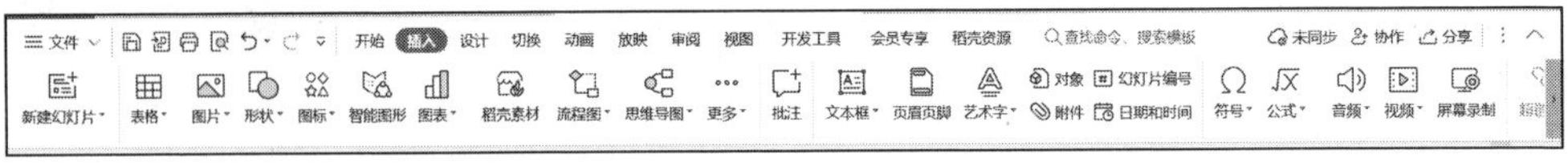


图 4-10　集多种功能于一体的 WPS 操作界面

（1）图片搜索功能

在 WPS 的【图片】栏搜索图片类型的关键字，便可搜索出大量高清图片。比如在【图片栏】搜索“电力”字样，便可直接自动搜索出与电力相关的高清图片，非常好用，如图 4-11 所示。

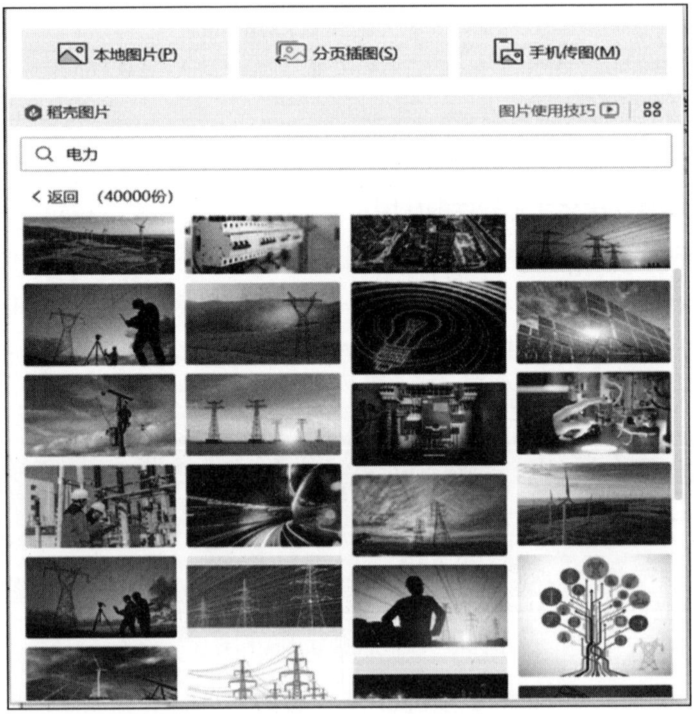


图 4-11　WPS 中的在线图片搜索功能

（2）思维导图一键制作 PPT 功能

在 WPS 操作界面点击【插入】按钮，再点击【思维导图】按钮，把想要讲授的课程内容快速制成思维导图，再点击思维导图页面的【脑图 PPT】，可一键快速生成 PPT（几分钟可自动生成上百张 PPT）。

（3）“稻壳素材”功能快速寻找模板与资料

在 WPS 操作界面点击【插入】按钮，再点击【稻壳素材】（注册成会员版，高级版本可能需要收费），便可获取我们在制作 PPT 课件时需要用到的“模板”“字体”“图片”“图标”“图表”“关系图”“音频”等，可谓资源丰富，应有尽有，如图 4-12 所示。

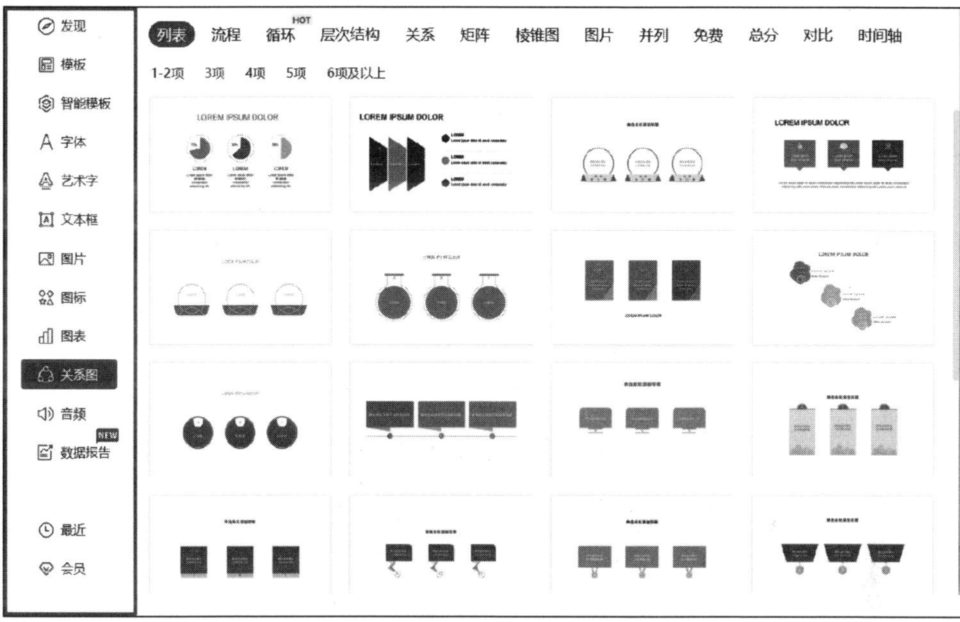


图 4-12 WPS 中的“稻壳素材”操作界面

## 4.3 微课的制作方法与技巧

微课的制作是产出微课作品的关键环节，也是一项具有一定技术含量的工作。微课的制作技术层出不穷，根据在微课制作过程中所使用的技术来划分，可以将微课的制作方法大致分为五种：PPT 式微课、录屏式微课、拍摄式微课、动画式微课、综合式微课。

从微课的设计到制作，一般要经历五个步骤：构思—脚本编写—搜集素材—制作—后期完善，这些工作往往需要团队合作才能高效完成。

## 4.3.1 微课视频的拍摄与录制方法

微课教案及微课脚本完成以后，再经过微课团队讲师和专家评审、改进，即可进行视频录制了。结合每一集微课视频的类型、设计特点、脚本内容和要求，选择相应的拍摄模式即可进行微课视频的拍摄或录制。这一步是进行微课制作的基础性工作，方便后期剪辑、加工、输出。

拍摄微课视频一是需要讲师对微课内容与脚本非常熟悉，二是要掌握一些拍摄技巧与录制软件，这样才能拍摄出满意的微课视频。

**1. 拍摄前的准备工作**

在正式拍摄微课视频前，通常摄像人员会与课程主讲老师进行沟通，依据老师的习惯和教学内容，来决定以下事项：

（1）拍摄场景选择

➢室内：根据课程内容，有教室、讲师办公室、实训室等，如图 4-13 所示。

图 4-13　室内拍摄场景

➢户外：适合户外拓展、现场教学、室外技能类课程，也可选用户外实景，摆脱教室束缚的感觉，如图 4-14 所示。

图 4-14　室外微课拍摄现场

➢ 虚拟录播室：专业的虚拟演播室，模拟场景，或采用纯背景，方便后期剪辑与加工，如图 4-15 所示。

图 4-15　室内虚拟录播室现场

（2）讲课方式

➢ 单人讲述：适合个人魅力十足，或是口才较好的老师，这也是微课录制的最常用方式，如图 4-16 所示。

图 4-16　单人讲述式微课拍摄

➢ 双人对谈：一问一答，或是互补式讲述，适合访谈、探索类主题课程录制，如图 4-17 所示。

➢ 多人讨论：两人以上的讨论形式，适合开放式的主题讨论，给学员多方思考。

（3）讲师在镜头前的服装造型

➢ 妆容：讲师在拍摄视频前最好做一下简单的化妆，要达到清新淡雅、形色韵有机结合，以体现老师的专业性和亲和力。

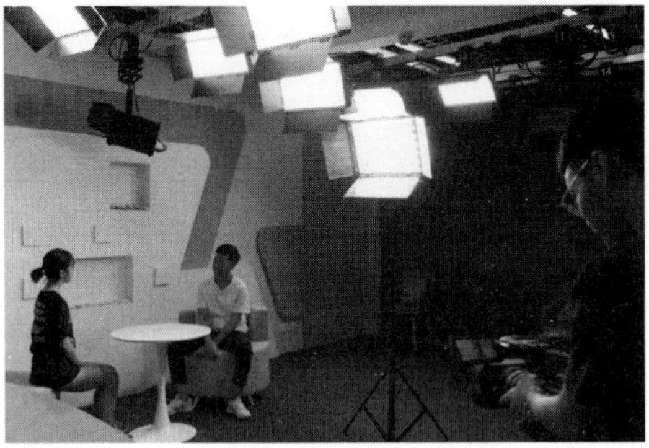

图 4-17　双人对谈式微课拍摄

➢ 发妆：头发要整齐清洁，以体现专业的讲师形象。为后期有更好的抠像效果，梳理头发时，最好让发丝服帖于头上，不要过于凌乱，以免影响整体抠像效果。尽量露出面部，避免使用发油造成反光。

➢ 服饰：讲师服饰仪容最能体现出讲师的专业涵养及文化水平，整洁的服装仪容能够拉近与学员观众的距离。拍摄时应尽量避免太过于休闲与随便的服装，毕竟录制下来的教学视频有保存的价值与传播的需要。女老师宜穿简单的套装或连衣裙，男老师可穿衬衫或西装，且服饰颜色与拍摄背景要有反差。

（4）讲师在镜头前的语言及肢体动作

我们经常发现，许多老师在线下培训课堂能够侃侃而谈，而面对拍摄镜头时显得很不自然，表现为语言不流畅、肢体动作僵硬。要克服这些现象，需要讲师在拍摄前做好以下几项工作：

第一，熟悉拍摄的环境。最好提前去亲身感受一下，看看别的老师是怎么录制的，语言是如何表达的？肢体动作是怎么流畅运用的？

第二，要习惯拍摄现场的灯光。为了取得良好的成像效果，一般在被拍摄者的前方通常都有灯光照射，老师站在摄像机前的第一印象就是灯光非常刺眼，很不舒服。其实只要站在灯光前大约 5 分钟，就会逐渐习惯。

第三，学会用提词器。一般拍摄现场都会有提词器，讲师学会使用提词器，可大大减少因为背词带来的紧张，从而显得更自然、从容。提词器通常有一个遥控器，老师可以按照自己讲话的速度来控制显示速度，并可以简易地编辑文字、改变字体颜色及大小，非常实用，如图 4-18 所示。

图 4-18　拍摄现场提词器的使用

第四，找好镜头感。在拍摄现场找好镜头感非常重要，一是要不断提醒自己多看镜头，要多想象摄像机外的另一端就有一批学员在认真听课。因此，老师的目光应该时不时地凝视着镜头，把摄像机当作是学员，自然地对着摄像机讲话。二是要找好拍摄时的走位，切忌走出拍摄的镜头外。三是要保持亲和自然，每一位老师在上课时一定有他自身的风格特色与长处，只要保持轻松，发挥出平时上课时的状态，相信老师们就会自然散发出授课的魅力。

第五，训练自己的语言。因为微课的时间一般都很短，因此微课拍摄时讲师的语言尽量要简洁、有逻辑，并要训练自己表达时的咬字、换气、抑扬顿挫。

**2. 拍摄与处理时的技巧**

目前微课视频比较常用的拍摄类型有以下五种。

第一种，微课实操演示。选取理由：全景特定，多角度展示流程、操作。

第二种，微课绿幕抠图。选取理由：突破环境限制，更有意境感；凸显讲师言行风采。

第三种，微课电脑录屏。选取理由：软件操作首选，后期剪辑突出重点。

第四种，微课 PPT 录屏。选取理由：PPT+ 声音或软件操作方式教学。

第五种，微课特效包装。选取理由：可利用大量案例素材，体现知识点核心要素。

在拍摄微课时，我们要注意以下四个环节的细节工作。

（1）场地选择与选景要点

拍摄场地的选择很重要，一是拍摄场地要有良好的吸声效果，不能混响太大。二是拍摄场地的光线要保证充足，布光均匀，为了达到光线统一的效果，最好关闭现场的窗帘，使用现场灯光。三是拍摄时要注意摄像设备的位置、景别、构图和镜头运动等。不论是全景、中景、远景还是特定，都要将被摄主体安排在视频中心位置。

拍摄过程中，摄像师要注意运用景别和景深，提升画面空间表现力。景别是被摄主体在画面中呈现的范围，一般将景别分为六种，由远至近分别为远景、全景、中景、近景、特写、大特写等。

景深是指被摄主体影像纵深的清晰范围，也就是说，以聚焦点为标准，聚焦点前的“景物清晰”距离加上聚焦点后的“景物清晰”距离就是景深。景深分为深景深和浅景深，深景深的背景清晰，浅景深的背景模糊。景深能够表现被摄主体的层次感，增强画面的纵深感和空间感，效果如图 4-19 所示。

图 4-19　不同的景深

（2）录音

在拍摄时尽量用领夹式无线专业话筒，也就是我们说的“小蜜蜂”，它的频段几乎不受外部噪声和其他无线系统的干扰，收音质量高，当然后期还要进行降噪处理。

（3）镜头内容剪辑

镜头的内容要站在观众的角度去设计，要符合视觉习惯和思维规律，镜头的类型也要符合微课的主题，什么时候用全景，什么时候用中景，什么时候用特写要按照视频内容去决定，另外镜头的组合要合乎逻辑。

（4）PPT 处理

如果是 PPT 录屏式微课，PPT 内容自然就出现在微课视频中了。如果是一般拍摄式微课，在后期制作时需要将讲师的 PPT 合成上去，可在视频中使用 PPT 贴图，这种方式清晰明了，制作精良，修改方便，但制作周期较长。

## 4.3.2　PPT 式微课的制作

PPT 式微课主要是利用 PowerPoint 强大的演示功能，讲解某一个知识点所形成的教学视频。此方法适用于形式简单、结构清晰、关系单一的教学内容，其优点是技术难度低，讲师自己电脑上就可实现，制作速度快、效率高。Offie 2016 及以上版本、WPS 2020 及以上版本均能满足 PPT 式微课的录制需求。

PPT 式微课的制作过程一般分为三个步骤：第一步，根据微课教学目标，制作相应的 PPT 课件，符合简洁、短小、新颖、有趣的要求；第二步，根据 PPT 课件录制旁白（讲师解说词）；第三步，将录制有旁白的 PPT 课件另存为视频格式。

### 1. 利用 Offie PowerPoint 录制 PPT 式微课

首先需要确认电脑上安装的 Offie 软件是 2016 版本以上，如果不是请先安装。接下来，在电脑上连接好耳机和麦克风，打开已经制作好的 PPT 课件，单击【幻灯片放映】选项卡，选择【播放旁白】和【使用计时】选项，单击【录制幻灯片演示】按钮，选择从头开始录制。这时幻灯片开始播放，制作者可以根据播放内容进行旁白（解说）。当录制完毕后，播放 PPT 课件，并检查旁白是否满足要求。操作界面如图 4-20 所示。

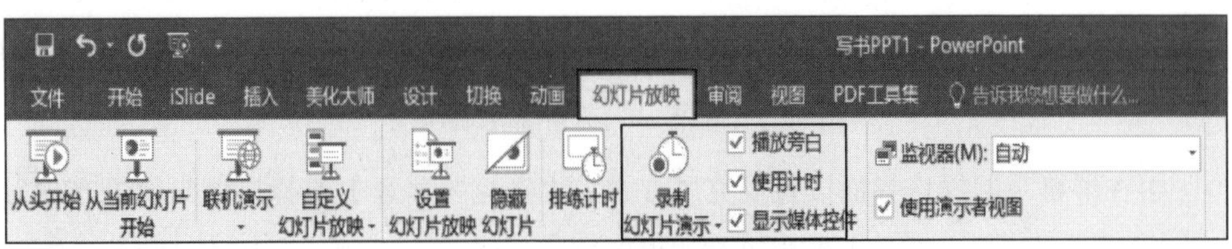


图 4-20　Offie PowerPoint 录制微课操作界面

如果不满意，可以清除录制幻灯片演示中的旁白，再进行重新录制。在录制 PPT 讲解过程中，对重要知识点可进行画线、画框或放大等吸引学员注意力。

在录制完后，在有旁白的 PPT 课件中选择【文件】选项卡，选择【另存为】命令，文件类型选择 MPEG-4 格式或 WMV 格式，单击保存即可，如图 4-21 所示。

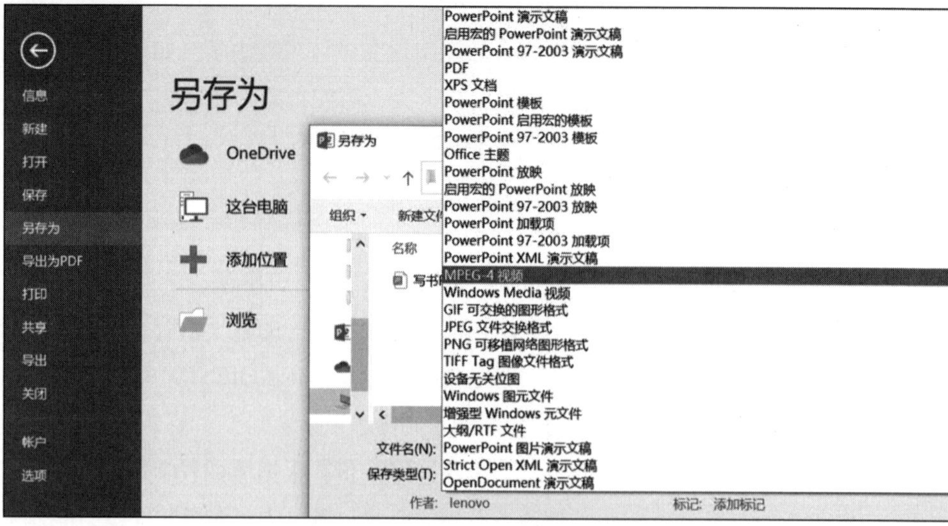


图 4-21　PPT 保存成微课录制视频

### 2. 利用 WPS PowerPoint 录制 PPT 式微课

WPS 最新版本能录制成有视频的 PPT 式微课，且操作更为简单高效。

首先需要安装最新版的 WPS 软件，再用 WPS 打开已经制作好的 PPT 课件，点击【插入】按钮，再点击右边的【屏幕录制】按钮，便出现屏幕录制的具体操作页面，如图 4-22 所示。

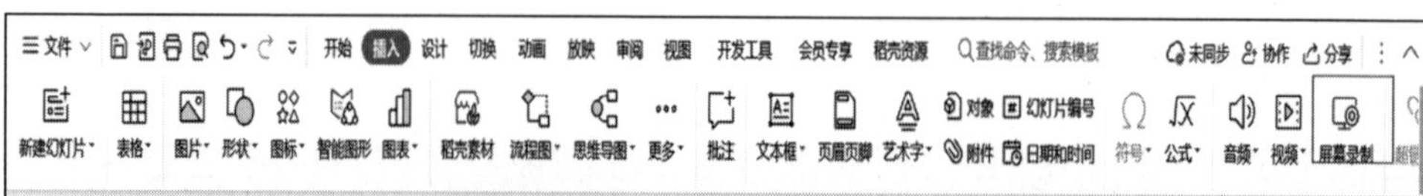


图 4-22　WPS 中打开屏幕录制功能

再在屏幕录制操作界面设置麦克风方式为【麦克风声音】，选择摄像头设置方式为【打开摄像头】，待声音、摄像头等方式设置好，便可点击右边的【开始录制】按钮进行录制。录制完毕后，在下面的列表中可将录制好的视频直接保存至想要放到的位置。屏幕录制操作界面如图 4-23 所示。

图 4-23　屏幕录制操作界面

## 4.3.3　录屏式微课的制作

录屏式微课主要是利用 Camtasia Studio（喀秋莎录屏软件）强大的录屏功能和视频剪辑功能，完整记录电脑屏幕上的教师讲解，并编辑制作形成的教学视频。此方法适用于内容相对简单的微课，其优点是操作简单、制作快捷、开发周期短；容易获得高清视频效果；视频格式灵活多变；内容表现灵活多样。目前，此方法已成为微课制作的主要方法之一。

（1）必要的工具与软件

电脑、耳机（附带麦克风）等设备，Camtasia Studio 等录屏软件，PPT（2016 版以上）、Prezi、Foucusky 等演示软件。

（2）录屏式微课制作技巧

第一步，安装 Camtasia Studio 录屏软件，高级功能需要付费。

第二步，打开 Camtasia Studio 录屏软件开始录制。单击【屏幕录制】按钮，设置录制区域和输入参数，单击【rec】按钮，开始录制，录制过程中可以进行删除、暂停等操作，界面如图 4-24 所示。

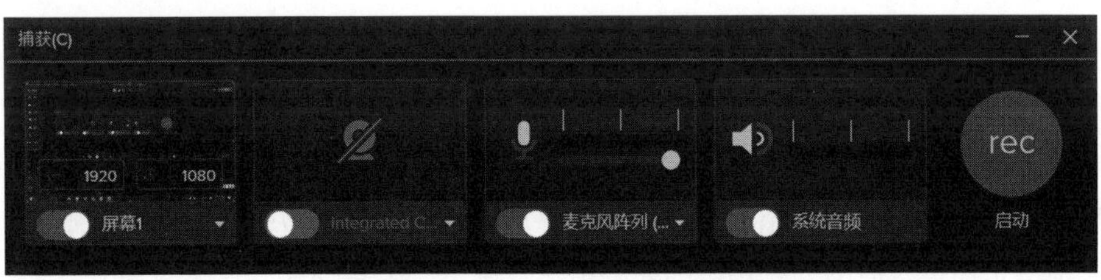


图 4-24　Camtasia Studio 录屏软件操作界面

第三步，完善与编辑微课视频。按【F10】键停止屏幕录制，单击【保存并编辑】

按钮，保存之后，它会自动在Camtasia Studio中将其打开，这时就可以对刚才录制的视频进行编辑了。

### 4.3.4 拍摄式微课的制作

拍摄式微课主要是利用摄录设备（摄像机、手机、照相机）强大的摄录功能，对教学中的讲解过程、操作演示等真实情景进行拍摄所形成的教学视频。此方法适用于过程性操作演示内容的微课，其优点是教师可以按照日常习惯讲课；工具随手可得，制作简单。目前，此方法已成为微课制作的最主要方法之一。

**1. 拍摄模式与设备准备**

拍摄又可分为真实场景拍摄、虚拟环境拍摄、抠像视频拍摄三种，可依据微课的内容与实际情况选择拍摄模式。

常用的拍摄设备有：摄像机、手机、照相机，对专业要求较高的拍摄式微课应选用专业的摄像机拍摄，并要选择合适的摄像三脚架以固定摄像机，防止在拍摄过程中出现抖动情况。摄像师应提前阅读理解微课脚本，根据脚本要求，分析确定需要固定摄像机的几个位置。通常情况下，如果有较多学员参与（7人以上）微课教学过程，且有多次互动、学员模仿练习等教学内容时，应与授课教师进行沟通、了解，在明确教师的行动路线后，选择几个摄像机固定点逐个进行试镜，确保选择出最佳的摄像机固定点。

**2. 拍摄方法与技巧**

➢ 要选好拍摄角度，确保讲师的所有演示都能被拍摄。如果使用手机拍摄，最好用手机支架，确保手机稳定不晃动。

➢ 讲师在授课过程中，应严格按照职业规范要求和职业素质要求进行操作，真正起到引领和示范作用。

➢ 如有较多学员参与微课教学过程，开始可以应用远镜头或中镜头适当拍摄参与学员的总体情况2~3秒。对于微课学习者而言，他们并不关注有多少学员参与微课教学过程，但能体现出场景感。

➢ 使用近镜头清晰地拍摄黑板、电子屏幕上讲师书写的教学内容。不宜使用中镜头或远镜头拍摄。原因一是拍摄的教学内容字迹小、不清晰；二是微课学习者此时更关注讲师书写的内容。

➢ 在拍摄参与学员回答问题、互动、操作、讨论等情景时，摄像师应提前与授课讲师商定单独作为一个分镜头进行拍摄，等待摄像师准备好之后，再开始组织教学。

➢ 在拍摄实践教学的微课视频过程中，重点应用近镜头和特写镜头进行拍摄。开始时，可以应用中镜头或远镜头对实践教学的整体环境进行 3 ~ 5 秒拍摄，以使微课学习者有身临其境的感受。

➢ 正确设置摄像机的录音参数以降低噪声，同时尽可能对拍摄环境中产生的干扰噪声进行分析、处理，充分做好预防性工作，以减少环境噪声对录音效果的干扰和影响。

### 4.3.5　动画式微课的制作

动画式微课因为精美的卡通画面和炫酷的动画效果，深得学员的喜欢。目前动画微课比较主流的制作形式是 MG 动画类型，简单理解就是将图形和图形组合在一起，按一定规律动起来。在空间排名、运动变化中，让学员更加清晰地感受到想要表达的主题，同时视觉效果明快，效果好。

万彩动画是一款强大的 MG 动画制作软件，操作易上手，素材丰富。

（1）下载与安装万彩动画软件

万彩动画软件是一款国产的免费软件，可直接到官网 www.animiz.cn 下载，该软件的下载与安装非常简单，根据提示操作即可，兼容 Windows 各个版本的操作系统。

（2）模板的选择

对初学者来说，在现成的模板上进行编辑、填充内容，是一种简便快捷的入门方法。打开万彩动画软件后，其主界面上有免费的模板，包括教育、科技、生活、创新等诸多类别，讲师可根据自己所讲的主题进行选择。

## 4.4　常用的视频编辑工具

常用的视频编辑工具有六款，分别是剪映、Premiere、After Effects、Edius、会声会影、爱剪辑。它们有着不同的功能与使用效果，我们可以根据自己的喜好选用合适的视频编辑工具。

#### 1. 剪映

剪映是抖音官方推出的一款视频编辑剪辑应用软件，它具有强大的视频剪辑功能，支持视频变速与倒放，用户使用它可以在视频中添加音频、识别字幕、添加贴纸、应用滤镜、使用美颜等，而且它还提供了非常丰富的曲库和贴纸资源等。即便是初学者，也能利用这款工具制作出自己心仪的短视频。

### 2. Premiere

Premiere是由Adobe公司开发的一款非线性视频编辑软件，它在影视后期、广告制作、电视节目等领域有着广泛的应用，同样在网络视频与制作领域也是非常重要的工具。Premiere具有强大的视频编辑功能，易学且高效，可以充分发挥讲师的创造能力和创作自由度。

### 3. After Effects

After Effects是Adobe公司推出的一款图形视频处理软件，可以帮助用户高效且精确地创建引人注目的动态图形和令人震撼的视频。利用与其他Adobe软件的紧密集成和高度灵活的2D和3D合成，以及数百种预设的效果和动画，After Effects可以为视频增添更好的视觉效果。

### 4. EDIUS

EDIUS工具是一款出色的非线性编辑软件，专为满足广播电视和后期制作环境的需要而设计，提供了实时、多轨道、多格式混编，合成、色键、字幕和时间线输出功能，用户利用EDIUS编辑的视频能达到1080P或4K数字电影分辨率。同时，EDIUS支持所有主流编解码的源码编辑，甚至当不同的编码格式在时间线上混编时都无须转码。

### 5. 会声会影

会声会影是一款功能强大的视频处理软件，具有图像抓取和编修功能，它可以抓取或转换MV、DV、V8、TV格式，和实时记录抓取画面文件，并为用户提供了100多种编辑功能，它拥有上百种滤镜、转场特效及标题样式，其操作简单且功能全面，能够让用户快速上手，适合视频编辑初学者使用。

### 6. 爱剪辑

爱剪辑是一款简单实用、功能强大的视频剪辑软件，用户利用它可根据自己的需求自由地拼接和剪辑视频，其创新的人性化界面是根据用户的使用习惯、功能需求与审美特点进行设计的。爱剪辑支持为视频添加字幕、调色、添加相框等齐全的剪辑功能，且具有诸多新功能和影院级特效。

## 【疑难问题】如何解决微课的碎片化与深度学习的矛盾

微课因为“微小精悍”“可视化呈现”“应用方便”等特点，极大程度地满足了企业在线学习的需要，但微课往往是碎片化的、分布众多，很难成体系，难以产生系统性学习与深度体验，这也受到传统教学专家的诟病，那么如何破除微课的碎片化与深度学习的矛盾？

【疑难解答】

**1. 系统规划，加强课程系统性指导**

要想加强微课学习的系统性、深度性，首先需要做好课程的系统性规划。往往培训的系统性包括三个方向：一是学科导向的系统学习，二是个人需要导向的系统学习，三是组织需要的专题系统学习。

（1）学科导向的系统学习

学科导向的系统学习是指以学科和专业为分类标准，按照课程知识体系系统性推进学习。有较强的计划性、讲究循序渐进，以教为中心，学员处于被动学习状态。一般指知识性、理论性的培训内容。

（2）个人需要导向的系统学习

根据个人兴趣和岗位需要，围绕某个主题进行系统性学习。有粗略的计划；教学以学习者为中心，学员学习相对比较主动。一般指工作岗位相关内容、技能类学习内容。

（3）组织需要专题系统性学习

为满足组织需要而进行的系统性专题培训，比如班组长一线管理技能培训、党支部书记党务能力培训。

在了解这三类系统性学习的基础上，通过系统性的课程规划，把微课作为系统课程培训的辅导内容，而非全部内容。在整个系统性培训过程中，将知识性内容或运用微课呈现效果更好的内容制作成微课，放到线上供学员利用碎片化时间进行自主学习，大大节约培训的时间，且提高了学员学习的自主性。

**2. 碎片学习，零存整取做融合**

微课学习的最大优点就是碎片化、可视化，对于任务多、快节奏、时间紧的学员来说，这种碎片化的学习方式非常便利。但碎片化学习不利于学习的系统性与深度体验，碎片化学习的最大缺陷在于知识的非系统性，知识碎片与碎片之间原有的联系被弱化或切断，难以发挥应有作用。解决的办法有两种：一种是复原，一种是重构。所谓复原就是按照原系统化课程内容将碎片化知识复原，就像积木拼图一样，恢复其失去的“联系”；而重构就是通过零存整取策略，将碎片化知识进行重组成新的、蛛网式的知识体系，这种知识体系更有利于问题解决和知识创新。

对于学员来说，无论是复原，还是重构都是零存整取的过程，两者的区别在于，是按照原有的知识体系复原还是按照学员或组织需要进行知识重构。

### 3. 推进深度学习

深度学习意味着学员为了理解和应用而学习。理解主要表现为对学习内容的批判性理解，强调和先前知识、经验的联结，注重逻辑关系和结论的论据；应用主要表现为知识的迁移，强调实践运用与创新创造。

深度学习是通过学员真正理解学习内容而促进长期保持学习，从而使学员能够提取所学知识解决新问题，是个体学习的知识从一种情境应用到另一种新的情境的过程，即迁移。深度学习要求学员掌握非结构化的深层知识并进行批判性的高阶思维、主动的知识建构、有意义的迁移应用及真实问题的解决，进而实现现实问题的解决能力、批判性思维、创造性思维、元认知能力等高阶能力的发展。

## 【实战案例】国网河南省电力公司“三精三创”微课教学

根据微课的特点及公司培训的现状，国网河南省电力公司根据多年的微课制作与教学经验，总结出一套行之有效的微课制作与教学方式——“三精三创”微课教学模式。“三精”是指微课选题精、微课内容精、微课结构精；“三创”是指创设情境、创造交互、创新课堂，如图 4-25 所示。

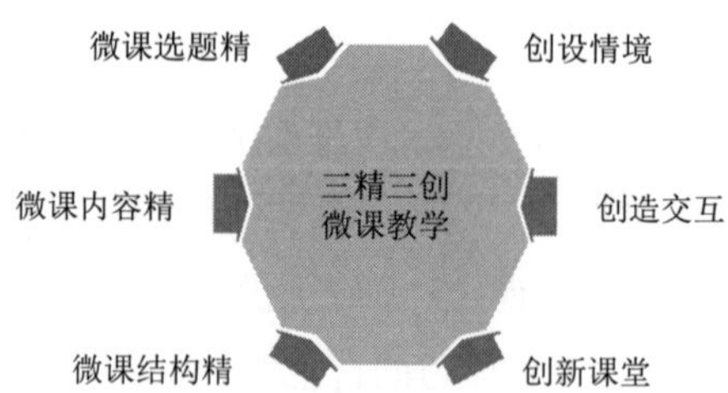


图 4-25 “三精三创”微课教学

### 1. 精心选择微课主题

选题在课程开发的过程中具有基础作用，因此选择恰当的选题，对于微课的开发具有极其重要的基础性作用。国网河南省电力公司根据微课的特点及企业的实际情况，微课的选题一般遵循以下原则：

（1）重点、难点、易错点原则

微课的选题应选择那些学员难以理解或讲师不易讲解清楚的重点、难点和易错点问题，特别是要选择能充分发挥视频、音频和动画效果的主题，形象化的动画，很容易使学员理解。

（2）针对性、实用性原则

微课选题应与公司实际或业务发展相关，有针对性与实用性，不能因为微课呈现形式的炫酷而忽略了内容。

（3）时间短、易吸收原则

由于微课的时间一般都比较短，5 分钟左右为佳，且内容易于学员吸收掌握，不能太深奥。

（4）形象化呈现原则

微课应选择用传统教学手段难以呈现清楚的主题。如果我们能用微课课件来演示，就会使抽象的内容具体化、形象化，提高教学效率。

### 2. 精致打磨微课内容

微课的内容是微课的灵魂，微课内容的打磨包括脚本的设计与修改、多媒体素材的收集与整理等，其中微课的脚本设计是关键。选题做完后要将选题的内容做成脚本，脚本是制作微课过程中记录整个过程和整体创意计划的一个文档，制作流程、最终效果都记录在该文档中。脚本创意是微课质量的根本，因此非常关键。脚本创意，需要教学设计师对动画的流程已经有清晰的认识，通过设计文档告诉动画制作人员和美工该如何去创造。

微课脚本创意设计可概括为：微型化、简约化、形象化、趣味化、可视化、时尚化。

### 3. 精心设计微课结构

微课的结构设计可有效吸引学员的学习兴趣，便于学员记忆与理解。国网河南省电力公司总结三种常用的微课结构。

（1）知识型微课

知识型微课结构总结为四个字：勾、讲、深、化。“勾”是指勾起学员注意，“讲”是指讲解新知，“深”是指通过案例或故事加深学员对知识的理解，“化”是指反思内化，促进学员对知识的掌握。

（2）故事型微课结构

故事型微课总结为：引、铺、转、揭、合五个步骤。“引”是指引起学员注意；“铺”是指铺垫人们习以为常的认知或者常识，这种习以为常的认知有可能是错误的；“转”是指反转，微课需要有戏剧性的冲突和反转，超越一般学员的认知，使人们产生豁然开朗的感觉；“揭”是指揭开谜底，对课程内容进行总结。“合”是指总结，在最后结束的时候，对课程的内容进行总结。

（3）案例型微课

案例型微课结构总结为：案例带来知识点，知识点带来学员反思，学员反思带来学员行动。

### 4. 创设有效情境

微课由于时间短，一般只能讲清一个知识点或一种技能方法，所以必须为微课创设有效的场景。它可以是某个学习主题一系列微课中的一个微课，也可以是某一个专门的小场景。

### 5. 创造交互模式

随着微课技术的不断发展，交互式微课成为企业微课教学的新宠。国网河南省电力公司在多年微课教学的基础上，着力打造交互式微课教学模式。交互式微课让学员不再被动听课，而是主动参与学习，启动思考。结合翻转课堂教学模式，启动任务驱动式教学，指导学员课前自学，在线学习平台会记录和反馈详尽的学情统计与分析，帮助老师进行二次备课，从而在课堂中有针对性地进行教与学。同时，在学习平台可以查阅整体或个体的学习情况，及时了解学员的疑难点，通过对学情数据的统计和分析，动态调整内容，对学员进行个性化的指导。交互式微课学习模式，如图 4-26 所示。

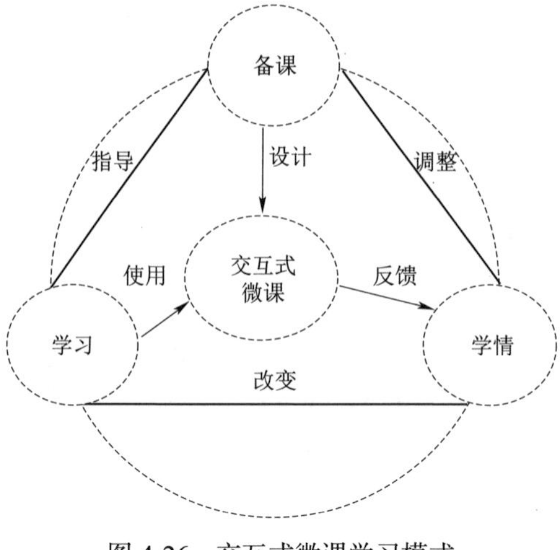


图 4-26　交互式微课学习模式

### 6. 创新微课教学课堂

国网河南省电力公司积极探索微课创新教学方法与微课使用范围，主要方式有如下方面：

（1）翻转课堂模式

课前线上微课预习，课中强化练习与反思，课后线上复习与答疑。这种翻转课堂学习模式大大提升了学习的效果，促进了线上线下的融合。

（2）交互式微课教学模式

利用微课的交互性，提升学员的学习兴趣，促进学员对线上课程的学习。

（3）萃取式微课教学模式

通过经验萃取技术，有效萃取一线员工的工作经验与优秀技能，整理成脚本后制作微课，上传到线上学习平台，提升了微课学习内容的针对性与实用性。

（4）微宣传模式

利用微课制作培训主题宣传片、安全教育宣传片、红色主题宣传片，扩大微课的使用范围，让大家喜欢上微课。

# 第五章
# 呈现好课堂：互联网培训手法与形式创新

在“互联网 +”以及移动互联技术的推动下，企业培训模式呈现出新的特点，企业培训过程中的信息交互方式突破了传统培训模式的时空制约。以新型的数字化、多媒体信息整合和更为广泛的信息传播为媒介，系统地整合了“云计算”“大数据”“VR”等先进的科学技术，从而使企业原有的培训呈现方式更加智能化，更好地满足受训者的培训需求。

# 5.1　翻转课堂的操作与实践

翻转课堂一词最早来源于美国，用英文表示则为“Flipped Classroom”，指的是把传统课堂教学放置在课后学习位置，把课后学习放置于课堂教学位置。翻转课堂的实施离不开互联网的支持，最早出现的翻转课堂也是由任课教师录制视频教学，然后上传至互联网而实现的。

随着互联网技术的普及应用，我国企业逐渐重视起翻转课堂教学在职工培训中的开展。

## 5.1.1　翻转课堂的价值

在现代企业培训整体发展趋势的背景下，培训过程中不断尝试新型的教学方法非常重要。像翻转课堂教学模式，紧跟时代步伐，充分利用当前便捷高效的互联网技术，有效提高参训学员的学习主动性与积极性。翻转课堂教学主要具有以下四点价值，如图 5-1 所示。

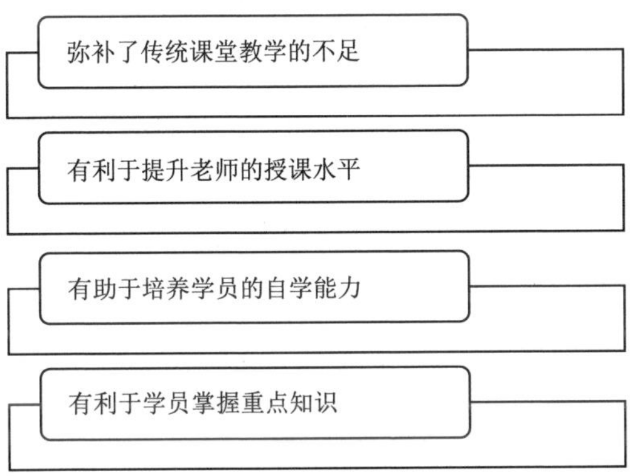


图 5-1　翻转课堂的价值

### 1. 弥补了传统课堂教学的不足

传统的企业培训中，一般的教学流程是培训讲师通过课堂教学的内容进行讲授，并在讲授过程中穿插一些参训学员的提问，将相关知识进行传递。虽然整个教学过程学员有所参与，但长期运用此类型教学模式，会让培训学员产生一种“枯燥学习”的感觉。通过利用翻转课堂，将传统的现场课堂教学与学员课后自我学习的两者顺序颠倒，学员在课前通过培训课程视频完成教学知识点的预习以及相应的扩展阅读，然后在课堂上与老师进行互动、答疑。显然，这种模式将使得学员从被动学习转化为主动学习。

#### 2. 有利于提升教师的授课水平

翻转课堂颠覆了教师传统的教学理念，促进教师学习翻转课堂新的教学方法与技能。尤其是翻转课堂教学在课前以在线微视频的形式呈现，要想让学员在自主学习的过程中保持较高程度的注意力，就需要任课老师不断打磨自己的培训水平，并且不断提升教学视频的制作水平。为了达到这一效果，任课老师就需要充分思考如何控制教学视频的时间，做到知识讲解精益求精，进而通过翻转课堂检验自己的授课水平。

#### 3. 有助于培养学员的自学能力

传统模式下的“灌输式”教学法难以提高学员的学习积极性，同时使学员处于被动学习状态。而翻转课堂则由学员自行掌控，在这一过程中无疑培养了学员的自学能力。与此同时，翻转课堂还能够让学员更喜欢独立思考。

#### 4. 有助于学员掌握重点知识

在课前，翻转课堂以在线微视频的形式呈现，学员可以随时随地学习，使学员不易受到外界环境影响，可以聚精会神地投入到学习过程中。针对学习过程中比较难理解的知识点，可以通过回放、反复播放的形式，直到完全掌握。显然，这有助于学员掌握重难点知识，进一步实现优化学习。

在翻转课堂的教学模式下，学员先通过学习讲师制作好的新课短视频，然后回到课堂与讲师进行交流讨论，课堂变成了讲师学员之间和学员与学员之间互动的场所，讲师为学员答疑解惑，帮助其进一步理解和运用知识。这其实是先让学员内化知识，然后讲师再进行知识传授，充分发挥学员学习的主体性，将学习的自主权放到学员手中。

### 5.1.2 翻转课堂如何改变教学方式

翻转课堂教学具有“四转四重”特征，讲师在实施翻转课堂教学的过程中应把握好这些特征，可以取得更好的教学效果，如图 5-2 所示。

| 四个转变 | 四个注重 |
| --- | --- |
| • 关注知识向关注学习转变 | • 注重学习过程 |
| • 教好内容向用好内容转变 | • 注重学习者思维方式培养 |
| • 注重“教”向注重“学”转变 | • 注重学员学习习惯与能力培养 |
| • 传统教学向新教学理念转变 | • 注重学员合作精神培养 |

图 5-2　翻转课堂“四转四重”特征

（1）具有“四个转变”的特征

①从传统教学的“关注知识的传授”向“关注学习者的发展”转变。以学习者为中心，以培养学习者职业能力为目标开展教学。

②从传统教学的怎样“教好内容”向怎样“用好内容”转变。知识学习的目的重在应用，而非理解和记忆。

③从传统教学的注重“教”向翻转课堂教学的重在“学”转变。在教学过程中，教是促进学的基础方法，学是实现教学目标的核心方法，而培养学习者的自主学习能力则是教学的主要目标之一。

④从“传统教学”向“新理念教学”转变，讲师和学习者的理念转变是核心。

（2）具有“四个注重”的特征

①注重学习过程。通过学习者积极参与到学习过程中，在学习过程中提出职业能力和学习业绩，以此实现教学目标。

②注重学习者活跃的思维方式培养。在注重教学过程中，重点培养学习者的思维能力、发现问题能力和解决问题的能力。学习知识只是培养学习者的思维方式、职业能力的学习载体，而不是学习目的。

③注重学习者自主学习习惯和能力的培养。自主学习能力培养需要一个长期过程，翻转课堂教学过程中，从课前、课中到课后，通过一定形式、任务和压力来培养学习者的自主学习能力。

④注重学习者合作精神的培养。团队合作能力是学习者将来从事各种工作岗位必备的职业核心能力。在翻转课堂学习过程中，采取团队合作方式组织学习，是培训团队合作精神和能力的有效方法之一。

### 5.1.3　翻转课堂的培训模式设计

企业培训的目的是提高员工技能水平和工作绩效，培训教学中所学的知识与技能要应用在以后工作实践中。随之而来的，技能培训翻转课堂的内涵和模式需要有所变化，不仅要注重课前自主学习、课中实际操作训练，还要关注课后工作实践环节。在培训过程中，很多学员带来的问题有可能没有准确答案，需要课后交流，学员一般会在返回企业后对课堂上所讲授的知识进行深化。培训环节设计如图 5-3 所示。

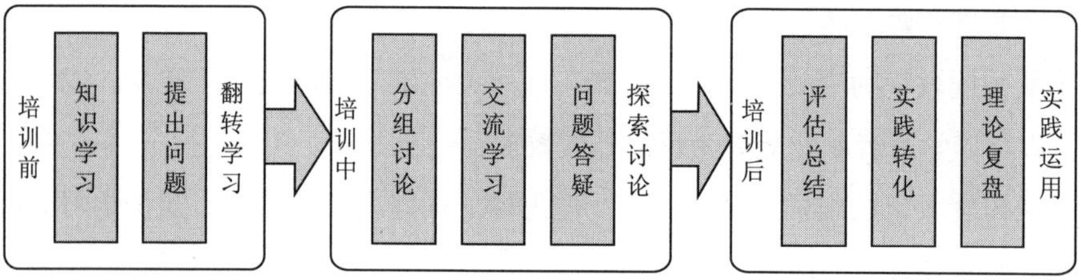


图 5-3 翻转课堂模式下的培训环节设计

### 1. 课前环节

在翻转课堂的课前环节，老师根据培训目标布置相应的学习任务，在企业线上学习平台上发布数字化学习资源，学员课前阅读实验教学材料，观看实训操作视频。也可以自己查阅资料或通过在线网络平台与老师互动交流，实现学员自主完成知识学习。为了了解学员掌握情况，进行相应测试，老师根据测试成绩组织安排课堂中的培训内容和深度。

在翻转课堂中，视频制作直接影响学员的学习兴趣和效果；视频除了课前观看以外，课堂老师与学员交流讨论时，可根据需要观看；课后训练和工作之余，可以继续观看微视频，以深化所学知识。教学视频某种程度上决定翻转课堂的教学质量，对视频内容选取和深度、制作技术等方面提出更高的要求。短小精悍的视频更容易吸引学员的注意力，每一个微视频一般只讲授一个知识点且紧紧围绕该知识点，学员可以充分利用碎片化时间学习碎片化知识，符合成人学习特点。

### 2. 课堂环节

翻转课堂通过组织丰富多彩的课堂活动实现知识内化，挑选技能实训项目、案例、研讨问题等，向学员提供个性化学习环境或者协作学习环境，让学员分组完成或者独立操作，在实践过程中充分调动学员参加技能培训的主观能动性。利用课堂时间为学员解答疑惑，帮助学员实现个性化学习。利用学员和老师交流互动，锻炼学员的小组协作能力、团队学习能力。

同时，加强及时评价环节，可针对培训的实训技能项目进行测试，能让老师及时了解学员所学技能的掌握情况。例如，在电力技能培训中，变电运行实操培训时采用角色扮演，由不同学员承担主值、副值、监护人等不同岗位，协作完成一项操作任务；事故案例分析可以在仿真系统上再现故障工程，沙盘推演，共同探究。

在课堂环境布置上，成人学员培训可以在技能实际操作实训室，也可以在教室，不必拘泥于传统教室中课桌的摆设，技能实训教室中摆放的是圆桌、舒适的沙发等，为学员创造舒服的学习环境，更方便与教师和学员进行交流讨论，在这种宽松的环境中进行协作学习，打破了传统课堂老师与学员时空上明显的界线，拉近了学员和老师的距离，使学员感到自己受到重视，能更好地发挥老师的指导和互动交流作用。

### 3. 课后环节

课后，通过学员问卷调查评估教学效果，老师进行教学总结与研究，在以后的教学培训中改进与提高。学员将企业培训中课堂所收获的知识转化为能力提升，需要在课后工作实践中进行应用，对课堂上所讲授知识进行深化。企业培训目的是提高员工的工作效率，开展培训后评估，如电网企业，有学员问卷调查，评估学员培训后技能水平提升情况，用于指导以后培训工作。

企业通过培训让职工掌握更多的知识，同时能够很好地将这些知识应用到生产实践中，真正实现知识的内化。培训后的实践应用阶段要注意两个方面，一是企业职工在网络平台上互动交流实践应用经验，二是培训老师对学员在实践应用阶段遇到的问题进行答疑。

## 5.1.4　翻转课堂的师资队伍建设

翻转课堂模式运用到企业培训当中，颠覆了学员和讲师之间的角色定位，打破了讲师与学员之间冷漠甚至对抗的人际关系，更新了培训师传授经验的工具和方式。这既是企业培训思维上的突破，也是企业培训师们不得不面对，并调整自己与之相适应的一场巨变。在翻转课堂教学模式下，培训师队伍应该如何进行有效的整合和提升？

第一，面对翻转课堂的浪潮，培训师们首先要进行心态的调整。心态的转化与否将影响翻转课堂模式在企业培训中的有效应用。该模式中培训师不再是课堂上的讲授者，他们更多的是微信公众平台的创立者、管理者，是微信群主，是活跃在各个社交网络平台的“话痨”，更多地从事给学员答疑解惑、整合资源的工作。此时，培训师更像是幕后工作者，他们要善于将自己融入新的身份和角色。

第二，培训师团队的人员构成将发生变化。过去在传统的企业培训活动中，培训师团队主要由培训主任或培训主管、培训课程开发者、培训师、培训工作支持人员等构成。由于翻转课堂模式的引入，在培训师队伍中需要增加培训教学视频制作者、培训课程资源整合者、App 软件或社交平台创建和维护者。

第三，培训师队伍人员素质的提升。翻转课堂模式下，培训师团队成员都应当具备教育学和心理学等方面的复合背景，具有较高的语言表达能力、思维转换能力和自主学习能力。这也进一步对企业提出了要求，对现有培训师队伍进行再培训或重新选聘。

第四，培训师队伍成员的学习能力与专业素养的进一步整合。移动互联网背景下，采用把翻转课堂模式进行企业培训的培训师队伍应该做到“综合知识日新月异”“专业学习快人一步”。对于新鲜事物、社会现象，他们能够从专业知识的角度进行吸收内化，并且重新建构，以新的媒体和介质在翻转课堂培训平台上进行传播，让员工乐于接受、易于吸收，并且具有积极性和主动性。如果培训师们能够善于挖掘素材、捕捉讯息，并将之内化为碎片化学习资源，分享给企业员工，培训师们的个人魅力及企业的培训效果将大大提高。

第五，培训师队伍内部要建立起一套新的工作安排与协调制度。新的培训模式必然要有一套新的培训工作制度与之相适应，但这并不意味着我们要推翻原先已有的一整套培训工作系统，而是要从适应性的角度去思考，如何渐进性地让员工完成工作转换、熟悉工作任务，从而更好地服务于新岗位。力图将员工工作岗位调换、工作内容改变、工作方式更新、工作群体变化等情况，对于员工感情的影响降到最小化。对此，企业管理者要充分应用管理的科学性和艺术性，顺利完成新模式的逐渐应用。

### 5.1.5 翻转课堂如何利用互联网工具

互联网的普及和计算机技术在教育领域的应用，使“翻转课堂式”教学模式变得可行和现实。学员可以通过互联网去获得与使用优质的教育资源，不再单纯地依赖授课老师去教授知识。在翻转课堂上，知识内化则在课堂中经过老师的帮助和同学的协助完成。

#### 1. 利用微信进行教学活动交互

在移动互联网工具应用方面，很多翻转课堂的实践者将微信用于翻转课堂的教学。例如构建基于微信平台的混合学习模式，分为课前准备和教学活动设计两个环节。教学活动由移动学习和课堂教学两部分构成，移动学习用于资料推送、师生互动与检测，课堂教学则根据课前情况进行内容组织。其共同特点是都将微信作为工具整合到混合式教学或翻转课堂中，或直接运用微信进行移动课堂教学。在此过程中，微信发挥的主要功能有：课前学习资源（微视频、课件、测试题等）的推送；学习群组的组建，方便师生、生生互动；还有部分利用微信展示学员学习成果等。

**2. 自主开发或利用第三方软件**

大多数翻转课堂的教学者都是在利用一些第三方开发的视频录制、PPT 美化以及视频编辑软件制作网络教学视频。目前国内有一些信息技术企业开发了功能全面的翻转课堂专门软件，这些软件为翻转课堂提供全流程的制作与发布功能。除此之外，也有部分企业在以往已经建设的在线企业商学院、企业大学的软件平台上，开发和嵌入了翻转课堂的所需功能。开辟了教师的视频上传以及学员的课前预习和课后总结的信息交互渠道，并且能实现登录打卡、教学时间统计、在线考试等功能。

**3. 多种信息技术手段融入教学中**

进入移动互联网时代，各类教学平台也都推出了移动端应用，培训项目的学员拿出手机就可以随时随地学习，摆脱了时间、空间的限制，因此也催生了多种网络工具在教学过程中的综合性运用。例如围绕微博、微信、课堂教学构建宫格模式，课前教学借助微信、微博。微博用于老师发布教学框架与逻辑节点，而微信则用于构建交流讨论群组，实现对不同学员的个性化辅导及内容推送。课中教学利用微视频、音频等进行课堂教学。课后环节利用在线问卷、答题软件进行培训效果测评。

在实现翻转课堂信息化教学的过程中应该注意两个问题：首先，信息化工具应该贯穿课前、课中、课后全过程，帮助整个教学过程在数据的支撑下实现可视化，从而为教师的教学管理和教学策略的调整提供参考。其次，教育信息化不是简单地在教学过程中使用一种或多种信息化工具，而是需要在信息化工具的支持下进行相应的教学设计，从而实现教学模式的改变。

## 5.2　短视频在企业培训中的运用

在基于互联网的企业培训中，一个非常重要的关键就是如何恰到好处地使用线上视频。与培训主题课程相关联的线上视频，其作用是多种途径进行有效的知识输出，增加知识的全面性和含金量，从而让学员进一步提高学习效率。

### 5.2.1　视频号在培训中的应用范围

微信视频号不同于订阅号、服务号，它是一个全新的内容记录与创作平台。作为互联网短视频领域的“新生物种”，视频号一经推出便引发了大众围观，用户纷纷涌入。2021 年 5 月，公众号连接视频号直播功能更新，视频号与用户壁垒彻底打破，这一次更新，意味着视频号生态架构已趋完善，如图 5-4 所示。

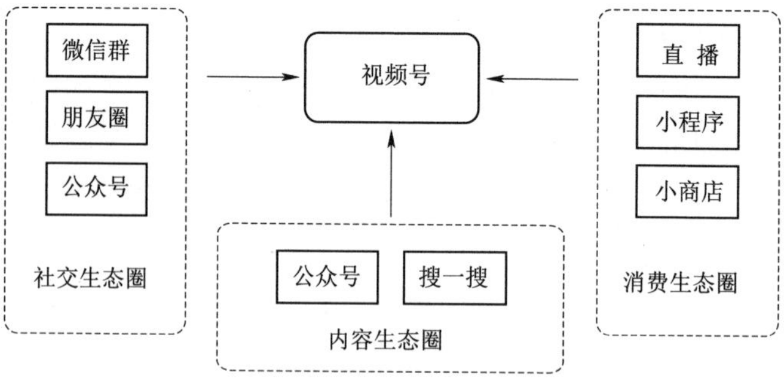


图 5-4　以视频号为链接的微信生态圈

微信作为一种互联网工具已经大量被用于企业培训的各种场景之中，视频号的上线，使微信在企业培训中的运用范围更加扩大。从功能形态以及内容形态上来看，视频号是一个广场式的短内容信息流，与朋友圈不同的是，在这个广场上，用户能够看到非好友发布、分享的短内容，同时视频号不仅仅是一个短视频平台，而是一个以短视频为主、图文为辅的短内容平台。可以这样预测，未来微信视频号会成为企业培训方面所涉及的必要工具。基于微信用户的海量普及，以及微信视频号所形成的微信生态圈，视频号大大优化了短视频教学在其他独立视频平台的用户链接，学员与老师之间无须绕道第三方独立短视频平台，信息流在微信内部即可实现无障碍发送。视频号在企业培训中将主要体现在以短视频为主的互联网微课的应用范围。

**1. 企业内部开发短视频微课，有利于知识的留存与传承**

企业内部的讲师大多数都是某个技术领域方面的专家，具备非常丰富的专业知识和实战经验。通过企业内部微课开发，把这些知识进行沉淀，利用网络空间进行存储，进而传递并加以利用。在视频号功能下，有规划的形成课题系统，将企业的知识进行沉淀，形成企业的知识库，这样不仅可以给员工提供强大的知识储备，而且在面临员工入职、退休、调岗等人员调动时也能较好地进行知识的传承。

**2. 短视频微课短小精悍，便于在职员工进行按需学习**

企业在职人员需要不断提高岗位任职力以及职场竞争力，树立终身学习的观念，不断进行自我增值。在视频号功能下的短视频微课能够打破传统培训的局限，有效利用碎片化的时间，实现按需学习、个性化学习和微型移动学习的需求。有效缓解线下培训模式中存在的培训资源不足、异地培训需求难以满足、内部资源建设和传播的困难、缺乏有效的知识积累平台等问题。短视频微课以时间短、内容精、容量小、模块化、情景化等特点应运而生，结合微信视频号的分享与传播功能，为在职员工学习提供了极大的便利性。

3. 互联网短视频有效解决员工培训中的工学矛盾问题

工学矛盾是企业员工培训中存在最大的问题，而以互联网微课为呈现形式的移动学习，具备了传统培训所没有的实时性与移动性，不受传统培训和一般网络培训的时空限制，员工可以随时随地，利用空闲时间学习业务知识和专业技能。与此同时，企业内部负责培训工作的人力资源人员也不必再利用节假日进行企业培训。这种灵活的学习方式，极大地方便了无法接受常规课程的企业学员，使其能够利用零散时间，在每天繁忙的工作中更好地安排自己的工作、学习和生活，提高工作和学习的效率。

## 5.2.2　视频号在组织培训中的操作实践

1. 视频号微课的制作拍摄

组织内的视频号必须要符合企业在职人员对知识的获取需求和习惯，所以组织内的视频号微课必须要具备五大特点，如图 5-5 所示。

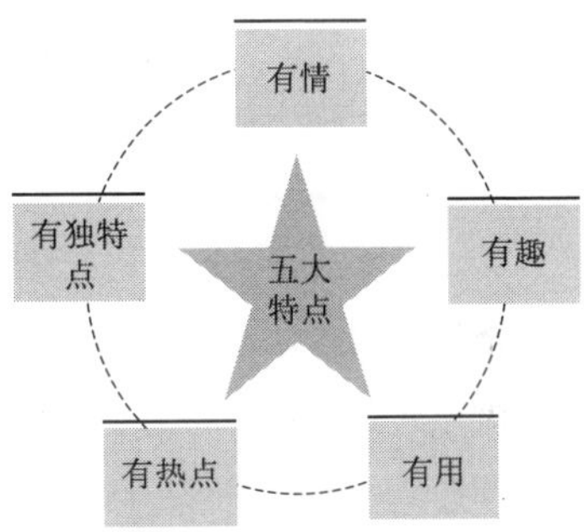


图 5-5　视频号微课的五大特点

①有情：基于受众的角度，以尊重和认同为目标，真正与受众产生情感的共鸣。

②有趣：虽然时长一般在 3 ~ 10 分钟，但是在内容组织上，仍然要用有趣的方式来设计起承转合。

③有用：基于受众的实际工作场景，抓住心理，击中痛点，并用有深度的内容解决焦虑。

④有热点：紧贴当前的社会热点和话题，以正能量为主核心，宣传积极向上的文化。

⑤有独特点：在创作风格方面，要体现差异化，塑造组织培训视频号自己的调性和人格标签，同时在表现手法上，采用独特技术手段整合出新的高度。

在正式开始制作前，需要做好充分准备。首先精准微课定位，聚焦痛点，将微课内容结构（脚本）、亮点、素材做好记录准备，同时明确视频表达和剪辑手法。另外一些优秀的视频号微课制作人员还会提前存一些参考样片、音乐素材、视频素材、图片素材、工具和技巧，这样在制作的过程中可以更加得心应手。接下来，就是实际制作了，我们来详细看一看在视频内容制作上有哪些要求：

①视频封面：首先视频封面中的文字标题必须与内容相关，体现重点内容，在图

片上，可以选取视频中的精彩瞬间、人物、趣味或夸张的图片。

②视频标题：视频号微课标题除了需要遵循传统课程标题设计原则外，还可以借势热点，抓住互联网时代人们的猎奇心态，抓住好奇心，增大曝光率，同时以数字具体化和对比的方式，强化观众认知，带来更高点击率。

③内容形式：视频号微课可以支持单发视频或“图片 + 文字”的方式，时长10～15分钟为宜，字数≤1 000字（含话题文字），文案部分尽量控制在3行以内，因为超过3行会被折叠显示。

④尺寸大小：横屏建议宽高16∶9，竖屏建议宽高6∶7，超出将会被裁剪。图片大小≤5MB，视频≤30帧（微信环境下发送，默认压缩，影响画质）。像素方面，竖屏尺寸≤1 080×1 230，横屏尺寸≤1 080×608，超出将会被裁剪。

在视频号微课拍摄时为了获得最佳的美感，常见的构图手法有三种，分别为初、中、高阶，制作者可以根据现有的情况和需求进行调整。初级构图常用的方法包括中心构图、九宫格构图、三分线构图、黄金分割构图。中级构图包括图形构图、仰拍构图和前景构图。高级构图包括光线构图、景深构图和透视构图。在拍摄制作过程中，工具和硬件设备的准备也会为视频号微课质量起到至关重要的保证。常用的视频拍摄硬件工具见表5-1。

**表5-1 常用视频拍摄硬件工具**

| 类别 | 工具名称 | 推荐及功能 |
|---|---|---|
| 主件 | 智能手机 | 苹果手机推荐 iPhone6 Plus 及以上版本，可拍出高清视频画质 |
| | | 安卓手机将相机参数设置改为高清格式，1 080 p HD 60 fps 或 30 fps |
| | 单反相机 | 单反相机推荐佳能 700D/750D<br>无反相机推荐松下 GH4/GH5、索尼 A7SII |
| | | 运动防抖相机推荐大疆 Osmo、Action、GoPro Hero7 |
| | 专业摄像机 | 推荐索尼、松下品牌系列 |
| 配件 | 三脚架 | 确定摄影器材，防止拍摄画面抖动 |
| | 美颜灯 | 解决画质不高清，人物美颜问题 |
| | 提词器 | 拍摄录制过程中，辅助记词 |
| | 手持稳定器 | 保证拍摄物体时稳定，防抖 |
| | 收音麦 | 降低周边噪声，提高视频音质 |
| | 无人机 | 增加多元的场景 |
| | 轨道车 | 在移动中拍出大片效果 |

### 2. 视频号微课的后期剪辑

视频号微课在完成制作后的剪辑，在微课上也是基本功，不只是为课程质量提供保证，也能更好地打造出符合受众视觉需求的效果。在后期剪辑的工具中，主要分为手机剪辑和电脑剪辑两大类，见表 5-2。

表 5-2　常用视频编辑软件

| 类　型 | 工具名称 | 功　能 |
| --- | --- | --- |
| 手机剪辑 | 剪映 | 抖音官推、模板丰富、热门音乐多 |
| | VUE | 适合新手、模板多，Vlog |
| | Tab | 文字转视频 |
| | 美册 | 零基础、模板化、要收费 |
| | 巧影 | 视频层 + 音频轨，切换视频的背景 |
| | 美拍大师 | 时尚、全能、易用 |
| | 字说 | 专门制作翻转的字幕内容，易上手 |
| | iMovie | 4K 视频、炫酷模板 |
| 电脑剪辑 | Pr | 影视后期剪辑 |
| | 快影 | 声音转文字 |
| | Camtasia | 屏幕录制，微课录制 |
| | iMovie | 4K 视频、炫酷模板 |
| | 快剪辑 | 易上手，免费无水印 |
| | Edius | 多机位剪辑、输出质量高 |
| | 会声会影 | 功能齐全、专业级别 |

### 3. 视频号微课的发布运用

制作完成后的微课怎样才能实现有效运用，对于当前组织培训的实施者来说，最起码没有制约微课平台搭建的技术瓶颈，因为微信已经解决了基本的运用技术问题，更多的是运用的场景和方式。

①单纯的线上教学。制作系列微课统一放在视频号上，并组织企业在职人员进行有计划的学习或随需学习。

②与翻转课堂结合。与翻转课堂结合形成“自学—导练—整合”的环节，将视频号微课变成课前自学的教材工具，由微课完成学前内容导学和预习的目的。课间导练环节，在课堂分组、合作、互动、交流、拓展中将微课作为学习素材库进行运用。课后对课程中的知识点，以视频聚焦的方式，教学翻转，将线上与线下进行更有效的融合。

## 5.2.3 抖音短视频推动的学习创新

从技术角度讲，目前短视频大部分是在社交平台上以 C2C 的方式进行传播，对短视频产业的研究亦集中于其社交属性。所以会看到很多对“碎片化”的指责、对大数据精准推荐不满的批判。然而，技术本身无关道德和正义，从来都是一把双刃剑。对于短视频技术的看待可以采取去短见长的态度，抖音类短视频之所以成为热门的阅读、学习形式，至少与它的三个优点有关，如图 5-6 所示。

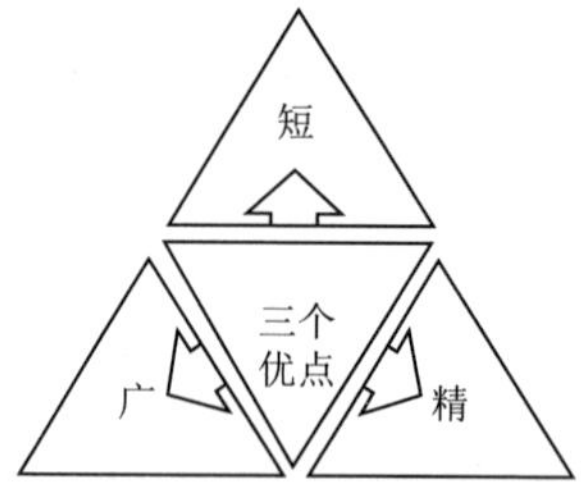


图 5-6 抖音短视频的三个优点

### 1. 时长“短”

知识经济时代鼓励毫秒必争的风气，人们最喜欢在有限的时间内获得最大的信息量，短视频的“主题明显、信息直观、传播迅速”正好符合碎片化环境的信息接收习惯。短视频的时长一般在 5 分钟以内。每个人都可以利用工作的间隙或者休闲的碎片时间进行学习。

### 2. 内容“精”

优质的短视频可以做到有效浓缩内容，具象直观且生动有趣，信息集中且容易理解，更容易激发兴趣。短视频就像是整本书的一个“目录”，通过它了解到知识的核心内容，再通过其他形式对感兴趣的内容进一步学习。

### 3. 传播“广”

互联网提速、4G 的发展，使得短视频的传播速度几乎可以忽略不计。智能技术和 AI 技术的发展，使得每个利用短视频进行碎片式学习的人获得更加精准的推荐内容。短视频的传播还具有明显的社交属性。人们可以通过分享与转发，展现自己好学的品质，并以此方式将优质的学习内容扩散给更多具有相似需求的人。甚至可以通过碎片化学习的方式结合成临时的学习社群，互相督促学习，所以短视频不仅有可能提高知识的传播效率，也可增强学习的效果。

## 5.3 互联网时代下的培训新形式

随着 21 世纪互联网技术日益成熟，传统的培训模式面临着诸多挑战，存在着教授内容单一、教学单向传播、信息更新速度慢以及低效反馈等问题。“互联网 +”培训是一种以互联网技术和互联网思维优化传统培训方式的创新变革。传统的培训模式限制培训形式的多样化发展，同时存在着时间、空间、地点不确定以及人员自身规划的转变等众多因素制约。互联网培训新模式，缩减时间、资金以及人力成本，最大化满足个人需要，为个体学习模式的个性化发展设计提供了基础。与此同时，互联网培训模式中利用有效性的学习反馈，填补了传统培训在培训效果反馈板块的短板。两者比较见表 5-3。

**表 5–3 传统培训模式与"互联网 +"培训模式的优缺点比较**

| 传统培训 | | "互联网 +"培训 | |
|---|---|---|---|
| 优点 | 1. 讲师传授内容比较系统，容易吸收，现场融入感较强<br>2. 教学中与讲师直接性交流，避免信息失真<br>3. 现场解决问题，能够加深学习记忆<br>4. 有较为成熟的管理模式<br>5. 讲师能够直接影响学员的学习效果<br>6. 特殊专业的现场演示更详细，经验结合答疑准确 | 优点 | 1. 学习地点、时间随机性，方便碎片化学习<br>2. 培训成本较低<br>3. 资源共享性、及时性、丰富化<br>4. 内容更新快，迎合时代需求<br>5. 学习平台直接影响学员的学习效果<br>6. 培训课程可持续发展 |
| 缺点 | 1. 学习时间、地点固定，缺乏灵活性<br>2. 占用培训资源较多<br>3. 教学时间长，课后跟踪不易达成<br>4. 培训成本较高<br>5. 被动学习，过程倦怠<br>6. 对教师的知识素养要求高<br>7. 内容更新慢，创新性低<br>8. 培训效果较难评估 | 缺点 | 1. 教学互动性较低<br>2. 趣味性和碎片化教学容易导致教学内容简单化<br>3. 系统和深入学习效果差<br>4. 技术要求较高，培训前期准备较多<br>5. 容易偏离重点，双向反馈不及时<br>6. 对学习主动性、自律性要求高 |

## 5.3.1 培训课堂生态化

培训课堂是一个系统，它是由老师、学员、教学环境等生态因子组成，它们之间是相互联系、相互影响的。我们运用生态学的原理和方法来研究影响课堂教学效果的因素，可促进课堂生态系统中每个系统自身和系统之间的和谐关系和可持续发展。

法国著名教育家、思想家卢梭指出，教育应该顺应自然，不然就会产生本性断伤的结果。生态课堂教学模式是以人为本、以学员为主体、以学员的个性发展为主要任务的教学情境。在生态课堂教学活动中，教师致力于创设一种注重全体学员的独立精神、自由思想和平等民主的和谐课堂教学氛围，把教学课堂构建成一个由老师、学员以及教学环境三位一体的、具有动态平衡关系的微观生态体系。有效构建企业培训的生态课堂，我们可以从三个方面入手，如图 5-7 所示。

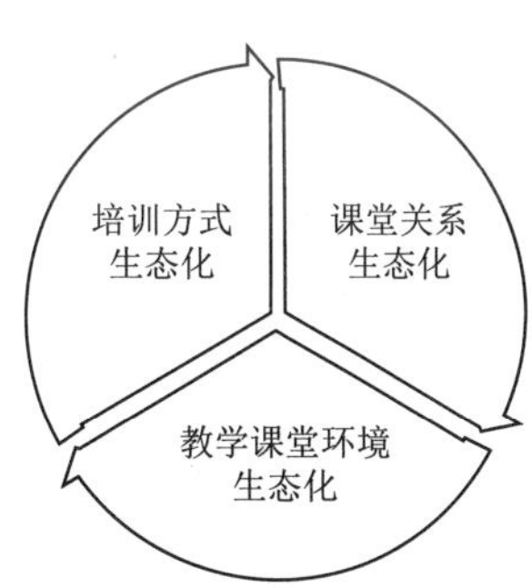


图 5-7 培训课堂生态化三大维度

### 1. 课堂关系生态化

课堂关系生态化包括师生关系生态化、生生关系生态化两个维度，它们是生态化课堂构建的核心价值。

（1）打造师生关系生态化

师生关系的融洽与否，将直接影响课堂教学。首先，讲师是学员学习的指引者和教学环境的促进者，因而在教学中要充分注意听取学员意见，了解他们的培训需求，相应变化自己的授课方式。与学员交往要有亲和力，对学员的表现给予及时的反馈和肯定，让他们感觉到被尊重和认可。再次，师生互动形成和谐课堂氛围非常重要。讲师教学过程注重学员的自主体验，激发学员内在的学习热情，提高其学习和培训的积极性。最后，要重视培训管理人员作用的发挥。培训管理人员在培训过程中负责学员的日常管理和考核工作，与学员联系最紧密，也是学员与各部门的主要联系人和协调者。培训管理者与学员建立平等、融洽的关系，取得学员的信任，对于培训管理的顺利进行有着至关重要的影响。培训管理者要反复阅读学员的个人报名资料、与学员进行沟通交流等方式了解学员，让学员在培训过程中感到被重视，进而产生亲和感和信任感，使其尽快融入学习环境。

（2）营造生生关系生态化

生生共生关系状态有利于促进学员形成“学、比、赶、超”的良好学习风气。生生之间的共生关系分成两类：一类是互惠共生的生态关系，另一类是竞争共生的生态关系。学员们在做学问方面的相互交流和配合，为人处世相互学习、相互鼓励和相互影响，共同进步与成长。

### 2. 教学课堂环境生态化

教学课堂环境生态化要注重三个方面的内容。

一是教学理论生态化。理念是教学的灵魂，要从企业需要、员工岗位需要深入了解企业不同类型员工的特点，并从企业业务的实际需要出发，与时俱进地创造出符合企业的先进教育培训理念。一方面，要满足企业战略目标实现对企业人才培养的要求；另一方面要树立以人为本的理念，“人”不仅是学习活动的中心，更是教学环境设计的中心。要充分尊重“人”的主体地位，创造一切条件使得教学环境满足组织培养企业所需人才自身发展的需要。

二是教学过程生态化。首先，在教学过程中，可综合运用线上线下一体化培训模式、行动学习、沙盘模拟、现场教学、专家论坛、案例研讨、行为训练等多种方式，以达到最佳的教学效果。其次，要发挥学员主体作用，激发学员的学习兴趣、鼓励其参与学习活动。

三是教学内容生态化。首先，要提升培训内容有针对性、实用性，确保培训内容与时俱进。其次，要以企业战略目标实现与业务发展为培训目标，精心设计教学班次与教学安排，灵活调整教学内容，增强教学的有效性。

### 3. 培训方式生态化

近年来，我们发现越来越多的培训会议的课桌摆列方式从“并列式”转变为“鱼骨式”，并诞生了各种各样的创新型课堂，例如“私董会”“工作坊”“行动学习”“世界咖啡”。这从侧面折射出老师与学员、学员与学员之间关系的变化。从传统“以传授知识为中心”的教育将转变为“以满足学习者需求为中心”的教育，课堂不仅是授课场所，还是在构建一个学习生态的平台。

（1）工作坊

工作坊是一个多人共同参与的场域与过程，参与者在参与的过程中能够相互对话沟通、共同思考、调查与分析并提出方案或规划，同时一起讨论方案如何推进，甚至可以实际行动，这样的“聚会”与“一连串的过程”就称为工作坊。换句话说，工作坊就是利用一个比较轻松、有趣的互动方式，将上述这些事情串联起来，成为一个系统的过程。比如，国网河南省电力公司曾开展“内训师课程开发工作坊”，通过工作坊的形式来带领内部讲师成功开发课件。

（2）读书会

读书会，顾名思义就是以“读书”为主题的学习活动。互联网时代，读书会逐渐成为学习者之间相互联结的方式。比如樊登读书会，几年时间会员人数已达 1 亿多人，而且还在持续增长，线上快速增长的会员数为线下书店引流。线下书店不仅仅只是卖书，而是构建圈子，建立联结，线上线下互动，只要你能够为他人创造价值，就可以到书店兴办线下专场活动，在为别人创造价值的同时，得到你自己想要的结果。

（3）世界咖啡

世界咖啡是学习型组织最重要的交流工具，是一种有效的集体对话方式，被应用于全世界的各种文化场合。人们在真诚互动和共同学习的精神下齐聚一堂，通过营造好友们聚在一起喝咖啡聊天的氛围，背景各异、观念不一的人能够围坐在一起轻松交流和畅谈，让深藏的思想碰撞出火花，形成集体的智慧。

（4）私董会

私董会的主要对象是高管、企业家，他们以“身份共鸣、非利益冲突、深入交流”为基本原则，一般由十几位人员组成一个“私人董事会小组”，每月就其中某位成员现实工作中的重要问题展开讨论，深入剖析问题核心，相互提出具有价值的建议，分享来之不易的经验教训与创意，共同寻找解决方案并持续跟踪实施成效。

（5）线上学习训练营

线上学习训练营是以某类学习主题的学习为目的，按照一定时期在线上组织的学员学习训练营，训练营的人数与学习时长可以根据企业实际情况与学习主题而定。通过一定周期（比如一个月）的线上学习，学员与学员之间，学员与师生之间可以形成很好的线上互动关系，构建学习型生态，不仅可以学习知识，更可以建立彼此间的联结，形成人际学习网。

## 5.3.2 培训知识趣味化

互联网时代，有趣是非常重要的。知识的传播也要有趣，如果不能以一种有趣的方式去表达，只是乏味地陈述，也只能躺在发黄的旧纸堆中。所以，要想让知识被人们接受和传播，我们就要掌握知识传播的正确姿势——有趣。

培训知识趣味化是对培训师提出的高标准、高要求，是改变目前员工培训效能不佳局面的一个重要手段，更是互联网时代下企业员工培训过程中一个主要的教学方式。推行培训知识趣味化的基本思路是激发学员的兴趣，在学习中配合讲师有计划地完成教学，让学员在趣味中学习主题知识，在有限的课时中获得技能与理论的双丰收，形成稳固的职业技能，掌握系统的理论知识。对于培训知识的趣味化，在具体培训活动中的运用，可以参考以下几个步骤：

### 1. 培训讲师的课前准备

如何将基础理论教学融于趣味性的课堂实操及活动之中？这要求培训师吃透教材，针对教材中的基本概念与基础知识，精心设计相应的实验操作，选择恰当的影视片段，插入具有说服力的案例，采用现场演示、组织讨论、开展交流等方法，将基础理论知识有机地结合到教学的每一个具体环节中。

例如，在电气专业授课之前，首先针对学员的知识层次，备课时深入钻研教材，精心设计思路，丰富案例材料，课余到工厂进行调研，从生产一线了解电气人员需要培训哪方面的电气知识；其次，为了解决电工操作人员在工作中遇到的典型电气故障，在授课当中穿插研讨内容，把学员经常遇到的故障问题通过互相交流，共同讨论，帮助学员正确判断典型的电气故障，并学会处理这些故障。

培训师应该考虑到知识的系统性和顺序连贯性，把枯燥乏味的理论课堂变成生动活泼的趣味课堂，提高学员的学习兴趣，激发他们对新知识的求知欲。在教学中，不断优化培训过程。“儿童因乐趣而学习，成人因利益而学习”。培训师要了解学员的需求，激发学员的兴趣，激起学员共鸣，从而引导学员在培训过程中带着问题一起思考，一起找答案。

**2. 课堂教学过程中设置趣味游戏活动**

在具体的培训课程教学中，当学员遇到某些抽象、难以理解的机制或原理时，学员的学习兴趣不高，参与意识不强，课堂缺乏生气，纯粹的理论讲授不但收不到良好的培训效果，反而会导致学员抵制学习。

为此，要结合理论教学有针对性地引入游戏培训方式。培训游戏可以针对教学难点，在课前进行设计开发，在课堂中让学员参与体验，也可以设计成现场的学习竞赛环节，对率先掌握知识点的学员小组进行一定的激励。精心的游戏设置，会使课堂气氛活跃起来。在运用游戏教学法时，培训讲师要注意有目的、有节制地进行一些益智性游戏操作，但要把握好在教学环节中融入游戏的尺度，不能以玩代教，因玩误教。

**3. 在理论知识学习过程中激发学员兴趣**

利用多媒体课件作为教学载体，可以成为解决学员兴趣问题的重要手段。例如，在电力企业新入职员工职业知识培训讲到人体触电方式的时候，有单相触电、两相触电、跨步电压触电、雷击触电四种情况。如果只是简单地讲述其概念，学员在当时可能只记住触电方式的含义是什么，并不能确切地理解这几种触电方式的形式是如何表现出来的，那么培训效果就会降低。借助多媒体课件的优势，把这几种触电方式用模拟的图片给学员展示出来，再加上人体在触电时会发出的声音，内容生动化、趣味化，提升学员的学习兴趣。再如，老师组织学员模拟触电急救，虽然大家对触电急救措施内容比较熟悉，但实际操作的能力与经验相对欠缺，老师可以假设一名触电者，指导学员如何切断触电者身上的电源，怎样采用“胸外心脏按压法”急救。通过共同体验，不仅将理论应用于实践，而且学员的学习效率会大大提高。

### 5.3.3　培训内容建构化

建构主义学习理论是强调主体对知识的建构以达到对知识的理解和接受的理论，

这个理论比较符合成人学习的特点，在培训中使用建构主义的理念方法，可以提高培训的效果。建构主义作为认知主义学习理论的发展，它不但强调人脑对知识的组织，而且强调主体和环境在人类学习过程中的作用。

建构主义学习理论，学习是建构内在心理表征的过程，学习者并不是把知识从外界搬到记忆中，而是以原有的经验为基础，通过与外界的相互作用来建构新的理解。因此学习活动不是由老师单纯向学员传递知识，也不是学员被动地接受信息的过程，而是学员凭借原有的知识和经验，通过与外界的互动，主动生成信息的过程。

根据建构主义学习理论，在实施培训活动时，应当依据以学员自我发展为本的教育思想，学员在师生共同营造的适宜的课堂生态环境中，自主学习、互教互学、质疑释疑、共同建构、迁移应用等，获得在职业知识、能力与情感方面协同发展。在这样的课堂中，师生关系民主、和谐，课堂各要素相互促进，协调统一。

**1. 培训内容的选择**

在建构主义学习理论角度看来，是学习个体本身作用于环境，而不是环境引起人的行为。环境只不过是提供潜在的刺激，至于这些刺激是否受到注意或者接受到进一步的加工，则取决于学习者的内部的心理结构。因此，在成人学习过程中，学习内容一定要适合学员的需要。一项中国在职人员中的调查表明，有 80% 以上的成人员工出于职业发展这类动机而参加学习活动。传统培训之所以效果不好，与培训内容的设计不关注学习者的实际需要有一定关系的。

**2. 学员角色的创新**

建构主义学习理论强调学员是学习的主体，是意义的主动建构者。要取得好的培训效果，就必须充分了解学习者的特征。要尊重学员的主动精神，成人学习专家诺尔斯的研究表明，成人是自我导向的学习者，他们有独立的自我概念并能指导自己的学习。成人的学习动机更主要的是来自内部而不是外部，他们在学习活动中表现出较强的主体意识，学员的学习目的和社会实践的经验指导，帮助他们决定参加什么类型的学习并约束自己的行为，使之最终达到学习目的。在学习活动中，学员根据个人的需要和现实条件，选择合适的学习内容、手段、时间、地点等。在学习活动中，他们有意识地投身进去，在认识学习内容的过程中实现自我提高的目标。

**3. 培训师角色的调整**

建构主义学习理论在强调学习者是学习主体的同时，也强调培训师的指导作用，培训师有控制、管理、帮助和指导的职责。培训师需要在学习环境中确定学习任务，组织学习活动，提供帮助和指导，引导学员正确使用认知工具。培训师是培训过程中的组织者、指导者，意义建构的帮助者、促进者，需要针对不同情况做出适时反馈；培训师要在培训实践中设置关键点，规范学员学习，同时也有利于学员反思、升华所学知识；培训师应在可能的条件下组织协作学习，并对协作会话学习过程进行引导，使之朝有利于意义建构的方向发展。

**4. 学习过程的设计**

成人有丰富的生活经验和社会阅历，他们的学习是在已有的知识和经验的基础上的再学习、再教育。已有的知识、经验是成人继续学习的基础和依托。丰富多样、充满个性的经验应当在员工培训的教与学的过程中加以充分地利用。建构主义强调在知识传授的过程中要搭好学习的“脚手架”，也就是要了解学员现有的知识结构以及现有的知识结构与将要学习的知识之间的差距，在已有的知识和要学习的知识之间找到结合点。通过创造设立符合培训内容要求的情境和提示，新旧知识之间联系的线索，帮助学员建构当前所学知识的意义。

### 5.3.4　培训形式多样化

培训形式多样化是在过去传统培训方法的基础上，结合多种培训方法综合运用的培训模式。通过实施培训形式多样化，使培训方法从单一到多元，根据不断更新迭代的专业技术和职业发展要求来调动、提高在岗员工的职业技能水平，从而增强企业职工的培训效果。

**1. 部门互动培训**

培训组织部门设置培训主题后，根据部门员工特点，将培训内容分解到部门相关人员，各自进行学习；培训由大家共同参与，每位员工都是老师，各负责主讲部分内容，每讲完一部分，全体员工就其授课内容及方式展开集体讨论，总结长处、改进不足。

**2. 导师带徒培训**

对新进人员、岗位轮换，缺乏岗位经历或对岗位情况不熟的员工，可采用特定导师带徒，通过带岗者的言传身教，使员工获取实践经验，尽快达到岗位要求。

**3. 基层班组培训**

班组作为企业最基层的管理组织，是体现技能水平和实施工艺技术的关键。电力企业班组培训以建立标准化的培训操作模式，通过培训贯穿电力生产操作全过程，实现标准化、规范化操作为宗旨。通过对操作岗位全员培训，达到操作标准化，实现安全化生产。培训内容的设置应贯穿班组日常工作范围全流程，有效保障基层班组高标准完成生产任务，实现培训效益的最大化。

**4. 在线案例培训**

针对某一特定现象和案例，组织人员进行专题分析、讨论，主要用于分析问题、寻找差距、避免失误。有效利用网络远程教育资源，实现培训资源共享。由培训中心选择合适的远程教育网络，公司各单位实现共享，选择适合本单位需求的培训资源。

**5. 竞赛强化培训**

近年来，从国家到企业对技能型人才的培养力度逐年加大，各类竞赛的举办频率不断增大。上到国家一类工种竞赛，下到企业所属各基层单位的各种竞赛逐年增多。比赛工种、参加人数逐年增加，竞赛选手的技能水平不断提升。企业要在各类竞赛中取得一定的成绩，必须培养一支具备技能和理论水平较高的参赛队伍，建立一整套从技能人才的选拔、培养、实践、竞赛、使用相配套的长效机制或程序。

## 【疑难问题】如何利用翻转课堂提升培训的效果

在传统的培训中，大家的认知是“培训 = 上课”，课前无所事事，到了上课时间，所有的学员“哗”地冲进课堂，开始接受培训。课堂结束后，大家又“哗”地离开课堂，一回去，学员就把培训的内容“还给了”老师，面对此类问题，我们如何利用翻转课堂提升培训的效果，促进培训的落地？

**【疑难解答】**

**1. 打造“课前学习 + 课中练习 + 课后复习”学习模式**

传统的培训模式以老师教学为中心，学员被动地学习，这种“培训 = 上课”的培训模式，问题是显而易见的。一方面学员处于被动接受的状态；另一方面学员缺乏反思、练习相关环节，导致学员一回到工作实践便会遇到这样那样的问题，从而导致学员难以应用新知。针对此种情况，我们提出以学员为中心的“课前学习 + 课中练习 + 课后复习”的翻转课堂教学模式。在课前通过线上微课、相关助学资料要求学员在课前进行学习；课中重点针对教学内容强化练习，讲师现场给学员解答疑惑，这样在课堂就能帮助学员系统掌握所学知识；课后再组织学习到线上复习，讲师在线上答疑，解决学员在实践过程中遇到的困惑。经过这样一个循序渐进的过程，促进学员的深度学习，帮助学员完成学习的建构。

### 2. 利用翻转课堂将培训扩展成 MINI 学习项目

单纯的一两堂课很难实现知识的迁移，一方面是学习的时间不够，学员没有时间充分消化吸收；另一方面是学员的学习不系统，这样导致学员不能很好地实现知识迁移，举一反三。而翻转课堂模式可以很好地将普通的培训课程扩展成 MINI 型学习项目，以项目的形式推进学习的系统化与深度化。

**【操作案例】翻转课堂结合游戏化教学，助力青干班培训**

青干班人才的培养是近几年国网公司的重点培训工作之一，国网河南省电力公司管理培训中心将翻转课堂与游戏教学模式引入青干班培训项目中，大大提升了学员的学习兴趣与学习成效，打破了传统讲授式课堂学习迁移差的问题。

操作步骤如下：

首先，用翻转课堂的理念，实现训前、训中、训后的联动。训前铺垫打基础，训中重点多练习，训后实践做评估，环环相扣，一条龙下来知行合一，学了就能用，主次分明，讲求实施。

其次，用游戏通关形式，将枯燥的理论知识转化为知识大赛通关游戏，寓教于乐，让学员在不知不觉中就掌握了应知应会的知识和技能。

再次，课堂强化操作与训练，现场解决学员的实际问题，有侧重地讲解，帮助学员课堂进行学习效果的迁移。

以青工培训班《创新思维与创新方法训练》一课的设计举例，见表 5-4。

**表 5–4 《创新思维与创新方法训练》课程设计前后对比**

| 阶段 | 设计优化前 | 设计优化后 |
|---|---|---|
| 训前 | 无所事事 | 1. 制作《创新的认知与原理》《创新思维的障碍与创新思维训练》《创新的六大方法解读》三门微课作为训前学员自学任务<br>2. 建立班级微信群，班主任在群里跟进自学情况，并邀请老师在固定时段为学员提供辅导、答疑 |
| 训中 | 前言：概要介绍<br>1. 创新的定义<br>2. 创新思维要突破的障碍<br>3. 六大创新思维解读<br>4. 六大创新思维训练<br>…………<br>课程总结 | 1. 通过游戏通关形式回顾自学内容，让大家在游戏中掌握创新的基础知识与技能认知<br>2. 展示了创新思维与创新方法全景案例的场景与原理解读，该全景案例来自公司以往多个实际创新项目，通过全景案例的解读，让大家对创新思维与创新方法有更进一步的深刻认知<br>3. 给出具体的案例情境，以小组为单位进行思维发散，自由创新，最终老师对各小组展示的创新思路进行讲评 |
| 训后 | 听天由命 | 1. 结合本职工作，将所学知识运用到具体的工作实践中，制订出详细的创新改善计划书，并提供检查标准<br>2. 一个月后全体学员回炉，分组上台呈现成果报告，分享应用心得，老师讲评总结并评出名次 |

# 【实战案例】国网河南省电力公司"三维一体"翻转课堂教学法

根据翻转课堂的教学原理及公司实际情况，国网河南省电力公司以推进企业培训工作为目标，全面深化互联网培训技术的应用，尤其是打造了"三维一体"翻转课堂教学法，即"点—线—面"三个维度有机结合，探索翻转课堂结合传统课堂教学的新路径。取得了较好的成绩。"三维一体"翻转课堂教学法如图 5-8 所示。

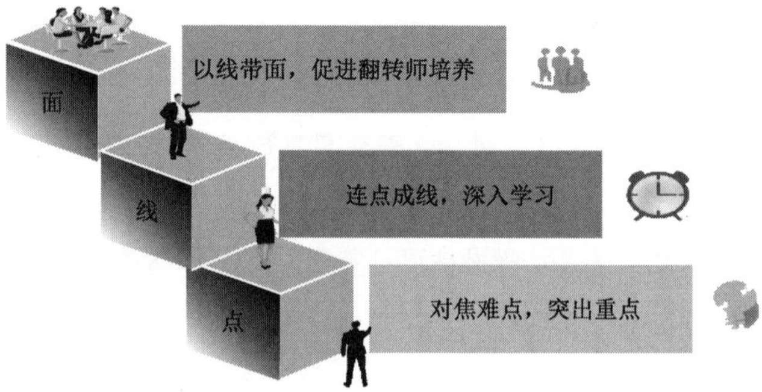


图 5-8 "三维一体"翻转课堂教学法

**1. 点：对焦难点，突出重点**

国网河南电力管培中心充分利用翻转课堂"课前学习 + 课中练习 + 课后复习"的教学模式，很好地聚焦培训中的重难点教学内容，帮助学员深入学习。课前通过翻转课堂线上微课促进学员对知识点的记忆与理解；课中聚焦重难点强化练习、答疑解惑；课后再组织线上研讨与复习，讲师同步在线上答疑，帮助解决学员在应用中的困惑，监督学员学以致用的行为。这种学习模式对公司青年骨干人才培训、科级干部培训发挥了重要的作用，大大促进了学员的深入学习。

**2. 线：连点成线，深入学习**

利用翻转课堂与行动学习相结合的学习模式，连点成线，推进系统化学习与业务对标性学习。这种学习方式主要包括四个步骤：

第一步，分组与选题。在课前由老师对学员进行分组，并给学员准备好学习的课题和任务（这些课程和任务与公司业务强相关）。

第二步，学习与研究。各小组领到相应任务后，就进入学习与研究的过程，整个学习过程由学员各小组自行想办法完成。学员可以到网上查资料，可以学习线上翻转课堂微课，也可以实地调研。

第三步，分享与演示。学员将学习与研究形成的成果在课堂上进行分享和演示，这个阶段非常关键，它可以检测学员前期的学习和研究是否深入。

第四步，点评与修正。老师对学员的成果展示进行点评并提出修正意见。学员根据老师修正建议继续深入学习，并将学习成果进行改善和转化。

通过这种翻转课堂与行动学习相结合的学习模式，有效地连点成线，将学员的碎片化知识连接起来，推进深入系统地学习。

**3. 面：以线带面，促进翻转师培养**

通过翻转技术教学模式，推进企业翻转师的培养。翻转师与传统内训师的不同之处在于，翻转师是学员学习兴趣的激发者、创意教学者、优秀的反馈者和学习的陪伴者、指导者。

首先，翻转师要深入了解教育的规律并且持续更新教育理念，这是最基础的能力。

其次，翻转师需要有课堂创新的能力，随时随地从生活中取材进行教学，让教学与生活经验发生关联。

再次，翻转师需要在课堂上对学员的学习过程而不仅仅是结果给出客观的反馈，帮助学员及时修正从而提升学习效果。

最后，翻转师还应是学员的学习陪伴者与鼓励者。在课堂上对学员的学习状态给予真诚而及时的鼓励和欣赏。

# 第六章 创新出奇效：基于互联网的教学管理与创新

二十一世纪以来，随着互联网技术、信息技术的快速发展和普及应用，世界已经进入“互联网+”时代，涉及各个行业和领域，尤其是为教育管理提供了更为高效的方法，推动了教育管理模式的变革与创新。

# 6.1 基于互联网的教学组织

“互联网 +”时代所带来的慕课（MOOC）、翻转课堂、微课程、混合式教学等新的教学组织方式对现行的教学模式和教学观等带来了变革性的影响。“互联网 + 教育”是国家战略“互联网 +”的重要组成部分，是教育改革发展的先锋，是未来教育发展的常态。在推进“互联网 + 教育”改革的进程中，必然会促进互联网与教育的深度融合，推动教学组织方式的优化、重构、创新。

## 6.1.1 从线下转线上教学的组织流程

随着信息技术的迅速发展，特别是移动互联网时代的到来，创造了跨时空的生活、工作和学习方式，使获取知识的方式发生了根本变化。教与学可以不受时间、空间和地点条件的限制，获取知识的渠道也更加灵活和多样性。互联网教培新模式，缩减时间、资金以及人力成本，最大化满足个人需要，有效地反馈填补了传统培训的短板。但灵活的互联网培训易使学员失去自控能力，因此建立一套有效的线下转线上的教学管理模式与组织流程是推动“互联网 +”教育前进的必要因素。

“互联网 +”对教学组织方式变革的影响主要体现在以下三个方面：

（1）教师角色的转变

“互联网 +”背景下，随着教育资源形态的数字化，要求教师从传统的“授人以鱼”转变为“授人以渔”，教师由“讲”转变为“引”，由原来灌输式讲授转变成引领式启发、赋能式培训。

（2）学员主体地位的转变

学员由“听”转变为“学”。学习从被动听讲转变为自主学习，学员将具有更大的主动性和创造性。在“互联网 +”环境下，互联网及各种传播媒介聚集了更为丰富的教育资源，受教育者可以“个人定制”学习，突破了时空的局限性，充分体现了学习的自主性，满足了学员个性化和多样化的学习需求。

（3）教学形式的转变

“互联网 +”背景下的教学形式与传统的班级授课有显著区别，而互联网因自由、互联、分享等特点，为满足个人需求的个性化菜单提供了可能。以问题为驱动的对话式教学、以专题为引领的小组研讨式教学、合作式学习形式将逐渐代替传统的教学方式，传统的因材施教将被赋予新的内涵。教学形式也从“集体教学”转变为“个性化菜单制”。

从线上教学的实施经验来看，常见的教学组织流程包括以下六个环节，如图 6-1 所示。

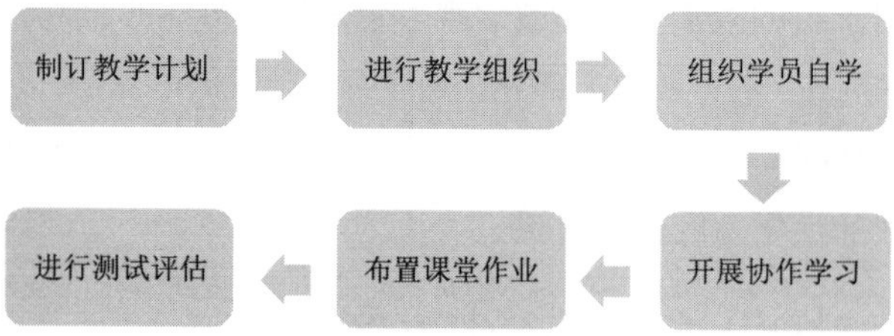


图 6-1　线上教学的组织流程

第一步，制订教学计划。在老师的指导下，学员根据自身的学习基础、工作和经济条件等实际情况制订个人学习计划。

第二步，进行教学组织。通过在线学习平台组建学习班级，发送学习课程计划与线上学习微视频。

第三步，组织学员自学。学员利用多媒体教学课件、教材和网络学习平台进行自学。

第四步，开展协作学习。在老师的指导下，学员以小组学习等形式，通过各种网络交互工具和平台，必要时也可集中到线上学习中心等场所，与老师和同学讨论学习中的问题。

第五步，布置课程作业。老师根据课程教学的需要布置和回收、批阅作业，学员根据要求通过网络或传统方法完成与递交作业。

第六步，进行测试评估。组织相应的网络课程测试，学员通过完成测试取得相应的课程成绩或网络学分。教学测试一般采用集中笔试（开卷或闭卷）、课题论文、课程作业等多种方式，也可以根据教学要求通过网络组织远程考试。

## 6.1.2　翻转课堂的前置

通常情况下，在培训项目实施前端，培训管理者会进行训前调研，从而有针对性地选择培训内容。但对于培训对象而言，由于习惯于“被叫到”培训课堂中学习，至于要学什么、需要解决什么问题，自身往往缺少明确的思路与目标，即缺乏“预习”环节。

这种情况的出现，一方面是由于学员自身工作繁重、缺乏静心思考的时间；另一方面是学员对于学习中的问题，往往存在能感知，但“说不清”的状况，许多时候需要在讲师讲授过程中，学员才会有意识地联系自身工作，找准问题。但由于传统培训课堂中以讲师讲授为主，互动提问时间较少，如学员不进一步追问整理，这类问题就会被掩盖、被遗留。

翻转课堂主张先学后教，以学定教的教育理念，学习前置为学员提前“暴露”问题提供了机会。它要求学员在正式上课前，对即将培训的主题内容进行学习，并结合工作实际进行反思、整理、提炼，带着具体问题进入课堂。翻转课堂模式下如果学员课前没有真正有效地进行预习活动，在课堂上就无法真正实现知识建构和迁移。由此可以看出，翻转课堂实施效果如何，关键是前置环节的设计和准备。这个准备不仅包括讲师的准备，还包括学员学习习惯和能力的培养。

### 1. 翻转课堂课前学习模式设计

（1）“课前预习”与“课前学习”的异同

在传统课堂中，老师通常要求学习者进行课前预习，在翻转课堂中学习者要进行课前自主学习。这两者根本不是一回事，有着较大的差异，具体见表 6-1。

**表 6-1　课前预习与课前学习的异同分析**

| 项目 | 传统课程课前预习 | 翻转课堂课前学习 |
| --- | --- | --- |
| 学习目的 | 为课中学习打下基础，减轻课中学习压力 | 学会重点知识、技能和方法、并能简单应用 |
| 学习要求 | 学会简单内容，发现难点，重要教学环节 | 完成进阶式作业、疑难问题提交、互动交流等，是重要的教学环节，是翻转式学习的重要组成部分 |
| 学习方法 | 自觉学习，阅读理解 | 自主学习，团队合作，研讨互动，讲师答疑 |
| 学习内容 | 指定课程内容学习 | 专题学习的相关资料，如微课视频、助学资料、学员教材、网上信息、指定书籍 |
| 督导方式 | 讲师基本上不会督导，学员压力小，课前不学也没人管，凭学员的学习动机和自觉 | 讲师会督导监察，促进自觉。学员有压力，课前不学习课中没法完成相应的学习任务 |
| 成效分析 | 效果较差，大部分学生不会主动去预习 | 效果较好，既让学员完成指定内容的学习，又让学员养成了自主学习的习惯与独立思考的能力 |

（2）课前学习的资料分类

作为翻转课堂教学内容的前置，一般可将以下六类资料作为学员课前学习的资料，包括与学习主题相关内容的微课、辅助视频、电子版教材或文字资料、主题相关延伸网上材料、教学案例等。其中课前专题内容相关的微课与辅助视频是正式的学习内容，是帮助学习者掌握重点知识、技能和方法的重要手段。

### 2. 翻转课堂讲师教案设计

在进行翻转课堂教学时，讲师应提前设计教案，明确此次培训学习的目标与教学方法。以实践教学为主的翻转课堂教案为例进行设计说明，仅供参考，见表 6-2。在模板中，讲师应根据本次讲授具体“教学内容”中每一个步骤的内容进行具体表述，作为真正实施教学的参考。

**表 6–2　× × 课程翻转课堂教案**

| 翻转课程名称 | | 本讲名称 | |
|---|---|---|---|
| 教学目标 | 通过本任务学习后，学员应实现的目标为<br>1. 能正确理解与记忆______________<br>2. 能有效掌握______________技能<br>3. 能应用______分析________的原因<br>4.…… | | |
| 教学重点和难点 | 重点：<br>难点：<br>解决难点的方法建议： | | |
| 学习内容 | 预测学员自学存在的问题 | | |
| | 预设课堂中研讨的问题 | | |
| | 课后巩固训练与创新课题 | 1. 巩固复习______________<br>2. 继续完成本堂课中的____创新课题，____日前提交研究报告<br>3. 按照______学案进行下一讲内容的课前自主学习 | |
| 步骤 | 教学内容 | 讲师行动与内容 | 学习者行动与内容 |
| 1 | 团队内部研讨自学收获与问题 | 1. 布置团队研讨要求<br>2. 巡加指导研讨 | 交流自学的收获与问题 |
| 2 | 教师提出预设问题组织研讨 | 1. 提出问题<br>2. 必要时进行补充、引导，或解答 | 1. 团队研讨<br>2. 查阅资料<br>3. 学员回答问题 |
| 3 | 完成综合性作业 | 1. 布置 2 ~ 4 个综合性作业<br>2. 巡视指导<br>3. 个别指导 | 1. 尽量独立完成作业<br>2. 可以研讨完成 |
| 4 | 发现新问题 | 1. 指导过程中发现普及性、创新性问题<br>2. 组织进行引导、提示 | 1. 认真聆听<br>2. 研讨回答 |
| 5 | …… | …… | …… |
| 6 | 进行二次备课 | 根据学员自学中提出的问题，二次开发课程，重点解决学员的难点与疑惑 | |
| 评价与小结 | 1. 对本堂课的重点内容、主要的问题等进行总结强调<br>2. 对各团队完成业绩进行评价、表扬，提出存在的主要问题 | | |

### 3. 课前学习设计的开放性与多样性相结合

在课前学习的设计中应该探索开放性的备课模式，不拘泥于教材，积极吸收各类学术成果，开发适合的参考资料。在设计之初就与学员多交流，探索师生共同备课的新模式。同时，课前学习设计形式上可以多样化，例如问答题、材料分析等形式，也可是图片收集、资料征集、影片评析、人物访问等多样化形式。

### 4. 课前生成问题的积极回应和及时反馈

学习是一个互动的过程，互动越充分学习的效果就会越显著。当学员在课前学习中生成了问题之后，老师应当积极、及时地给予反馈，这样会形成有效的互动。课前问题反馈能给老师提供更多的信息，真实了解学员学习的目的，从而为课堂设计准备有针对性的素材。同时又能让学员保持持续互动的兴趣，进一步推动学员自主探究的积极性。

## 6.1.3　网络课程的组织与实施

随着互联网的普及与发展，网络教育作为一种全新概念的教育方式，为信息化教育教学的发展奠定了坚实的基础，并将长期指导中国教育教学的改革。虽然在线教学工作已逐步推进，但由于缺乏实践经验，在线教学质量与效果仍有较大的提升空间。实现在线教学与传统课堂教学的实质等效是保障在线教学运行质量的关键。对于网络教育培训工作而言，网络课程的组织与实施是培训计划落地的关键。

经过长期的实践与总结，在线网络课程的教学组织方面，初步探索了以下经验，如图 6-2 所示。

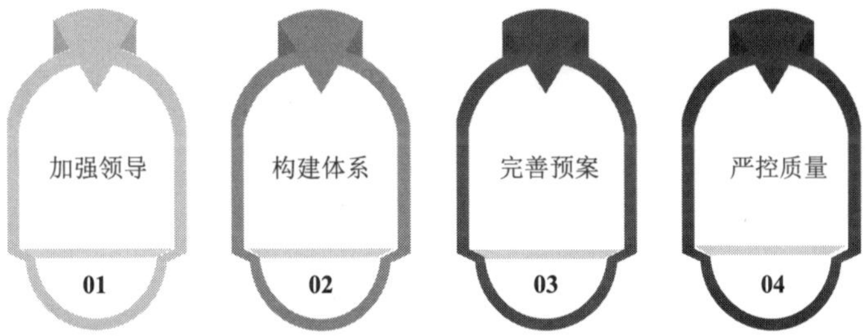


图 6-2　网络课程的组织与实施管理“四要点”

### 1. 加强在线教学组织领导

企业教育培训的组织主体应当制订在线教学工作方案，形成兼具系统性与实践性的在线教学推进计划。通过加强组织领导，提高企业全体人员对此项工作的重视程度，鼓励企业内部专兼职讲师充分利用线上优质教学资源，结合现代化教育技术进行在线教学。秉承差异化和个性化建设原则，针对教师、课程、员工的不同需求，制订差异化的在线教学组织实施方案，切实保障在线教学工作的顺利开展。

**2. 构建信息化的培训体系**

根据当前部分企业在线教学的组织与实践情况来看，许多企业已经意识到开展线上教学的重要性与紧迫性，企业对于在线教学的实践意愿明显提升。企业组织需要快速构建适应当前时代特点的信息化培训体系，在完善硬件配置的同时，提升专兼职教师信息化的网络教学能力，帮助教师解决操作难题。

**3. 完善在线教学应急预案**

相对于线下教学，在线教学受网络、软件、平台等硬件设备的影响较大，因此在确定在线教学方案的同时，应针对在线教学方案制订相应的在线教学应急预案，最大限度地考虑到可能出现的情况，以便应对课堂中出现的突发情况，保障在线教学工作的顺利开展。

**4. 严控网络课程教学质量**

加强对在线教学的质量把控，组建由教学相关人员组成的线上教学质量监督小组，建立在线课堂教学检查机制。通过登录平台、观摩课堂、学员调查等方式及时监控线上教学情况，保证线上教学质量。同时定期面向老师和学员开展线上教学质量问卷调查活动，根据收集整理的各类改进建议，制订下一步整改措施，为提升线上教学质量提供参考依据。

在对网络课程进行全面有效的组织管理的基础上，网络课程的实施流程主要包括以下五个步骤：

第一步，清晰学习思路。清晰学习思路就是让参训学员知道这门培训课程将会让他学什么，怎么学，重点难点是什么，课程的大体结构框架是怎样的。有些培训师在上课前，都会把自己的要讲授的知识大纲提发给学员，目的是让学员清晰了解本次学习的内容以及思路。

第二步，做好课前预习。预习功课是提前了解没学过的新知识，通过预习，学员在课堂上学习时，才能够更好地加深和理解知识。

第三步，开展在线直播授课。学员参与在线直播教学相对于观看录播视频而言比较真实，能给学员一种面对面交流的感觉，还能让学员跟讲师直接产生互动，增加学员对讲师的好感。

第四步，布置课后作业。在线课程也要给学员布置课后作业，给学员留作业是为了让学员真正的学会、吃透学习的内容。每一个对自己学员负责的老师，一般都会留有课后作业，这也是让学员认可你的一个办法。

第五步，进行学习测试。课后的学习测试是为了检查学员对于培训课程的学习情况，做到查漏补缺，及时指导学员的学习，同时也是测试学员的水平达到何种程度。测试还可以用来指导老师的日常教学，这是测试的重要作用和目的。

## 6.1.4　网络教学的学员管理

学员管理是网络教育管理的重要内容，只有准确把握学员管理的规律，科学确定学员管理的策略，才能做好学员管理工作，提高管理质量，促进网络教育的健康发展。

近几年在网络教学模式下，如果只是单纯依靠学员的自觉与自愿进行自我管理，对于整个学习的过程而言是远远不够的。网络学习的时间长了，学员们会出现只为完成任务而进行机械性点击、消极应付、拼凑学习时长与进度等不良现象，降低了学习的积极性。完善网络教学的学员管理，可以从以下六个方面入手：

（1）悉心引导学员学习有关资源

网络教育学员来源庞杂，师生交往关系更趋平等、宽容与和谐，老师不再拥有至高的权威，而是以自己的学识、能力、人格魅力去感染学员，与学员建立民主、平等、和谐的关系。

（2）精心组织学员参与学习活动

让班级中有号召力的学员参与到管理班级的学习活动中，从而协助培训老师做好学习管理工作，加强学员与老师、同学之间的联系。

（3）有力督促学员完成学习任务

针对个别学员的特殊情况，网络教学的教学管理老师要勤于了解学员学习动态，一旦发现某位学员没有达到相应的网络课程学习要求，就要及时联系、督促他尽快完成学习进度。

（4）热忱帮助学员解决学习难题

基于网络教学的特殊性，在学习管理上更要做到“以学员为本”。上课、作业、考试等教学环节都是学员在网上自主完成的，而作为成人学员，他们平日里公务相对繁忙，这就需要教学管理老师经常提醒。

（5）及时掌握学员网络学习动态

在网络上创建班主任平台，管理老师可以通过平台了解自己所带班级的学员的各类信息和学习情况，以便及时掌握学员的学习动态。

（6）深入研究网络教育学习方法

学员的学习管理是网络教育管理系统的重要组成部分。教学老师应深入了解学员群体的特征，不断提高学习的成功率和影响力。准确把握学员管理的特点和规律，认真研究网络教学的学习过程，有的放矢地为学员提供优质服务。

## 6.2 互联网培训项目运营与落地

我国电力产业在社会经济发展中发挥着巨大的基础推动作用，电力企业在越来越高的生产需求下面临着人力资源短缺的情况。电力企业在着手引进外来人才的同时，开始重视内部员工的专业培训，加强电力企业员工培训项目的设计与实施已经势在必行。在这样的时代背景下，电力企业的培训部门要向互联网企业进行学习，把企业培训当作互联网行业的项目运营来看待，而不是过去单纯的以行政命令的形式强迫职工参加学习培训。

### 6.2.1 以产品经理的要求去设计培训产品

优秀的产品，自己会推广；优秀的产品，解决了用户的问题；优秀的产品，用户体验了就爱不释手，甚至推荐给别人。桃李不言，下自成蹊，这就是互联网产品的魅力。

对照企业的互联网培训项目或线上学习平台，它们也是产品。传统企业培训组织模式下，培训部门的项目策划是缺乏互联网行业产品经理思维的。培训产品不够好，不够互联网化，不能解决学员的刚需问题，不能带来绩效的直接提升。与此同时，培训项目的运营也有问题，没有抓住核心用户，没有不断迭代，不断扩大影响力，仅仅依靠组织的行政力量进行推广，没有形成项目的势能。

按照互联网产品的发展路径，在项目不成熟的阶段，要找到核心用户，找到潜在用户，不断进行测试，打磨这个产品。在打磨的过程中，不断吸收核心用户的合理化建议，从而完善这个产品，让产品日臻成熟。在这个过程中，互联网公司的产品经理，既要懂社群运营、公众号运营，全媒体运营，又要熟练掌握视频音频、图文等的制作、线上和线下活动的操作手法等。

互联网教育模式下，我们无法判断学员是否在线上认真地参与学习过程，培训管理者并不了解，也无法控制。为何企业组织各种资源，为员工提供学习产品，不断提高学员能力，提升职场竞争力，对员工而言明显是利大于弊的事情，却在执行的过程中不被员工所认可？其中很重要的一个原因就是企业培训管理人员的学习观念缺乏产品经理人的思维。

对培训经理来说，设计好产品是核心，推广运营是保障，要有互联网思维，要时常翻翻手机里面那些常用的 App，认真思考这些 App 是靠什么获取的用户黏性。

对于培训产品设计，既然是打磨经典课程，要给用户学习，就要知道用户的心理。用户喜欢什么样的课程？吸引他们的教学点又是什么？他们学习的感受是什么？只有从用户的内心出发，开发出来的互联网课程，用户才会点赞。用户感觉舒服了，那么课程也就自带黏性，用户自然就会主动爱上课程，并在体验以后给出很好的评价和宣传。

作为企业培训行业的从业老师，不管在业内有多少年的培训工作经验，都要放弃过去的角色，重新站在用户的角度，以新人的心理看待学员，拥有互联网产品经理思维，从用户思维出发来探索互联网培训课程的设计。

## 6.2.2　如何打造热门课程

如何有效开发和打造互联网教学中的热门课程，是当前在线教育工作者需要认真面对和思考的问题。打造热门课程的一个基本前提是以学员为中心，获取学员满意度。怎样才能设计出让学员满意的课程呢？

### 1. 热门课程的设计原则

获取学员满意度的热门课程设计原则，如图 6-3 所示。

图 6-3　热门课程的设计原则

（1）明确学员的诉求

培训师进行课程研发时，除了要注重理论实践，有清晰的知识结构和实质内容外，还要想办法让学员们能够通过参与课程直观地学到东西，让学员集中注意力，全神贯注融入到学习中。让每位学员都有不同层次的量变，在量变的基础上达到质变的效果，这才是一门给学员带来真正价值的精品课。

（2）定位课程的主题

万事开头难，如何定位一个课程主题，是培训师开始课程制作的重要准备工作之一。选题开始时思考几个问题：我们会什么？我们会的东西可以讲出来吗？学员会对我们讲的东西感兴趣吗？这些问题是我们制作课程关键，如果一开始方向就错了，不管后面做得有多好，都可能会徒劳无功。

（3）重视课程的设计

课程设计是一个重要环节，不擅长课程设计的讲师，不懂得如何对知识进行整理和结构化提炼，不会凝聚自己的课程精华，往往只会去重复其他老师讲过的内容和经验。一位懂课程设计的老师，在知识内容准备上更有条理，在表达上更有技巧，甚至还具备独一无二的经验，通过对课程合理的设计把控，自然会从海量的课程中脱颖而出，人气暴涨。

（4）课程内容的准备

内容是课程的核心，选择什么样的内容是每一位讲师都要考虑的问题。一般有三点要求：一是有理论知识、有实质内容、有实操方法；二是做好内容的选择，才能提高课程的竞争力；三是通过合理内容和课程结构的安排，让学员由浅入深，循序渐进理解课程内容。

### 2. 坚持以学员为中心进行课程设计，不断探索打造热门课程的学员用户指标

（1）课程开发的专业体现

热门课程的开发，首先要明白，学员为什么来学习？其实他们来学习可分为两个目标，第一个目标是解决自己的困惑。即学员想干一件事情，自己不知道从什么地方入手，理论、知识、技能，如何干？等等。第二个目标，有些学员本身已经形成了自我的知识体系，在行动时缺少自信，他们参加课程是来验证自己的观点。在课程设计过程中，实质内容是课程的基础，讲师要站在学员的角度，解决这两个问题。

（2）增强教师形象

一个热门课程，一定会有一个好老师。作为好老师，高超的教学水平是首当其

冲的，因材施教、深入浅出、循循善诱、慧眼识珠都是必备的要素。另外，作为好老师一般而言也应具有亲和力、判断力、执行力等，学员在轻松的学习氛围中既学到丰富的知识，又能树立正确的人生观和价值观。在讲课的过程中，幽默和风趣的教学，让学员听课感觉就像品尝一次知识的盛宴。

（3）课程选题与内容组织

在教学中，没有一个好的选题，很难成为精品课。选题没有一个标准的定义，通常来讲，讲师要从自己所讲述的课程中找出更容易让学员接受的题材，有些是知识重点，有些是常遇到的问题，关键在于选题是否能让学员产生共鸣。在选题好的基础上还要善于组织好的课程内容。课程都是实质内容，这只是内容组织的一方面，还包括学员认知与感受，场景熟悉与贴近，案例与趣味性等各方面的综合要素。

（4）生动有趣的课堂展示

什么才符合在线教学的课堂风格？在选题与内容组织好的同时，还要看讲师授课方法是否风趣、幽默，能把内容跟幽默结合到一起，同时看是否有贴近学员生活的案例，这样才能让学员更喜欢讲师，更容易接受所教授的内容。这主要表现在授课老师的衣着、上课时的肢体语言、面部表情等方面，通过这些展示，可以让学员感觉到轻松愉快的授课环境。

## 6.2.3　网络培训课程的生命周期管理

产品生命周期管理英文是 Product Lifecycle Management，简称 PLM。指的是从人们对产品的需求开始，到产品淘汰报废的全部生命历程。

培训作为一种服务类产品，也同样适用生命周期管理的概念。在互联网技术快速更迭的刺激下，在线教培市场的发展节奏不断加快，互联网教育产品的生命周期也越来越短。在这样的背景环境下，如何做好网络培训课程的生命周期管理，成为教育培训管理从业人员必须面对的话题。网络培训课程生命周期要素如图 6-4 所示。

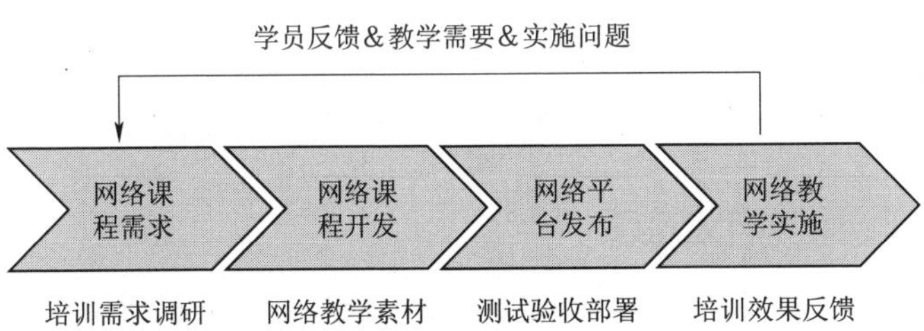


图 6-4　网络培训课程的生命周期要素

1. 网络课程需求

企业各部门将各自的培训需求收集汇总到人资部门，人资部门对相关业务部门的培训需求进行有效分析，区分线上和线下的培训课题，确定是否具备网络课程的开发需求。

2. 网络课程开发

基于网络的培训课程开发需要体现线下课程与网络课程的双重特点。它不同于面对面的传统培训课程，是低成本培训，在终身教育和学习化的社会中容易实现全员培训。同时它又是个性化培训，要针对的是成人的学习特性，由于成人学习者的年龄、学历、职务差异，需要采用多种方法引导学员参与到学习活动中来。

3. 网络平台发布

经过前期调研与开发，成型的网络课程需要进行网络平台的发布。网络平台的选择需要根据网络课程的自身特点，满足与该课程所有相关的网络技术要求与参数。网络发布完成以后，要进行内部的验收测试。通知需求部门组织员工和相关专家参加课程试讲，通过试讲测试的课程才能进入下一步的教学实施。

4. 网络教学实施

根据企业各部门相应的员工培训计划开展实际的网络教学活动。在某一门网络培训课程教学活动实施的初期，需要广泛搜集参训员工及专家对该课程反馈评估，完成课程反馈与评估表。主要包括以下几方面的评估内容：课程目标是否达成，讲师授课是否理论结合实际，讲师教学内容的熟悉程度，授课中教学方法的运用（如互动性），课程设计是否合理（周期、内容）等。根据反馈评估对课程进行动态调整。

任何一门网络培训课程都不可能具有无限的生命周期，因此对于网络培训课程的生命周期管理还需要设计好课程的退出机制。设定相应的退出条件，包括但不限于课程需求降低（例如课程连续两年，时间需求量低于多少人次）；课程落后于时代发展（例如某项产品或技术已经被行业淘汰，相应的培训课程失去载体）等。当某一门课程准备退出时，经过各相关部门评审同意，课程进入退出阶段。人资部门发放课程退出通知，课程退出培训目录，通知相关教学、后勤部门，释放教师、设备等教学资源。

### 6.2.4 让好课程有仪式感

村上春树说过，仪式是一件很重要的事情。仪式是让我们对所在意的事情怀有敬畏之心。仪式感之所以重要，是因为可以通过不断暗示自己，强化精神，让我们继续坚持枯燥的生活，在遇到变故或彷徨的时候，带来希望。中国人向来注重“仪式感”，所以对待培训工作也应是如此。

生活中的仪式感能够增加幸福指数，培训中的仪式感则是促进培训效果的催化剂。作为培训人，大都知道仪式对于培训工作至关重要，可用于彰显公司的重视度、提升团队氛围、激发员工热情、更好地营销培训，增强参与者的印象及体验感，留下美好的回忆等。

### 1. 培训中的常见仪式

在培训中常见的仪式有，开班及结业仪式、新员工入职培训仪式、导师聘任仪式、内部讲师聘任仪式、优秀学员颁奖仪式、课中互动与活动仪式六种，如图 6-5 所示。

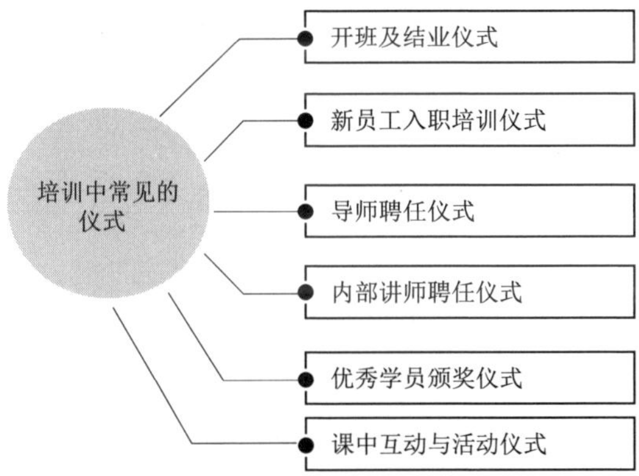


图 6-5　培训中常见的仪式

（1）开班及结业仪式

在重点培训项目开班前可安排开班及结业仪式，主要包括以下四种形式。

➢ 在培训班培训场所前放置展架，在培训室悬挂条幅，邀请公司高管出席开班仪式，进行开班致辞；在线上网络课堂开班前也可以安排高管开班致辞。

➢ 在培训项目启动时，开始由学员签订课堂协议书、约定学习公约，带领学员宣读承诺将按要求接受培训并落地应用等。

➢ 结业仪式上由公司领导颁发证书及奖项，致闭幕词，集体合影分发给大家留作纪念。

➢ 通过公司网站发布新闻等各种形式进行宣传报道。

（2）新员工入职培训仪式

在新员工入职培训中，增加仪式感非常重要，可以提升新员工对公司的认同度和忠诚度。可采用以下形式开展。

➢ 组织公司新员工见面会，最好有公司领导参加。

➢ 为新员工分发印有公司 LOGO 的文化衫，企业文化资料等。

➢ 由公司资深的老员工讲授亲身经历，分享职业生涯规划、描绘公司的前景等。

➢ 定期或不定期组织新员工洽谈会，跟进了解新员工的内心活动和关注点；为新员工安排导师带徒辅导等。

（3）导师聘任仪式

企业为充分发挥专业技术人才“传、帮、带”的作用，实现经验传承，帮助员工快速成长，由有经验的导师和经验较浅的学员进行结对子。可由企业培训部门牵头组织隆重热烈的导师聘任仪式。

➢ 在仪式上，由企业领导向被聘任的导师颁发“师带徒”聘书。

➢ 全体徒弟向各自导师鞠躬行礼，传达出“尊师重道、有效传承”的精神要义，现场签订师带徒培训协议书，师徒培训协议书中涵盖培养目标及学习时间、导师的职责、被指导人的责任和义务、协议期限等主要内容。

➢ 导师代表及学员代表围绕导师的职责、学员决心等方面进行发言，并做出承诺。

（4）内部讲师聘任仪式

企业通过内部讲师训练营培训、报名推荐、试讲评选等活动，选拔产生企业内部的讲师。同时，对符合讲师要求的内训师开展内训师聘任仪式，在仪式上企业领导为内部讲师颁发聘任证书，内部讲师代表发言。企业领导讲话号召更多优秀人才加入内训师队伍中来，为企业发展贡献力量。

（5）优秀学员颁奖仪式

在培训班课堂现场，通过学员课堂积分的方式评选优秀小组和优秀学员，在课程结束时，由授课讲师或公司领导为优秀小组和优秀学员颁奖。

（6）课中互动与活动仪式

课中可安排小组 PK、朗读宣誓、签订协议、小组研讨、表扬点赞等方式增强课堂中的仪式感。

### 2. 如何让好课程有仪式感

法国童话《小王子》里说，仪式感就是使某一天与其他日子不同，使某一时刻与其他时刻不同。同样，好的课程一定要塑造好的仪式感，才能显得课程与众不同，品质上乘。我们可通过以下五种方式来实现：

一是课程本身的包装与教学资料充满仪式感。比如精美的教材印刷、课程定制化 U 盘、精心制作的产品宣传手册、课程介绍展架等。

二是课程开班现场邀请公司领导参加项目并发言。一个课程参加的领导越多，级别越高，带给学员的感觉便是培训项目被公司高度重视，培训组织者说一百句话，不如领导来现场。

三是对培训现场精心布置。从培训会场选择、场地布置、培训桌布摆设、席位牌摆放尽量做到精致细心。

四是统一班服，定制班徽。在培训班上现场选取班长、副班长、学习委员、组织委员等，实现自主管理班级的学习氛围。

五是增加课堂的 PK 互动及奖励。让学员感觉整个课程的教学活动也是经过精心设计的，通过小组 PK 增强学员的参与感、互动感。

### 6.2.5 好课程的宣传与运营

对于一门好的网络课程，除了课程自身的高品质以外，能否快速覆盖大面积的受众学员，能否获得市场的认可，也是重要的检验指标。对于企业或其他组织开发的网络课程，受众学员是相对固定的内部成员，课程的发布渠道比较稳定，这类型网络课程的运营都有专人负责，学员群体能够高效组织，课程信息可以精准推送。只要在课程的宣传形式上富有新意和吸引力，那么在固定的学员群体中就能收到良好的宣传效果。

另种一种网络课程是没有固定的学员群体，课程的发布方直接面向海量未知的陌生人群进行课程信息推送，通过网络宣传来获取学员的推广类型，这类型网络课程对系统化的宣传和运营要求非常高。

比较常见的做法是将免费课程定义为引流课，通过添加微信、社群运营、公众号导流等多途径完成营销闭环，实现付费变现。在这个闭环内，每个环节都需要设置相应的学习门槛，助教老师去引导学员按照设定好的学习轨迹开展学习活动，以此实现更多的留存转化。

做好线上的宣传与运营需要把握三个渠道：建立官方网站，做好搜索引擎，建立微信公众号。

官方网站是最基本宣传与运营阵地，既代表培训机构进行相关信息的官方发布，同时也是实现培训课程运营的功能搭建。搜索引擎优化（SEO）是网站带来流量的实用方法，访客可以通过搜索引擎主动寻找官方网站，目标非常精准，转化率也比较高，同时也是节省成本的搜索方式。

建立微信公众号对于教育机构而言也是一种模式，教育机构建立微信公众号最大的好处就是当潜在的客户扫描二维码成为微信关注者以后，可以向访客展示教育机构的主营业务、课程体系、名师介绍、优惠活动等，从而及时引导客户下单购买产品或服务。

在建立微信公众号的基础上，还要维护好个人朋友圈。要打造好个人 IP，展示机构创始人、教育名师的个人定位、特长、爱好以及故事，然后以此契机通过拉新、“养熟”、成交、裂变的过程，一步步把互联网课程产品推广出去。

## 6.3 培训制度建设与文化打造

目前，我国很多企业越来越重视企业培训工作，但在实际推行过程中往往存在一些问题，主要表现在缺乏系统规划、没有针对不同层级和职能的人员、培训形式过于单一。企业员工往往把培训看作是一种企业行为或者管理方式，未能将它与企业文化建设联系起来，这就限制了他们对培训价值更为深入的认知，不能最大限度地发挥培训的作用。只有以文化的眼光审视培训，将它与文化建设相结合，才可能使企业培训有一个更为厚实的基础和更为广阔的前景，为企业管理起到更加实在的作用。

### 6.3.1 网络培训的制度建设

企业通过搭建网络培训系统，运用互联网和多媒体来加强培训，既可以提高培训效率，又可以改善培训效果。建立网络培训的管理制度，首先是基础数据信息建设。信息中心负责对培训服务器进行建立与维护，在培训服务器上安装培训管理系统服务器端，每个员工有自己的用户名与密码，员工通过登录到培训服务可查看人力资源部门配给本人的学习任务和学习期限，同时如果学有余力，还可以向管理员申请增加学习项目。

建立网络培训管理制度要坚持以下六个原则：

①全面覆盖原则。网络培训系统要服务于经营管理人员和专业技术人员的培训。建立培训管理系统的目的就是要提高培训效率，要注意提高培训管理系统的易用性。人力资源部门要和其他部门经常沟通，对培训管理系统的易用性进行评估，另外对于

培训管理系统上运转的各类培训课件，要征求各部门和员工的意见，然后改进设计与制作。

②效率优先原则。网络培训系统要能保证顺畅地播放各种培训课件，如培训课程 MPEG 文件、PPT 文件、WAV 文件以及 MP3 文件（有些教程可以压缩成 MP3 文件，提高传输效率）。

③功能齐全原则。培训管理系统要有员工报名登记功能（每个员工要有单独的账号和密码）、学习过程跟踪和报告功能（允许学习暂时中断，保留断点功能，出具学习考核报告）、任务日历和学习任务安排功能，课件开发及管理功能、电子课程提交功能，课件导入功能。

④预留接口原则。要求为将来建立知识管理系统（KM）预留出接口，通过培训管理系统建立知识管理系统是非常好的途径。

⑤效果评估原则。在建立网络培训系统时，要有效果评估功能。网络培训系统在进行培训效果评估方面有着得天独厚的优点，可以对员工的学习进度和效果进行监测，可随时调出员工的学习成绩和记录，进行培训效果评估。

⑥保密原则。企业自行开发的培训课件，耗费了企业资源，倾注了企业的心血，其独特性在某些方面形成了具有核心竞争力的内容，所以建立培训管理系统要遵循保密原则，建立防止资源被随意下载的保密机制。

## 6.3.2　培训文化“六上墙”

培训文化是企业行为文化的重要组成部分，是企业在培训活动中逐步形成的关于培训职能的共同价值观、行为准则、基本信念以及与之相应制度载体的总称。

课堂不只是上课的场所，它还是企业传播文化、统一思想的平台，是员工之间相互联系、增加友谊、迸发思想和学习成长的园地。笔者曾经参观一些企业的工作场所，很多墙壁都是洁白的，员工走进去完全不能感受到组织的学习氛围。我们大多数人都是“因为看到，所以相信”，培训文化的可视化展示是非常重要的，它能让员工迅速进入学习状态，它是企业文化传播的一个载体。将企业培训的核心板块内容精心设计、精美上墙，在塑造企业学习氛围、增强团队凝聚力的同时，也能够给企业客户一种最为直观的印象。最大限度地把企业的培训文化、员工成长的点滴表现在一面有限的墙上。

那么，如何做到“可视化展示”，笔者总结出“六上墙”工程，即目标上墙、口号上墙、进度上墙、评比上墙、图片上墙、制度上墙，如图 6-6 所示。

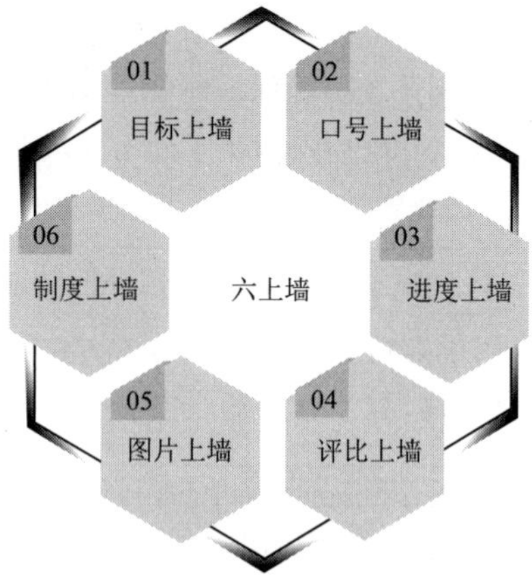


图 6-6 培训文化“六上墙”

### 1. 目标上墙

目标上墙有利于提醒员工，让员工远离懈怠，保持一种紧张状态。比如，某市级国网公司要创省级先进单位，把这个目标上墙，让员工进入一种“备战”状态，并投入到学习中。

### 2. 口号上墙

口号上墙是将企业的价值观、愿景进行可视化展示，让人人都看得见并记住。比如，笔者曾经参观泸州老窖商学院，它的门口立着一个雕像，上面刻着十个大字“人才是资本，有为就有位”，每个学员进出都能看到这十个大字，企业的价值观被潜移默化地植入员工心中。再比如华为大学的口号是：“用最优秀的人培养更优秀的人”。

### 3. 进度上墙

进度上墙能促进团队之间的相互比较和竞争，从而提高公司的运营效率。比如，某工厂在管理看板上写了一行文字“恭喜 A 组上周生产产量 2 000 套”，B 组看到后就会拼命地加班追赶。

### 4. 评比上墙

业绩或学习成绩评比出优秀者，将优秀者的头像或名字上墙，这样能够鼓励优秀，鞭策落后者，比如“年度学习标兵”“年度优秀员工”等。评比上墙是将“荣誉”可视化，以此来塑造榜样、鼓励创新。比如，一家工厂的一位员工提出了一个创新的叉车路线规划建议，结果，公司不但采纳了他的建议，还将这条大道以他的名字命名，让工厂员工都记住他。

**5. 图片上墙**

图片上墙就是把历史培训活动照片与素材上墙，很直观地向学员展示历年来的培训情况，让参加培训的人员感受到培训的氛围，创造“比学赶超”的学习氛围。

**6. 制度上墙**

制度上墙就是把员工需要掌握的核心制度、规则和行为规范上墙。比如，在某国网公司将“安全管理”以图文形式上墙，让参与学习的员工经常看到，不知不觉就从“上墙”到“上心”了。

## 6.3.3　如何让培训文化深入员工内心

企业培训文化是政策化、制度化的文化体系，是从整个企业人才战略出发建立起来的，对企业发展和员工个人发展具有激励和约束作用。这种文化形成的原因是，在人才培养和人才成长的企业环境中，由政策和制度逐步内化为企业和员工的行为规则和价值导向。企业需要持续不断地构建积极的培训文化，并使这种文化深入员工的内心。

要想塑造良好的企业培训文化，培训管理者需要做好以下三个方面的工作：

**1. 明确部门管理者的培训职能**

企业中的培训管理者主要担任的是组织战略的促进者角色，而培训的实施职能基本由各部门承担。要想全面提高组织的培训文化水平，就要提高部门管理者对培训的支持、推进力度，并让其承担起培训实施者的职能。

如果培训职能未被纳入部门管理者的工作职能范畴，则部门管理者就会抱着一种帮忙的态度对待培训实施工作，甚至在有些企业中出现推诿、拒绝的现象。为提高部门管理者对培训的正确认识程度和确保培训实施，人力资源管理的领导者有责任配合培训管理者，对各部门管理者的培训实施职能进行明确界定。

**2. 将员工的职业发展与培训关联**

培训文化的建立，仅靠培训管理者和部门管理者去推动是远远不够的。因为人有天生的惰性，而学习又是一件需要付出努力的事情。所以仅仅依靠培训管理者和部门管理者是无法调动起员工参与的积极性，有时需要设计一些机制来引导员工积极参与培训。

其中最重要的就是要将培训与员工的发展相关联。首先要根据员工业务技能发展的成熟度来进行相应的关联。针对新入职员工，或者要从事一项新工作的员工，培训就要与员工上岗关联。上岗前的培训只是解决了员工任职资格问题，即岗位胜任问题。当员工满足了胜任条件后，就需要考虑其发展问题。此时，培训就需要跟各项人才培养计划关联起来。员工如果想要转行，那么首先要接受相应业务知识技能的训练。

**3. 让企业的领导者积极参与培训**

企业的培训文化能够成功构建的关键，少不了企业领导者自上而下的支持。如果脱离了领导者的支持又或者是领导者支持的方向不对，是很难成功构建积极的培训文化的。对培训的认知和看法不清楚或者不对，必然会影响企业培训工作的开展。因为培训工作的定位不清楚，目标就不够聚焦，最后可能什么都做，结果什么成效也没有。

领导层的参与在于要十分明确地展示企业对培训工作价值的认知和定位，而这种认知和定位又要与企业的实际情况与所处的环境相结合。领导层参与培训，最终的目的是要让组织用全新的视角去重新认识自我、丰富学识、转变观念，通过改变个体的思维模式促使组织环境的整体改变，不断催生出创新思维和创新机制，从而推进企业的科技创新、管理创新及商业模式创新。

培训文化是企业文化的重要组成部分，是知识经济时代企业文化的重要特征。培训文化的建设是多层面的，而且是一个渐进的过程，并且培训文化的建设并非培训管理者能够独自完成，受到来自组织多方面因素的制约和影响。良好培训文化的形成，需要企业上上下下、全体人员做出大量的工作。通过培训文化在员工内心的不断深入，将实现员工主动改造自己，在培训活动中逐步形成、认同企业的共同价值观、行为准则、基本信念以及与之相应的制度，从而更好地为企业的战略发展服务。

## 6.4 企业网络培训创新标杆的打造

当前我国正处在经济高质量发展转型的重要阶段，企业要想延长自身的生命周期，就要不断提升自身的竞争力。培训作为推进企业更好发展的重要途径，需要不断进行优化。在当前“互联网 +”的背景下,企业要注重推进企业培训和“互联网 +”的融合，积极尝试网络培训创新标杆的打造。只有这样才能够实现企业培训工作的跨越式发展，也只有这样才能够有效应用各种用户思维、跨界思维等互联网思维，更好地把握战略定位，实现企业培训工作各方面的创新化发展。

### 6.4.1　定位：塑造差异化品牌

企业培训的组织机构要有清晰的自身定位。从当前企业培训行业来看，参与企业教育培训工作的机构主要包含高校的专业学院（商学院、管理学院等）、社会培训机构与企业内部培训部门（人资部门、培训学院等）。针对不同类型的培训从业机构，在组织实施培训工作的过程中，一定要找到自身的差异化定位，塑造自身的差异化品牌。在本节中，以电力企业内部培训工作的差异化安排，实现自身的品牌塑造为例进行讲解。

**1. “差异化”培训的需求分析**

“差异化”培训的需求分析首先要看开展的是哪个层次的培训工作。对于满足岗位规范要求的职工进行应知应会培训，就要从企业长远规划、现状和职工的岗位规范要求入手，深入分析职工理论知识和实际操作技能的现状，找出其存在的差距，从而找出班组培训的工作需求。再结合员工个人职业通道和职业生涯的发展规划，以及员工个人合理的培训需求，进行有效的分析整合。要进行班组“差异化”培训需求分析，还要对班员的年龄、性别、工作经历和工作年限、学历、技能等级、技术职称和岗位要求进行培训需求分析。

**2. “差异化”培训方案的制订**

制订“差异化”培训方案，首先要根据“差异化”培训需求，结合企业的长远规划和当前的中心工作，制订好本部门（单位）的综合培训计划。计划内容要准确、全面，既要考虑各方面的合理需求，又要围绕中心工作的需要来制订。计划要自下而上和自上而下地进行多次讨论、听取意见，反复修改，做到针对性强，又切实可行。报领导审核后，由上级领导批准下达，再由承办单位实施执行。“差异化”培训方案的制订内容上不仅要全面，程序上也要按规定进行。

**3. “差异化”培训的组织实施**

“差异化”培训要在“差异”上做足文章。首先，在开班前要将学员能力水平接近的安排在一个班进行培训。也就是说，如果学员文化程度或技能水平差距较大时就要考虑分多班，按不同层次和要求开展培训。其次，培训师在备课时也要对学员进行充分调查，了解真实的文化知识和技能水平，选择有效的教学方法，并对所教内容进行分类准备；在培训时，要充分考虑学员的接受能力和效果，即要多采用直观易懂的教学方法进行培训。如多用图或表的形式，尽量到现场进行讲解。这样，学员才能知其然，也能知其所以然。既容易理解，也好掌握，容易取得事半功倍的效果。

**4.“差异化”培训的评估反馈**

关注培训效果是“差异化”培训的真正目的。学员对所学知识或技能的掌握程度是衡量“差异化”培训的尺子。从传统的“反应评估（一级评估）”“学习评估（二级评估）”“行为评估（三级评估）”“效益评估（四级评估）”来看，“差异化”培训的评估几乎都要涵盖。但实际工作中只要紧紧抓住“学员”这个关键点就行了，即只要看学员对知识点的理解程度和对技能掌握的熟练程度（能否熟练操作）即可。

## 6.4.2 建标：培训创新的品牌建设

培训创新的品牌建设，除了通过差异化的定位进行品牌塑造以外，还需要通过建立培训创新的标准化系统。通过对标准的建立，实现培训品牌的内涵由抽象化的概念具象为创新化的建设标准。

**1. 设置具有针对性的培训课程**

在培训内容设置时要充分尊重企业的实际发展情况，层次分明且齐全地准备各类培训课程材料，对员工的个性需求进行充分考虑，根据培训对象的不同做好培训内容的合理划分。同时，要坚持与时俱进的原则，加强与时代发展相结合，合理安排和调整教育培训课程内容，做好内容的及时更新优化。在开展企业教育培训过程中，要坚持人性化原则，设置具有针对性的培训方案，明确个体和岗位特点，将员工专业知识、技能水平全面提高，实现企业人力资源管理优化、人才综合素质提升的效果。

**2. 增强综合素质教育的培训**

企业在开展教育培训过程中需要重点关注两方面的内容。一方面，要加强培养员工的职业素养。想要将企业的凝聚力和向心力提高，共同为长远发展而努力，那么就要提升员工的职业素养水平，让员工能够自觉遵守职业规范，将员工的道德情操和道德品质提升。另一方面，应当加强培养员工的心理素质。良好的心理素质能够将员工情绪调控能力和抵抗挫折压力的能力提升，有助于员工保持良好的心理状态，在职场中抵抗不良因素的影响，落实自身工作职责充分。

**3. 合理规划教育培训需求**

企业应当根据自身发展情况和员工的个体需求合理安排受训人员和组织教育培训

工作，合理规划设计培训内容，最大化地提高教育培训资源的利用率。人力资源管理部门首先要以企业自身的发展状况为基础，科学合理地做好人员培训计划的制订，为企业未来长期的发展需求奠定基础。其次对各个部门的教育培训需求进行系统的调查分析，详细调查了解不同部门、不同岗位的工作具体情况和需求，明确教育培训的重难点，然后根据企业具体情况做好参与培训人员的选择和培训方案的制订。最后应当加强了解人员自身教育培训的需求。企业在规划设计阶段需要对工作人员的能力、兴趣等各个方面进行全面调查了解，制订不同的培训方案，保证培训内容适合人才队伍的整体培养。

**4. 完善教育培训考核评估制度**

企业应当做好考核评估体系的合理制订和优化，采用规范化和制度化的方式开展教育培训工作。一方面，完善奖惩机制和考核机制，将工作目标和考核标准进行明确的设置和规范，并且科学地评定教育培训人员的教育培训情况，将考核结果结合职位的变动、薪酬福利等方面因素，从而提高员工参与培训的积极性。另一方面，做好培训评估体系的完善优化。企业应当严格把控教育培训实际效果，加强收集、整理、分析反馈信息，科学地指导和调整教育培训工作。

## 6.4.3　充实：完善培训创新的项目内涵

互联网时代背景下，部分企业传统的培训模式可能未跟上现代培训的发展步伐，加快完善网络背景下对培训内涵的创新势在必行。在培训系统的每个环节，都可以引入互联网技术，以弥补传统培训模式的机械性和不足之处。

**1. 培训思维的创新**

思路决定出路，思路即思维方式。是否有创新的培训思维是影响当今企业人才培养的关键。培训工作者需要思考，如何从海量的大数据中聚焦，集中到一个点上发力做好培训，达到应有的培训效果，有哪些方面是可以改进、突破甚至颠覆的。比如：是否还需要年度的培训规划，是否还需要长期的员工职业发展规划，是否还需要长期的建立体系化的岗位课程体系，培训就在手机上进行是不是可行？等等一系列的思考。

**2. 培训形式的创新**

创新传统培训单纯依靠线下的开展方式。积极开发微课件，开辟培训微观力量的构建。将常规培训项目推向网络培训和移动学习，使有需要的人能够在零散的时间内自由学习，在培训项目计划时不需再统一组织培训。加强基于网络技术的场景化学习是现场培训的有效方式。利用网络技术模拟和虚拟现实工作场景，在训练过程中以多维、三维图像的形式呈现真实问题，使得工作场景能够让培训对象清晰地观察和体验。

#### 3. 培训考评的创新

考试是检验培训效果一个必要的环节。在传统的电力企业培训中，通过闭卷考核的方式来检查员工培训情况，往往容易引起员工的厌恶。在当前的互联网时代，需要进一步创新评估方法。大数据分析显示，在移动端、手机上一个题目接一个题目的考试方式更能让学员所接受。可以使用手机客户端、平板电脑等评估工具建立在线评估，考试题设计成交互式的，互动性的，比如：抢答、随机抽、答案非唯一等，不仅可以提高学员的接受度，还可以综合保证评估结果。

#### 4. 培训视野的创新

电力企业培训应逐步调整传统教学模式，结合国际标准培养专业人才，使学员具有国际视野，以及能够具备多元文化背景、先进生产力所需的知识素质和能力。

#### 5. 培训运维的创新

企业培训项目的运维基本都是依靠企业的人力资源部门开展进行。传统企业组织中的 HR 习惯于运用培训制度、管理办法来约束学员，而创新的培训运维要求将 HR 从一个培训的管理者转变为一个培训的策划者、设计者、运营者。这种认知的反差来源于 HR 对培训角色有了更深层次的认知，由以前的旁观者变为了现在的参与者，由以前的组织者变为了现在的经营服务者，体现了出用户至上的互联网服务意识。

对传统的事物进行创新其实并不难，关键在于是否拥有对当前事物进行质疑的勇气，是否拥有打破砂锅问到底的执着。异类，看似一个贬义词，但在互联网创新的时代，异类往往是用来表扬、赞美有逆向思维，敢于挑战、改变世界的那一群人。也正是因为有这样一群人，让创新遍布世界各个角落，企业培训的创新也包含其中。

### 6.4.4 宣传：培训创新品牌的包装宣传

中国有一句广为人知的古话：“酒香不怕巷子深”。然而时代发展到现在，移动互联技术使得信息的渗透无处不在，以至于巷子都快没了，但酒的广告仍然铺天盖地。为什么？

因为没有广告，人们不知道，不知道就不会喝，没有喝就不知道你的酒到底香不香。

同样的道理，互联网时代的培训行业从业者在组织中要开展一项培训工作，一样也需要对培训项目进行包装宣传。

如果培训项目不做宣传，打动不了管理者，他们不批预算，三请四求也没用。

如果培训项目不做宣传，吸引不了学员，他们参与性低，苦口婆心也不来。

如果培训项目不做宣传，烘托不了氛围，实事做了不少，内部抱怨一大堆。

在互联网时代从事培训行业的工作者，一定要把培训的价值充分挖掘出来，才能让培训工作越来越高效。而培训其实是一个常做常新的工作，没有固定的套路，包括培训的包装也一样。

（1）培训内容的包装，永远是第一位的

如果内容能够解决员工在工作中或职业发展中若干重要的问题，这样的培训项目一定会受欢迎。现在社会上很多的培训项目广受追捧，其背后不是没有原因的。有人希望解决问题，有人希望提高自己某方面素养，或者是为了考证，或者是为了认识某些特定圈子。这就要求培训从业人员，首先要有对热点需求的敏感性，大到如国家政策对相关行业走向的影响，小到某些薪酬制度调整对员工的影响等，要让培训有“热度”。同时，培训从业者还要具有营销人员的意识。可以在业余时间多看看广告，分析为什么好的广告能吸引人，他们击中了人们的哪些诉求点。

（2）培训讲师的包装在好内容的基础上如虎添翼

公司董事长、CEO、VP 亲自讲课，学员们为什么爱听？技术大牛讲课，学员们为什么爱听？如果职位不高、专长又不突出，怎么能让讲师显得与众不同？只要用心挖掘，一定能找到亮点，否则就是找错讲师了。对讲师进行包装，一定要让讲师有荣誉感。当然，这种包装必须在真实的前提下。

（3）学员的包装要求学员既“倾听”又“分享”

培训有没有用，关键看学员从这个培训中获得什么“好处”。培训项目的好坏，光靠培训管理者单方面宣传是无效的。有多少学员培训后获得晋升，有多少人业绩产生了显著变化，这才是实打实的收益。另外，现在的学习，都非常强调学员间的相互交流，所以培训项目对学员一定要筛选。要求参训学员在学习过程中既要“倾听”又要“分享”。要让学员在项目中有展示自己的机会，让学员觉得通过培训还有很多证明自己的机会。

（4）培训形式的包装要不断在形式上进行创新

培训不仅仅是课堂教学一种形式，拓展训练、体验式学习、行动学习、读书分享会、比赛、模拟扮演、自拍教学片、辩论赛、模拟商业大赛等，这些都是可以用来发展学员的手段。培训项目其实有时候和电视节目很像，需要时不时在形式上创新，让学员始终有“一探究竟”的欲望。

## 【疑难问题】如何打破网络培训“叫好”却不落地的困局

网络培训虽然有着高效、便捷、碎片化、形式灵活等诸多优点，却有着不系统、不深入的天然劣势，也被传统线下培训专家诟病为“叫好”却不落地，如何打破这种困局？

**【疑难解答】**

针对以上情况，笔者认为应从以下五个方面来进行化解：

**1. 优质的课程内容**

优质的课程内容是保障线上学习落地的基础，没有好而实用的内容，始终是无法留住学员的，毕竟没有人愿意把时间浪费在做无聊的事情上。所以，不断完善与丰富线上教学平台的课程内容，提升线上课程内容的针对性与实用性。并通过萃取制作企业自己的优秀课件上传到教学平台，让教学内容更贴近业务，对学员来说更有价值。

**2. 线上线下一体化教学**

单纯的线上教学很难真正满足学员的系统性、深入性学习。线上的课程一般以知识性、技能性课程内容为主，对于需要小组研讨交流、深入反思的业务专项主题学习以及需要反复实践操作类课程一般以线下学习为主。只有线上线下一体化才能真正推进培训效果落地，不能指望通过线上教学全部取代线下教学。

**3. 学习机制的建立**

作为一个企业内部线上培训平台，若没有略带强制性的学习机制，往往会走下坡路，以至于销声匿迹。

首先，通过有效的考核与监督机制促进学员的学习，可采用以下四种方式来实现：

①每个月指派给员工一门主推课程和基础课程，要求在月底前学完。线上学习平台管理员每个月月底统计完成率，并上报各部门负责人。

②每周一门主题课程，完成了学习的员工才能解锁下周的主题课程。

③学习与员工绩效奖金挂钩，采用必修＋选修＋考试学员管理制度，设计详细的学习和考核政策，并将管理办法通过文件下发到每个人。

④设置商品兑换制度，每个月学习时长达到两小时以上的学员，才有资格兑换商品或者学习积分。

再次，可通过一定的激励机制，激发学员的积极性。

①设定积分制度。通过登录、学习、考试、参加活动等获得相应积分，积分可兑换为金币，通过积分商城进行消费。

②荣誉奖。每月设置荣誉奖学金制度，每个月学习时长和完课率综合最高的学员将获得相应的奖励和本月“学习王者”称号，并在学习平台进行公示表扬。

③团队奖。每月进行积分排名，针对个人、团队、团队负责人前三的学员或团队进行一定的奖励和公开表扬。

**4. 数据管理的闭环**

如果企业的学习制度建立起来，但不能及时跟进学员的学习情况，那也只是在做着有头无尾的无用功。

①周报—关注数据：课程学习完成情况、班级排名、公司排名。

②月报—关注数据：课堂学习完成情况、班组排名、考核成绩排名、积分情况。

③日常—关注数据：积分情况、活动参与率、人均学时、资源使用情况、学员反馈。

数据跟踪一定要落地，可通过内部邮件进行通报或在学习平台进行曝光，让各部门负责人以及所有学员了解整体学习情况。再者通过定期的数据分析，培训人员可及时发现问题所在，并采取相应的解决措施。

**5. 运营活动的激活**

有软有硬，才不至于使学员产生抵触情绪。可通过有效的学习活动运营来提升学员的学习参与性与自主性。

①竞赛类活动：根据每个单位的特性，组织有针对性的学习活动，如微课大赛、PPT 训练营、知识竞答、学习达人 PK。

②分享类活动：挖掘学员最实用的内容，沉淀知识、共享知识，如国网创新管理案例征集、企业文化故事分享、红色主题故事分享。

③学习类活动：通过活动的形式，激励学员积极学习。如学习闯关、学习达人秀。

# 第七章
# 系统方制胜：网络培训体系搭建与效果推进

持续有效的培训需要培训管理体系的支持，落后的培训管理体系会阻碍人才的成长，影响企业的发展。优秀的培训管理体系，能够使企业各层级人员得到能力上的提升，加强企业的凝聚力和员工的归属感，从而促进企业的良性发展。

# 7.1　企业网络培训体系的搭建

通常意义的培训体系可从狭义和广义两个角度来看，狭义的培训体系包括培训目的、培训需求、标准化的培训内容、标准化的培训形式、培训评估、内训师的培养机制等方面；而广义的培训体系则包括新员工的入职管理、培训流程管理、管理人员开发流程、晋升管理、绩效管理、职位设计、生涯规划、企业文化设计等方面。

当前培训行业正面临着新旧交替的时代，传统培训体系与互联网＋时代的培训体系对比，见表 7-1。

**表 7–1　传统培训体系与网络培训体系特点对比**

| 内　容 | 传统培训体系 | 互联网＋培训体系 |
|---|---|---|
| 课　程 | 内部＋适量外部资源 | 无限制 |
| 讲　师 | 内、外部结合 | 内部＋外部＋网络资源 |
| 需　求 | 公司＋岗位＋个人 | 公司＋岗位＋个人 |
| 计　划 | 来自需求＋预测 | 更个性，更零碎 |
| 实　施 | 计划＋变化 | 随时随地 |
| 评　估 | 四级评估<br>三、四级较难操作 | 较难 |
| 方　式 | 课堂培训＋在职培训<br>（面对面） | 在线＋课堂＋在职 |
| 特　点 | 自上而下 | 自助＋咨询＋顾问 |

## 7.1.1　企业网络培训体系搭建的内涵

企业中一个完整的培训体系包括：培训课程体系、培训讲师管理制度、培训效果评估和培训管理体系四部分组成。培训体系的建设是一个艰难的过程，它要与企业的经营管理过程相融合，如果不能将培训体系建设融合到企业的经营管理过程中，就会导致企业培训效果大打折扣，甚至会起到反作用。因此，培训体系的建设会涉及企业的各个部门，需要各部门的全力支持。传统培训体系与互联网＋时代的培训体系的优缺点见表 7-2。

表 7–2 传统培训体系与互联网 + 时代的培训体系优缺点对比

| 内　容 | 传统培训体系 | 互联网 + 时代的培训体系 |
| --- | --- | --- |
| 优　点 | 方便管理、与业务挂钩密切、受外界干扰小、面对面沟通、权威性 | 成本低、资源丰富且共享、与个人爱好挂钩密切、学员积极性更容易调动、虚拟化 |
| 缺　点 | 封闭性、应变差；资源受限、成本高；瓶颈效应（高层、中层及培训管理者）、学员积极性难调动 | 较难管理、易偏离业务、信息量太大、效果难评估 |

互联网 + 时代下的培训体系搭建的主要意义是培训平台建设，每个环节上人的角色都有着相应的转化，员工的角色由原来的被动接受学习的状况转化为主动参与学习的状况。培训管理者也由原来的绝对权威管理转化为信息管理者、协调人和顾问的角色。其核心是为了打造一个终身学习管理体系。

对于网络培训体系的搭建方面，需要从两个层面着手。一方面是管理上，要建立长期性的平台，信息数据共享化，学员的学习档案管理，与员工的人生规划或职业生涯规划相结合的课程开发、咨询与辅导的体系；另一方面在实施上，要让学习的时间化整为零，碎片化管理，开发和运用各种多媒体工具，结合内部与外部的网络资源，让员工的学习可自助化，增加一定的娱乐性，更好助力员工运用平台。

## 7.1.2 网络培训制度体系建设

严格来说，培训就是管理，是企业管理不可或缺的组成部分，是人力资源的资产增值。通过良好的培训工作，可以让员工提升技能、达到“人、事”相匹配，也可以打造成为学习型的组织。而企业的培训政策是为企业培训框架做出了权威的指导性方向，但要想彻底地贯彻企业的培训政策，必须要有一定的制度作保障。以规范化、系统化的方式来保证培训沿着正确的方向，深入、持续地发展下去，从而保证培训能够发挥最大作用。将培训政策层层分解，落实到细处，就形成了相应的制度。网络培训制度体系包括：培训保障制度体系、培训管理制度体系、培训评估制度体系、培训档案管理制度体系、培训运营制度体系等，如图 7-1 所示。

（1）培训保障制度体系

该体系包括岗前培训制度、培训奖惩制度、员工参与培训制度、培训设施保障制度等。

（2）培训管理制度体系

该体系包括培训人员管理制度、培训计划管理制度、培训实施管理制度、内部讲师管理制度、员工学历教育制度等。

（3）培训评估制度体系

该体系包括培训考核制度、培训奖惩制度、培训跟踪辅导制度、培训风险管理制度、培训学历教育制度、职业资格认证制度等。

（4）培训档案管理制度体系

该体系包括培训部工作档案制度、受训者培训档案制度、讲师档案管理制度、培训协议归档制度以及其他与培训相关档案制度等。

（5）培训运营制度体系

该体系包括场地选择（包括 E-learning 在线学习平台，培训室等）、教学设备（如投影仪，LED 屏）、培训资料（如员工手册，岗位职责说明说）、教学现场管理以及培训支持人员等。

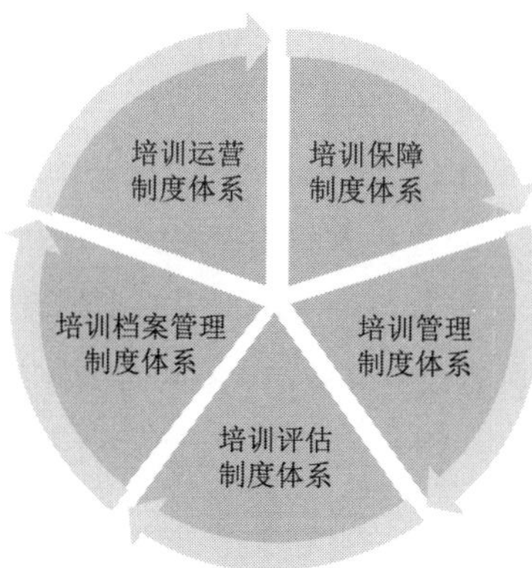


图 7-1　网络培训制度体系建设的五个部分

## 7.1.3　网络培训讲师体系建设

网络培训做得好不好，培训讲师是其中非常关键的一环，培训讲师的好坏将直接影响培训效果。企业搭建自己的网络讲师团队，建立完善讲师体系显得至关重要。组建企业培训讲师团队组建的目的是满足本企业个性化的培训需求，追求最优的培训效果，讲师团队是组织进行培训体系建设重要的组成事项。培训师自身的水平高低对培训效果有着直接的影响，因此，企业在开展员工培训时都会选择优秀的培训师。

目前大多数企业培训讲师队伍的建设有这样一些共同特点：主要来源于内部的正式员工，多数未接受过 TTT 的训练，有的还并非自主选择；主要的工作方式上多数是采取兼职开始的，因此会面临时间、工作职责上的冲突；课题的开发来源方面，接受培训管理部门的统一规划较多，自主性有限；课酬方面，主要以福利津贴为主，不能参照外部市场价。

经过许多企业开展内部培训师培养的成功经验来看，有效的讲师团队养成体系主要包括以下三个方面：培训讲师的选拔、内部讲师的培育、内部讲师的管理。

**1. 培训讲师的选拔**

选拔培训讲师的原则是：宽进严出、先松后紧、明松暗紧。要准确把握不同类型讲师的优缺点，更好地契合企业培训项目的特征与需求。

企业讲师来源主要分为两部分，外聘和内部选拔，无论外聘还是内部选拔的讲师均是有优劣的。外聘讲师的优点主要体现在可以带来更多行业内及其他业态的全新理念；培训氛围更好，更好地促进学员的培训效果，也可以提高培训的档次，提升组织内的重视程度；外部的师资可选性更广，获得优质讲师的资源更为便捷。缺点则是成本相对较高；讲师对组织和培训对象了解度不够，可能会降低培训的适用性。

内部讲师的优点是对内部组织与培训对象更为了解，培训的适用性比较可控；讲师成本较低；组织内部需求及问题各方面比较熟悉，有利于增强培训效果的转化。缺点则是内部讲师选择面较窄，可选范围更小；内部讲师看待问题受组织文化及环境影响限制，高度不够；内部讲师难以树立威信，有可能影响培训对象的参与度。

**2. 内部讲师的培育**

内部讲师的管理归口部门为人资培训管理口，为了不断提高内部讲师的授课水平和培训的质量，人资培训管理部门需要不定期地持续开展针对性的培训，并根据培训的内容设定培训频次。

内部讲师培训的基本内容包括：课程开发的要领、授课的方法技巧、指导教学计划的制订等；建立共享的氛围和平台助其成长，如内部讲师分享沙龙，讲师俱乐部；合理地制订出讲师工作计划以明确他的成长方向；给予相应的奖励，并充分与职业规划相联系。

**3. 内部讲师的管理**

明确内部讲师的工作职责：内部讲师负责培训课程的开发和讲授，向企业其他员工传授知识和技能，并通过组织内部知识的共享和传播，提高组织员工的整体素质水平，帮助员工改善工作并提高绩效，有效传承企业相关技术和企业文化。

制订内部讲师评级标准：企业可以由人资培训管理部门对内部讲师进行统一的考

核，对内部讲师进行等级的评聘及评审，以保证内部讲师的业务水平，也可持续保证内部讲师的活力。

制订内部讲师津贴标准：根据企业内部的培训需求制度出台内部讲师的授课津贴。

在做好以上管理工作的同时，还要重视内部讲师的留用问题，既要强化内驱力又不能完全靠物质激励，如何平衡这种关系，是值得企业高层管理者深思的问题。这里推荐几种方法作为参考：建立讲师储备库，长期持续此项工作，未雨绸缪；知识系统管理的流程化跟进，企业知识库的标准化工作，让人的因素减弱，换人的影响性不大；签订培养合约，做好服务捆绑；参与战略决策，优秀者可作为内部顾问的角色，促进创新的积极力量。

## 7.1.4　网络培训资源体系建设

变幻莫测的 VUCA 时代倒逼着企业的人才需求不断升级，对企业数字化资源建设要求也在升级，企业的人才培养面临着极大挑战，在内容上需及时更新，从而更快响应企业变革或转型的诉求。在形式和效果上，也要求更灵活便捷，满足员工碎片化学习需求，且力争更好的学习效果。如何顺应时代之需，做好助推企业人才发展的数字化学习资源建设，是当下较迫切的问题。

通常而言，一个企业的数字化学习转型，离不开数字化学习平台搭建，学习内容的建设、学习项目的设计和运营。数字化学习内容建设，必须紧贴员工业务需求。对此，企业大学或者培训部门一般采用内部开发和外部引进相结合的方式，建立完整的课程体系矩阵。

企业自建通用课程，需要调用的人、财、物成本较高。另一种方式就是企业可以根据培训的目的，内部员工的需求情况，能力胜任等进行分析，或根据自身行业的特点，选择合适的通用类型的课程内容。定制课程则针对专业性非常强的课程更为合适。例如：制造行业等违反安全生产规定的不当操作类课程必须要有严谨的开发流程。

这些课程的开发可以参照通用的教学设计 ADDIE 模式的“分析→设计→开发→实施→评估”五个核心要素进行构建，如图 7-2 所示。定制课程需要企业和专业公司紧密合作，共同设计。作为企业培训部门的管理者需要关注几个方面。首先，必须了解整个制作流程；其次，必须和业务部门合作，知识点是课程的精华，需要非常严谨，同时跟业务部门确认，不容出错。

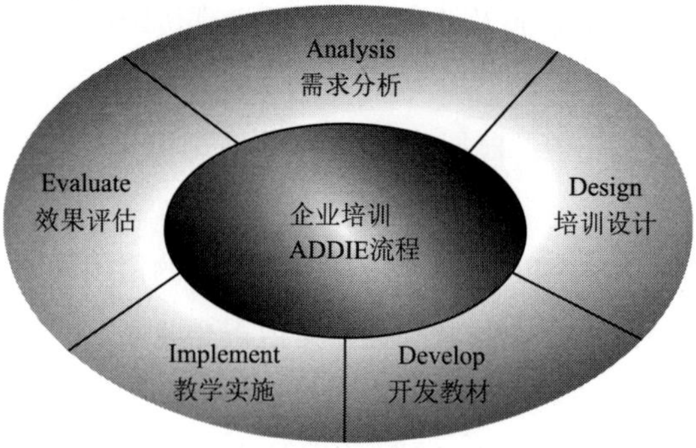


图 7-2　企业培训教学设计 ADDIE 流程

与此同时还应当考虑到，每个公司有不同系列的课程，需要多元化的呈现，才能让员工更愿意去学习，并且学习效果更佳。课程的表现形式有很多，比如动画、视频、H5、长图等。动画又分图文动画、情景动画，视频又分操作片、微电影等。课程用什么形式呈现和应用场景及相关预算等都有关系。

除了外部课程资源整合或定制开发，还可以通过内部员工开发一些课程，比如可以用在线微课制作平台来实现，通过简单的培训就能实现。在线学习平台作为企业员工开展场景化、移动式学习的重要场所，数字化学习平台搭建不仅可以解决大量的学习内容无法整合、开发呈现的难题，更能助力企业加快培训科技赋能的探索。数字化学习平台目前对于很多企业来说是一个课程和考试的载体，实际上，数字化学习平台可以作为所有培训工作的基础，让所有培训的前、中、后数据化、信息化，同时承担内容载体，流动渠道，评估系统，共创平台等一系列培训机能。

## 7.2　网络培训效果评估与追踪

整个培训项目过程中，想要更好控制培训效果的落地转化，又不造成培训费用的过多浪费，我们需要更多地关注员工在培训过后有多大程度的行为改变（或者改进）。因此，为了确保培训效果，及时了解员工实际操作和相关知识掌握情况，就需要我们对培训对象的每一个培训项目进行后期评估与跟踪，及时改进员工的不足之处，这也贯穿于培训始与终，使培训能达到预期的目的和有效性的重要工作。

一般来讲，常规培训效果评估分为三阶段：培训前评估、培训中评估和培训后评估。

培训前评估的方法主要有，问卷反馈法、观察法、理论考试法、实操测试法、访谈法、资料分析法，如图 7-3 所示。

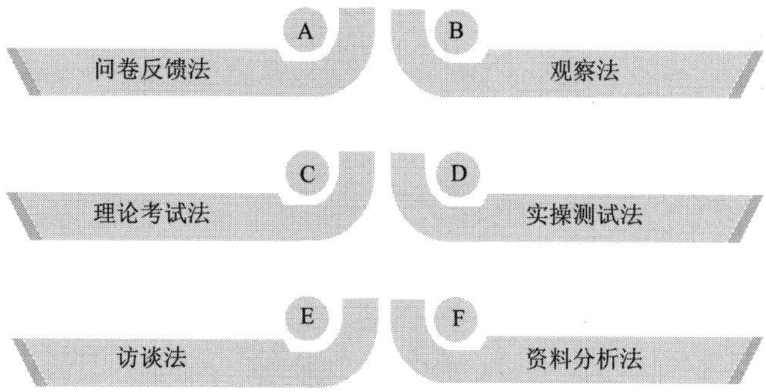


图 7-3　常用的网络培训评估方法

培训中评估主要包括：培训活动参与状况、培训课程内容、培训进度、培训单元部分的效果、培训的环境、培训组织状况以及参训学员的学习情况。

其中尤为需要关注的三个方面：第一是评估课程内容中的课程目标的明确性、可量化、课程内容与需求的匹配程度、课程内容编排的合理性，理论知识浅显程度，案例互动环节生动有趣。第二是讲师的职业形象，课程时间的掌控程度，沟通技巧的掌握程度、激发学员兴趣的能力，对课程内容的驾驭程度，培训工具运用熟练程度。第三是培训组织方面，培训时间安排的合理性、培训现场的服务水平、培训材料和通知下发的及时性，培训辅助工具和材料的准备情况。

培训后的评估方面：培训目标达成情况评估、培训效果效益综合评估、培训相关工作人员绩效评估。有一部分的企业培训管理人员将培训效果的评估与追踪，简单地理解为参训员工在培训结束后填写一下问卷表之类的动作，问卷的内容无非是课程内容、讲师的教学技巧、学员是否得到一些收益等。这只是让学员简单地回顾一下培训时的场景。此类的做法往往收效甚微，甚至会出现一部分的假象。

## 7.2.1　网络培训效果评估

网络培训评估是运用科学的理论方法和程序对培训的主体、培训的过程以及实际效果的系统考察。培训效果评估是培训流程中最后一个环节，是组织管理中对培训工作的修正、完善和提高的重要手段，也是员工培训流程中必不可少的组成部分，既可以对培训组织部门的业绩做出评价，也可以更好地了解员工接受培训的效果如何。同时也是对培训的投入产出的收益进行定性的统计分析的基础，为企业人力资本投资和管理提供了有效的依据。

培训评估还能帮助决策者做出科学的决策，在不同的培训项目之间做出科学的选择，确保培训项目实现所确定的目标。尽管评估的工作位于培训流程的末端，但评估的工作不是在培训结束后才开始的，它要贯穿在整个培训体系流程的始终，也就是说，我们所做的不仅是对结果的评估，也是对整个培训过程的评估。

从评估的难度和深度来看，要想做好培训前、培训中、培训后全过程的效果评估，可以参考柯式四级评估模式进行反应评估、学习评估、行为评估以及成果评估，如图 7-4 所示。

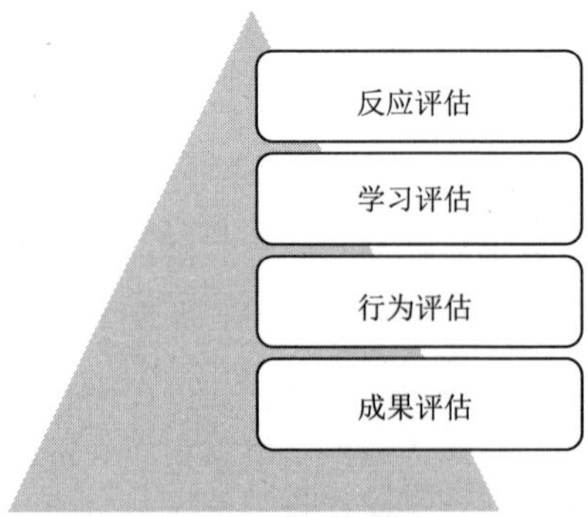


图 7-4　柯氏四级评估

第一，员工培训反应层面。在此我们先要了解学员对培训项目的反映，通过学员的态度、情绪、意见、互动情况等来总结他们对培训设施、培训方法、培训内容和培训讲师的看法。这个过程中可以采用问卷调查等方法，以此掌握学员对培训项目的主观感受。

第二，员工培训学习层面。这个层面的评估主要是针对学员在知识、技能、态度的学习情况，通过卷面或实际操作来了解学员在学习前后，对于在培训中涉及的一些理论知识和实际技能有多大程度的提高，这种对学员实际学到知识的评价可以直接检验培训效果。在制订评估问卷的问题时要与培训目标、参训学员的培训内容、培训的主要因素、培训的环节（如培训讲师、培训场地）紧密相连，评价结果要容易量化，并应鼓励参训学员真实反映其培训结果。

第三，员工培训行为层面。这个层面评估的是学员所学应用于工作的情况和学员的行为改进的情况，评估中可以通过跟踪调查，由学员的上下级和同事判断其在工作中对所学的应用情况，包括工作态度、工作表现和分析解决实际问题的能力这个层面的评估也可以综合员工个人的自评。

第四，员工培训成果层面。这个层面要评价的是培训为公司带来多大程度的效益和效率的提高，一般来说，可以从两个角度入手，一是员工个人绩效的提高，二是组织绩效的提高。

培训效果的反馈还可以通过以下渠道来获取。

培训讲师的反馈：课程的有效性和可信性、课程修改建议。

参训学员的反馈：课程内容、授课方式、教材质量。

培训专家的意见：课程设计、内容、课题设计、教学方法的选择，评价技巧的使用等。

## 7.2.2　培训后的落地式推进

可能某一次企业培训活动的课程设计很完美、知识图谱非常严谨，或许课程的现场呈现力也非常到位，但培训结束后，学员不能在实际工作中去应用所教所学的内容，那前期的努力也将全部归零。实际上培训没有效果的一个重要原因是“从知道到做到”的最后一公里是否有效打通。培训课后的跟进落地可以从以下三个方面来进行：

①建立学分制：给参训的学员进行逐一建档，记录作业的学分并最终测算学员的学分，将学分与绩效、晋升等紧密挂钩，让学员感觉培训有一定“通关”压力，又有职业通道晋升的“荣誉感”。

②设置学习的频率：基于任务的难度系数及遗忘的时间频次，对所有培训的课程知识点进行次数与时间的测算，做好整体的规划。

③运用不同形式的方式：视频资料、工具表单、练习说明书，结伴学习及交互式自学等方式。

在以上这些方面都完成后，可以对学习项目的运营进行有效管理。依据这样的方式，再去设计学习项目时，即可大大提高学员的行为目标，一般来看 80% 的学员均可以达到预设的目标。

培训后的落地离不开持续的培训跟进与辅导。培训跟进的工作内容包含培训档案的建立和相关信息的录入、培训相关信息沟通、培训行政和纪律管理、培训管理人员选派、培训效果跟踪、培训作业和完成情况管理，培训对象的出勤管理。培训的主管部门需要设置专门的培训跟进负责人，负责培训跟进工作、使培训跟进管理落实下去。

同时要求培训对象的上级参与培训跟进的管理工作，将培训跟进工作，作为长期的管理任务来抓，在管理制度上，使培训管理制度化。培训结束后分两部分进行定期跟进，一是参训学员的直接上级，了解参训后的工作行为、工作技能及相关知识等方面的改善情况，另外就是培训主管人员定期与参训人员的直接上级沟通，了解参训后的工作效率与业务绩效的改善情况。

### 7.2.3 网络培训效果追踪方法

企业的发展离不开培训，培训不仅是员工的福利，更是助推员工成长的原动力，企业组织既要建立培训体系，更重要的是还要建立培训效果追踪评估体系，它既是对培训过程的一种总结，更是对未来培训工作进行总结提高的重要环节。通常情况下，企业的培训管理人员对培训效果的细节进行有效追踪，一般有六个步骤。

①培训管理人员需要熟悉员工通用技能的典型行为描述，编写“员工参训前行为量表”。

②培训管理人员可以与参训员工的直接上级沟通并相互配合，完成员工参训后对典型行为事件的观察和度量。

③培训管理人员为员工选择较好性价比的面授课程，或针对性推荐在线学习课程、自学参考资料、工作辅导等方式来缩减员工典型性行为的差距。

④培训管理人员与参训人员的直接上级相互配合，通过对员工参训后行为观察，来完成绘制“员工参训后行为量表”折线图。

⑤培训管理人员对折线图上出现的异常状况进行分析，找出员工实际行为与期望行为之间的差距，找出员工异常波动的原因，并采取相关补救措施，再有针对性地与员工沟通。

⑥当再次确定仍需强化培训行为后，培训管理人员可以与员工进一步沟通继续学习的指南，方便员工随时随地，反复地进行学习。

培训效果跟踪做得越详尽、越有根据、越有分析，对培训工作就越有帮助。但针对培训管理人员有限制的情况，要想做到事无巨细，那工作量太大，甚至影响到正常工作的开展。对此，培训管理人员可以做到重要人员的针对性和关键性岗位人员的针对性效果跟踪。“大处着眼、小处着手”让培训效果的跟踪尽可能做到位。

## 7.3 培训课程落地的转化

培训转化是指将培训中所学到的知识、技能、态度等，运用于工作的过程，主要包括将培训内容推广到工作中，并实践所学的内容。培训成果的有效转化，是产生培训效应的关键。经过研究发现，受训人员的培训转换与否，取决于刺激信息和反馈，转化效果取决于受训人员恢复所学技能的能力。

通常情况来看，有八个方面的因素会直接影响到培训课程的落地成果转换，即自我管理能力、旧行为的惯性、自然遗忘、运用所学的机会、同事支持情况、管理者支持情况、转化氛围、技术设备支持。

### 7.3.1 促行式评估：跨越知行鸿沟

《论语》云："学而时习之，不亦说乎？"自古以来就说明"学习"是由"学"和"习"两个部分构成的。学的部分是对知识的理解，是知道的部分；而习是对知识的转化，转变为行动的部分。"知"与"行"之间看似乎是一体的，但两者之间有着很深的鸿沟。知易行难是真理。学习是一段从"知道"到"做到"的旅程，验证是否达到真正的学习效果的最直接可视的标准是改变自己的行为。

人们大部分学习知识的渠道方式是从书籍、影像、培训、视频中获取的。我们很多时候在信息的"汪洋大海"中感觉自己汲取了大量知识，但是又有多少知识技能真正会去进行转化和运用呢？在"知道"与"做到"之间，总感觉会有一道坚不可摧的鸿沟，阻碍着我们。

**【操作案例】一次没有结果的促动计划**

D 经理所在的某大型制造型企业，半年前给新任主管开展一次晋升培训，这些主管资历背景差别较大，经过连续一周的封闭式培训后，所有主管回到所在部门，按照行动计划开始进行培训成果转化。

三个月后，D 经理跟进行动计划，开始收集培训评估数据，结果发现，业务部门负责人抱怨行动计划太烦琐，加之工期紧张，没时间实施，新任主管反馈老师的方法很好，但回到岗位发现，很多问题并不是按部就班就能解决，也没有任何人给到帮助，无奈之下也就放弃了行动计划。

D 经理很纳闷，当初培训考核方案由培训部门完成后，也是各业务部门负责人都看过的，没有表示异议，怎么真正实施起来就那么难呢？

其实，这种现象对很多培训管理者来说并不陌生。很多培训项目最终要实现成果转化，其不可或缺的一个环节就是对培训效果进行评估，柯氏四级评估虽然为我们提供了评估维度及评估标准，但真正落实到企业实践中，还需要培训管理者灵活应用。

结合上述案例，可从以下四个角度进行思考，如何有效地运用评估技巧，在企业内部推进促动行为的培训评估方案的落地实施。

（1）角度一：紧贴业务发展需求

正如我们普遍认可的那样，培训的最终目标是要帮助企业改善绩效成果。培训项目从界定培训需求开始，就应当紧密围绕业务发展的需要。培训考核方式应当与业务发展需求保持高度的一致性，无论是学习层评估还是行为层评估，真正能够促动业务部门配合的理由，是能直接看到产生效果的成绩。

就这点来说，新晋培训与操作技能类培训就存在较大差异，如果行动计划中包含了如何授权、如何进行团队激励，有效帮助业务部门提高生产效率，那往往就会获得业务部门的大力支持。

（2）角度二：提升培训评估体验

可能提到培训评估，有些培训管理者就会想到笔试、口试、实操演练等，也可能会想到制订行动计划、辅导方案、团队作业等方法。

对于培训评估体验而言，从制订培训评估方案之初，有经验的培训管理者应当已经能够预测到可能实现的结果。围绕培训项目目的与目标，尊重不同学员之间可能存在的学习差异，制订有效的评估方案，更能激发学员的实践意愿。

如上述案例中提到的，学员资历背景差异较大，因此如果只是单一使用笔试法来进行评估，往往不容易得到理想的考核结果，而是可以考虑穿插使用角色扮演、情景演绎等方法，促使学员将既有经验与学习内容进行混合应用，提升培训效果。

另一方面，改变传统纸质笔试形式，而采用在线测试，灵活使用碎片化时间，在实现预期目标的同时，最大程度地降低培训对业务部门日常工作的影响。

（3）角度三：创造良好应用环境

说到培训效果落地，很多人都熟悉一句话叫“听听感动，想想激动，回去一动不动”，这个“一动不动”是由很多原因造成的。其中之一，就是学员回到岗位以后发现，学与做完全是两码事。

一方面，有些培训管理者将培训评估节点设置在培训课程之内或结束之时，使学员完全脱离了应用环境而实施了评估，完全依赖于学员自主、自发地使用相关技能、技巧。

另一方面，虽然制订了行动计划，但没有及时给到学员后续支持或资源协调，没有为学员创造培训成果转化的应用环境，使得学员行为转化的意愿断崖式下降，甚至放弃执行行动计划。加之部分企业业务部门对培训评估理念的滞后或不支持，均对培训评估落地产生了消极影响。

因此，应当在企业内部营造良好的学习氛围。在培训评估方案设计阶段，即考虑到可能影响学员行为转化的诸种因素，提前协调相关资源，创造良好的应用环境，为学员实施行动计划扫清可能出现的障碍，最大限度地提供有效支持。

（4）角度四：评估结果与绩效挂钩

培训评估落地最难实现的最后一公里，可能就是做好做坏一个样。对于培训管理者而言，培训评估结果可能是培训项目结案报告的重要呈现内容，甚至是业绩指标考核目标之一。而对学员而言，往往培训结果并不与自身或领导的绩效目标挂钩，相对来说压力较小。

因此，要想让培训评估落地，其中很重要的一个方法就是将学员行为转化与绩效挂钩。这类考核方法常见于晋升培训考核、转岗培训考核等。其实在其他培训项目中，我们依然可以采用类似的奖惩措施，有力地推进培训评估的实施与落地。

例如，有些企业应用的积分制奖励机制，优秀学员可以获得额外的积分，累积到一定数量可以兑换学习课程或其他学习资料、学习工具、委外进修等，也有部分企业直接与绩效挂钩，要求学员每年度必须完成与岗位级别相对应的培训课时数，以此来保持持续的岗位学习能力，及时更新相关的专业知识。

## 7.3.2　以赛促训：技能比赛常态化

以赛促训的目的是以培养员工的职业岗位能力为核心，提高员工的实践应用能力和综合素质，使员工的理论知识联系实践应用，获得生产技术和管理知识，增强独立工作和创新能力。为了培养员工的创新与实践能力，课程可采用项目化情境式培训，将企业中的相关流程及岗位中的技能项目融入课程的教学目标，引入还原企业工作的情境，使得员工在培训中体验式工作，形成完整的岗位胜任能力。将培训与工作情景紧密结合，实现专业技能与岗位技能对接。

培训中突出技能训练、强调互动转化，员工的实操力，真正体现了以岗位胜任力为导向，以能力为目标，以学员为主体，将知识、技能和实践一体化的培训思路。一方面，员工参加过比赛式情境化演练，可以提升自己的专业技能，检验自身的不足，不断改进学习方法，从而达到“以赛促学”的效果。另一方面，在培训教学过程中，要求培训者、培训管理者必须要积极努力提升自己的专业水平、教学能力和培训方式的多元化，通过组织员工参加竞赛项目，培养员工的创新、团队协作和综合素养，提升培训转化的实用性和针对性，激发员工自主学习的热情，从而达到“以赛促教”的最佳教学效果，实现教学相长。

在以赛促训活动开展过程中，也能够暴露出企业在自身以赛促训工作方面的一些不足之处。以下就企业组织开展以赛促训活动反馈出的问题进行分析。

①组织机构不完备。企业对竞赛培训重视不够，缺乏从上级到基层的统一协调机构，各单位、各专业部门没有通畅的沟通配合机制。参赛单位和员工多是孤军奋战，没有形成集合优势。

②硬件不配套。缺乏竞赛指导教师，实训室及其设备不能满足竞赛要求。竞赛指导教师应该是既懂专业理论知识，又具有丰富职业岗位工作经验的“双师型”员工，目前“双师型”导师普遍不足。同时，技能实训室及其设备也不配套、不完善，不能满足培训要求。

③指导教师的工作得不到认可。竞赛指导教师都是业务骨干，都承担着繁重的日常工作，指导员工参加竞赛是一种附带工作，以往他们投入到竞赛指导、训练的时间比较少，这在客观上影响了竞赛的培训质量。

④缺乏竞赛的激励措施。尽管员工都明白参加职业技能竞赛可以提高业务技能，增强个人素质，但员工参赛积极性并不高。一方面竞赛会挤占日常工作时间，加大工作强度。另一方面有的员工担心因基础差而不能获得奖项不愿报名。因而导致报名参赛的员工态度不端正，责任心不强，竞赛指导教师感到困难重重。

⑤员工缺乏团队合作经验。职业技能竞赛一般需要组队集体参加，是一个团体性的项目。要求队员之间团结协作，配合默契，这样才能确保项目的顺利完成。以往赛前集训时间不够，队员之间的配合不熟练，导致比赛中不能充分发挥团队作用，综合成绩不理想。

⑥竞赛培训与日常工作冲突。员工参加职业技能竞赛需要花一定的时间进行训练，这往往会与企业的工作安排会有冲突，对企业的日常生产会有一定影响，造成企业不愿意业务骨干参加比赛。

⑦竞赛培训缺少针对性。一是培训内容不全面，无法及时发现培训人员的知识技能短板，更多还是依靠员工以往的积累，存在吃老本的情况；二是训练强度不够，没有制订有效的过程考核机制，未在培训过程中营造高强度的竞赛氛围，造成参赛人员心理承受力不强。

### 7.3.3 管理辅导：管理者是最佳的导师

有句俗话“三流的领导当鞭子，二流的领导当指挥，一流的领导当导师”。“辅导他人，成就自己”，对于管理者来说，员工成长和快速达成任务是个人和组织成功的必备因素，作为导师更应当成为员工的学习伴侣，而不是单纯地只是授课的专家。导师要更好地去引导员工去积极思考，发现问题，而不是简单地筛选一些信息给他们。这个过程就像河流一样，最有效的引导是因势利导。

不少管理者，经常会抱怨员工不给力，做事不积极。要知道，人是最为个性化、最难以标准化的。人员管理是一个复杂的体系，作为企业领导者，怎样才能激发员工的工作热情，以下四种管理者可以为大家提供参考。

**1.“老师型”管理者**

老师型的管理者会基于他们过往的知识和经验，给员工提供指导和建议式的反馈，并亲自指导员工该如何发展。这种类型的管理者，通常被提拔到管理岗之前，在技术或专业领域给企业做出了多年的贡献。

**2.“时刻关注型”管理者**

时刻关注型管理者，会提供给员工持续不断的指导，始终保持对员工的发展予以关注，并会对他们的一系列技能给予反馈。在HR看来，这种管理者的行为，与他们理想中的类型非常接近。因为他们是这四种类型中，最专注于员工发展和能力提升的，基本将此视为自己日常工作的一部分。

**3.“连接型”管理者**

连接型的管理者，只在自己的专业及擅长的领域，给予下属有针对性的反馈；他们很善于将下属与其他人或其他部门连接在一起，以帮助他们更好地完成工作任务。比起另外三种类型的管理者，他们会花更多的时间来评估下属的能力、需求和兴趣，他们会认为员工能力的提升和发展，要靠公司很多人的协作，而并非仅仅靠他们自己。

**4.“啦啦队长型”管理者**

该类型的管理者一般不过多干涉员工的发展，通过提供积极正面的反馈，让员工去自我成长。当然，他们也会提供支持和帮助，只是不会像另外三种类型的管理者那样积极主动。

研究人员发现“时刻关注”型管理者，存在着对绩效产生负面影响的三个原因。第一，这种管理者通常认为提供的指导越多越好，但他们给予员工持续不断的反馈，很可能是压倒性甚至是有害的。第二，由于很少去评估员工到底需要提升哪些方面的技能，他们总是在与员工真实需求不太相关的话题上进行指导。第三，他们太专注于亲自指导员工的个人发展成长，以至于无法认识到自己在专业技能上的局限性，常常会指导一些自己还没有掌握充分的技能。可以尝试帮这些管理者们引入外部的一对一教练，帮助他们先提升自我认知，进而引导管理方式的逐步改变。

### 7.3.4 数字化思维：让培训落地的关键技能

按照培训管理中的“433”模型，培训有效性40%来自需求分析、目标设计、方案设计等；30%来自培训中的实施和训练；30%来自培训后的推动转化。但是实际调研的情况是，大部分人将时间精力放在了培训中。

然而，培训效果的转化（落地）才是培训工作的关键。当然落地工作不是开始于培训后，而应该在培训前。为了保证培训项目的成果有效性，在培训项目结束后设计训后转化环节，设计上主要关注五个方面的要素：练习目标、练习举措、监督反馈、激发动机、社群氛围。

**1. 练习目标：找到需要提升的技能点**

一项工作的完成所需要的技能相对多元和复杂。例如调研一位员工需要提升沟通能力（可能需要的能力提升包括沟通、人际关系、成就动机等多维度的），这个需求是个隐需求，这样的技能点颗粒度太大了，如果就此作为刻意练习的目标是很难入手的。我们以终为始来倒推目标完成的学习项目中的环节，并做出测评，再设立练习的情境和频次，就会发现个人行为的改变往往是在具体情境下养成并改变的，学习的发生也是产生在具体的情境中，所以频次的设定是要依据情境而定的。

**2. 练习举措：寻找解决方案**

在培训中我们把知识点分为有标准解决方案和无标准解决方案，对于有标准的解决方案问题，可以通过实操和训练来固化所学的知识，而对于无标准解决方案的问题，则就需要大量的行动、复盘等动作来实现。如团队分享，让知识点复习并扩散，可以形成团队共同语言，促进学习氛围的打造。还有就是例会演练，实操技能的试验场，共同演练一项技能，大家相互可以反馈，加快能力提升。最后就是直接在岗训练，让培训真正落地实操。让“21天效应”在刻意练习中培养。

**3. 监督反馈：有人监督和反馈**

学员上级要和学员就培训后落地的目标达成共识，并提供落地的环境。根据培训管理者提供的评估表阶段性地对下属进行评估，并给予及时反馈，其中包括正向的和改进的建议。

**4. 激发动机：激发落地的动机**

对于员工来说，不是培训完成就可以转化，也不是自动自觉转化学习成果，学习转化不是一件容易的事，更不是一件短时间完成的事，他们需要保持持续的动力才行，所以培训管理者和学员上级的关注、鼓励和反馈对激发落地动机尤为重要。可以采取树立标杆、规划远景、宣传等方式来进一步激发。

**5. 社群氛围：营造良好的环境**

培训管理者要鼓励大家分享自己的最佳实践，让更多的人看到改变，并影响他人或自己发生改变。如可以设计社群打卡任务、设定分享值日生或竞赛活动。学习转化是培训中最重要也是最为挑战的工作，需要系统化规划，在前期设计时就要将此考虑进来。

## 7.4　网络培训的碎片化与系统化

碎片化学习是指对学习内容进行分割，然后再对内容进行学习，具有灵活度高、针对性强、吸收率高等优点。系统化学习就是先确定要学习的知识领域，然后将该领域内的主要概念以及方法论了解清楚，再与其他知识概念关联起来，联结成一个结构体系。

碎片化学习与系统化学习孰优孰劣不好说，重要的是它们有各自的特点，以满足不同的需要。就一个知识体系的学习而言，碎片化的学习像是珍珠项链上的一个个珍珠，系统化学习则是串起珍珠的绳子。获取知识的广度可以通过碎片化学习，深度学习则需要系统化学习。

### 7.4.1　网络课程的碎片化与系统化设计

学习有碎片与系统化之分。碎片化学习从尽可能小的知识点和技能入手，关注学员对知识点的准确记忆和对技能的熟练应用。而系统化学习追求的是完整的心智与完整的学习对象，追求价值确立、能力培养和知识习得的水乳交融。

在传统的培训中，碎片化学习也是无处不在的，学员碎片化的“学”，是源于培训师碎片化的“教”。在以讲授为主的培训中，“教”是控制着、影响着“学”，“教”的方法也决定了“学”的方法。而学员的碎片化学习的行为方式正是来源于教授方式的结果。

在网络媒体技术不断发展的背景下，教学视频逐渐成为传播与共享知识的主要载体，特别是近些年来学习资源的开放化、共享化及多元化。为了可以满足碎片化学习时代的需求，各类型教育机构纷纷推出了网络微视频课程教学，而网络课程的内容设计也成为网络教学研究的重点。

网络课程的碎片化与系统化设计，对应的是碎片化学习和系统化学习两种学习模式。基于网络技术运用的碎片化学习，其自身的优缺点都相对明显，因此在进行网络课程的开发与设计时需要注意将碎片化与系统化的优点相融合，从而避免单一的碎片化或系统化设计思路。

发挥碎片化教学设计的优势，提高碎片化学习效率。网络课程的碎片化设计需要充分发挥碎片化学习所体现出的四大特点，以这些特点为课程设计时的考量标准。

**1. 学习方便灵活，受时间空间限制小**

由于学习媒体的多样性，网络覆盖率扩大，学习不再仅仅局限于系统化、整体化的正式学习。学习从课堂延伸到了课外，只要有电源就可随时随地学习，不受时空限制，更加便捷、高效。网络课程碎片化设计应避免长课时、大容量，突出强调某个知识点的重点和亮点。

**2. 提高学习资源利用率以及知识吸收率**

碎片化学习活动可以把学习内容分解，把学习资源微型化，使得学员的学习效率变高，学习资源的利用率提高。再者，学习资源的多样化，使得学员对学习资源的可选择性增加，知识吸收率也大大提高。网络课程碎片化设计应重点关注学员对“碎片知识点”的吸收效率，这才是碎片化学习的核心，而不是关注“碎片化”的形式。

**3. 学习过程更加个性化，提高参与性**

传统课堂教学采取的是单一教学计划及推进策略。班内的学员无论程度如何，都必须同一节奏地跟进。而网络课程视频就不一样了。学员可以按“暂停”键及时消化，也可以对不明白的地方来回反复听，直到弄明白了再继续。网络课程碎片化设计，要注意教学重难点的区分，重点、难点问题一定要单独成课，以便于不同学习能力的学员个性化地选择学习。

**4. 学员以及与教师之间互动性大大提高**

在网络课程的教学环节，教师可在视频讲授过程中提出各种问题，然后由学员作答，学员只有回答正确之后，视频才会继续，通过这种技术让学员在观看视频的过程中能保持精力高度集中，并全程参与到教学过程中，获得较佳的学习效果。网络课程碎片化设计需要有意识地在微课中加入与学员的互动环节，避免学员在微课学习过程中快速跳过某些学习环节。

碎片化学习在具备以上优点的同时，因为其自身的网络特性，也不可避免地存在着一定的问题与缺陷。碎片化教学无法替代课堂教育文化引领的功能。课堂教育不仅仅是知识传授，还有科学研究、社会服务及文化引领等功能。碎片化教学最能发挥作用的是在知识传授领域，对于一些实践性教学环节，不适宜采用，碎片化教学更适宜于一些知识传承类的公共基础课。

碎片化教学不利于建构学员整体化、复杂化的知识体系。由于碎片化学习把学习内容碎片化、分散化，学员的学习时间、空间具有随机性和不稳定性，直接影响了学员对整体性的知识结构的构建。在零散的知识点以及众多学习资源面前，如果没有适当的引导和提示，较难把零散的知识整合成一个完整的系统。

### 7.4.2　避免流于形式的网络培训

当前，为加强在职人员的教育培训工作，不少地方、不少行业都开展了在线学习活动。作为一种新的教育培训模式，在线学习不受时空限制，还能满足学员的自主化、多样化、个性化需求。然而，一些在职人员却视在线学习为累赘。有的在播放课件时根本不看，有的则同时打开多个课件刷学分，有的干脆找人代替自己学习，还有的甚至违规使用外挂软件以获取学分。这就失去了在线学习的本来意义，其学习效果自然大打折扣。

出现这种网络学习流于形式、走过场的现象，主要是存在两方面的原因：一是学员缺乏主动学习的积极性，二是对培训效果的考评方式太过单一。由此两点就可能滋生以“刷”学时为主要内容的形式主义。

首先，从学员自身的学习主动性来看。成人学习的特点是目标导向非常明确，即参加某一项学习，是否给自己带来某种明确的收获。例如公务员考试的考前培训，不论是线下授课还是线上学习的方式，每位学员都会认真关注课程内容，记录重要知识点。而如果课程内容与参训学员的实际工作没有关联，或者是其在某个方面的改进无法提供帮助，那么则很难引发学员的学习兴趣与积极性。

其次，再从学习效果考评的角度来看。如果网络培训项目的管理者，仅以完成培训的实际时长，来判定学习是否达标，显然太过片面。毕竟，在学习时长达标的前提下，学员是不是认真学习了，是本人自学还是请人代学，都缺乏有力的指导督促。

针对上述现象，在网络培训开展的过程中，培训的组织者需要从以下方面入手，避免将网络培训流于形式化。

一是从组织层面端正学员的学习态度。组织中的部分员工缺乏学习新知识、掌握新技能的主动性和自觉性，习惯于满足现状，自我超越、自我提高、开拓进取的决心和意志有待增强。对于这类型的学员需要有针对性地树立职业危机意识与终生学习意识。

二是需要优化网络培训课程的学习内容，着力增强培训视频的针对性，提升学习的吸引力。尤其需要注意的是，在培训组织过程中，要将业务部门与其他部门分别对待，避免大水漫灌式的学习法。

三是积极探索多种考评考核方式，将上级考核与单位考核相结合，改变单纯以培训时长为标准的评价体系。

非学无以广才，非学无以明识。在职人员只有端正态度，把学习当作一种习惯、一种素养，养成主动学习的自觉性，才能防止在线学习流于形式，真正达到提升素养、增强能力、推动工作的目的。与此同时，注重在优化培训考核、加强单位督促等方面精准着力，多措并举，才能确保网络学习发挥其应有的积极功效。

### 7.4.3 游戏通关式的网络培训课程设置

游戏是普遍存在于动物界中的。在人类的社会生活当中，游戏占有很大的比重，并且随着社会的发展而不断发展。游戏本身具有激发人类行为内在动机的特质，它是一种能够吸引人们参与其中的活动，游戏本身就具有强烈的吸引力使游戏者卷入其中。

为了增强学员对网络培训课程的学习参与度，获得更加丰富的学习体验，将网络培训课程设置为游戏通关式的形式是一种非常不错的课程呈现手法。游戏中的模仿行为如能在网络培训学习中得到借鉴，无疑将对网络化学习起到积极的促进作用。

网络游戏是在一个虚拟仿真情境下，通过完成一个个任务达成总的任务目标，在及时反馈和奖励机制的激励下，进行持续性的沉浸性任务活动，它是一个不断解决问题的过程。游戏具有高度的竞技性、仿真性和互动性。游戏化学习可以借助游戏的特性，利用游戏化的学习手段进行学习，在游戏化的学习情境中传递学习知识，学员在人与情境的交互过程中解决问题、完成任务，在内化知识的同时，体验学习带来的愉悦。

而体验学习则是一种以学员为中心的学习方式，强调学员的积极主动参与，在基于“直接经验 + 情境体验”的基础上，充分参与学习过程，通过具体经验，反思观察、抽象概括和行动应用的反复循环，在特定的情境中建构新的知识结构，强调了经验对于学习的重要作用。体验式学习等同于个性化的转变和成长，其优势在于能同时满足学员的需求和愿望。

这两者都强调了学员的高度参与和动机的激发，区别在于游戏化学习为学习者创设高度参与的情境，而体验学习需要创设促进体验学习的学习情境。两者结合应用于网络课程设计中，可以更好相辅相成，提高学习者的参与度，激发学习者的学习动机。

网络课程的学习环境可以借鉴网络游戏的环境，对学习环境中学习行为，尤其是模拟性学习行为进行特定的设计。通过设计来影响学习动机，使学习者主动地全心全意地投入到情境中，聚精会神、过滤掉周遭所有不相关的干扰，轻松完成自己的任务。

## 【案例解读】国网河南省电力公司网络培训积分制度探索

培训积分制是近年来企业进行员工培训管理的有效形式，可有效记录员工的学习过程与考核成绩，激励其学习动力，促进培训游戏化。在传统线下培训积分制管理的基础上，国网河南省电力公司积极探索网络培训积分制管理与线上研讨制度，总结为网络培训积分制管理“314 模型”，如图 7-5 所示。

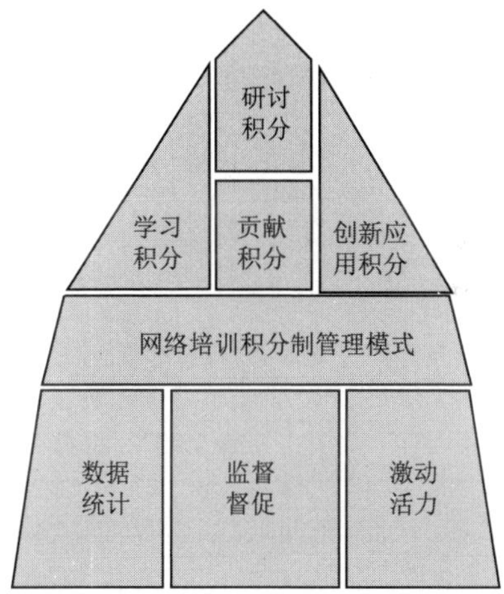


图 7-5　网络培训积分制管理“314 模型”

### 1. 三个管理目标

网络培训积分制管理的三个主要目的如下：

一是对学员的学习情况进行数据统计，记录在案。在线上学习平台可设学员学习日志数据库，即个人学习电子档案。该数据库自动、实时记录每位学员每个科目的详细学习过程，通过数据记录，可以清晰地了解学员的学习情况。如何时登录学习平台、学习时间、利用过哪些资源、与教师和同学讨论过哪些知识点、作业完成情况以及在线测试情况。

二是跟踪督促学员的学习。通过积分制管理，监督学员的学习情况，通过排名 PK、公示等方式，督促学员持续学习，以达到理想的学习效果。

三是激励学员的学习活力。线上学习是孤独的，缺乏持久性的，通过积分制考核与积分奖励手段，激发学员的学习活力，提升学习的自主性。

### 2. 一套行之有效的管理制度

网络学习的积分制度是促进网络培训在企业落地的有效手段。网络学习的积分制度需要按照员工参加培训的级别和方式分别规定合理积分，利用线上学习平台，建立全员培训学时和积分数据库，实施培训动态管理，职工可随时查询自己受培训的内容和累计积分。积分主要根据学员培训时间、作业完成情况、考核成绩等综合统计。

为保障企业组织网络培训工作的顺利进行，同时又能够充分调动员工参加培训、努力创新的积极性，建立学习型组织，实现互联网时代员工与企业同步发展，在网络学习的设计环节中，需要制订出员工的学习积分制度。网络学习积分制度的主要包含内容如下：

①积分的范围可包括员工在网络平台上参加的内部学习、外派学习、兼职授课、内刊中的文章发表、知识竞赛、参与的技术改造、更新发明等。

②积分的类型、核算的方式、认定的条件等。

③培训积分的要求，必修的积分，培训积分的管理。

### 3. 四大积分维度

国网河南省电力公司根据企业培训的实际情况，学习积分制主要包括以下四个维度：

一是学习积分。包括学员考勤积分、学习时长积分、学习互动积分、作业完成情况积分等。

二是研讨积分。包括参与学习研讨、反思活动的积分，旨在通过以小组研讨形式推进学员的深入学习，打破线上学习的枯燥性与单一性，见表 7-3。

**表 7–3　国网河南电力线上学习研讨优秀学员推荐表**

<table>
<tr><td colspan="8">研讨时间：</td></tr>
<tr><td colspan="8">研讨主题：</td></tr>
<tr><td rowspan="2">组别</td><td rowspan="2">小组成员</td><td rowspan="2">研讨<br>时间段</td><td colspan="5">本期优秀学员推荐（推荐 2 ~ 3 名，请按顺序推荐）</td></tr>
<tr><td>学员姓名</td><td>单位名称</td><td>主要贡献</td><td>录制视频起止时间</td><td>配合人员</td></tr>
<tr><td></td><td></td><td></td><td></td><td></td><td></td><td></td><td></td></tr>
<tr><td></td><td></td><td></td><td></td><td></td><td></td><td></td><td></td></tr>
<tr><td></td><td></td><td></td><td></td><td></td><td></td><td></td><td></td></tr>
<tr><td></td><td></td><td></td><td></td><td></td><td></td><td></td><td></td></tr>
</table>

三是贡献积分。主要包括学员参与班级活动、担任班干部以及为班组做出贡献的积分，此项主要在于激发学员参与班组活动的积极性。

四是创新应用积分。主要是指学员学完线上课程后，进行深入反思与创新实践维度的积分，旨在鼓励学员学以致用，在企业内刊发表学习心得，在期刊杂志发表专业文章等。

# 第八章
# 探索新未来：互联网时代下组织的学习培训展望

随着互联网技术，信息技术的快速发展和广泛普及应用，“互联网＋”时代所带来的慕课（MOOC）、翻转课堂、微课程、混合式教学等新的教学组织方式对现行的教学模式、教学观等带来了变革性的影响。线上线下O2O相融合的混合式学习形态，充分利用时间化整为零的碎片化学习方式，使得传统单一的在固定时间、空间进行的学习活动，如今在生活与工作的许多场景中随时随地高频发生。

# 8.1 学习无处不发生

随着互联网技术、移动终端设备的迅速发展，基于网络的学习资源获取更加方便、快捷，学习者可以在任何时间、任何地点以任何方式搜寻、获取、学习自己感兴趣的内容。利用网络学习资源进行学习能够改变传统的学习方法，提高主动学习的意识；通过网络学习资源能够更快速、更便捷地了解最新的前沿动态；依靠网络的大数据平台，可以扩展学习的空间，可以在线与其他人进行信息交互。

## 8.1.1 学习资源获取方便、快捷

网络学习资源的类型有很多种，主要包括五大类：一是文本资源；二是图片资源；三是音频资源；四是视频资源；五是学习平台资源，如图 8-1 所示。

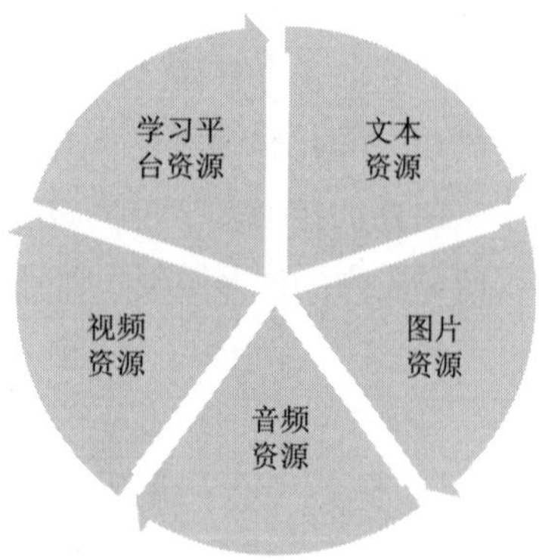


图 8-1　五大类网络学习资源

### 1. 文本资源

文本资源是最简单的一种网络学习获取资源，最为快捷的获取方式是在相应的资源网站中直接复制内容文本；其次是通过一些素材类网站进行资料下载。比如百度文库、百度学术、道客巴巴、豆丁网等网站，这些文库类网站一般都需要通过注册会员进行资料下载。近年来文字识别软件的发展非常迅速，可以有效识别大多数图片中的文字信息，成为文本资源获取的一种常用方法。

### 2. 图片资源

传统的线下图片资源可以通过一些数码设备进行输入（相机、扫描仪），或者是图形图像创作软件（PS、CRD、PPT 等）。这两种传统的图片资源获取都需要现成的图像或素材支撑，对于非专业人员的学习者而言，制作起来难度相对较大。通过网络搜

索获取自己所需要的图片资源，成为大众学习者的常用手段之一。利用搜索引擎查找图片，最好搭配关键字以缩小搜索范围，在搜索结果中挑选图片，这种方法最为简单、快捷。还可以通过上传图片的方法，通过以图搜图来搜索相似图片。找到所需要的图片后，可以通过下载或复制的方式保存为线下资源。如不能下载或复制就需要通过截图的方式保存。截图的方法主要是利用键盘的 Print Screen 功能键或者第三方软件的截屏功能。

### 3. 音频资源

获取音频资源主要有两种方法，分别为线下录音、网络下载。随着全民版权意识的不断加强，现在网络中大多数音频，比如歌曲类等音频资源，一般都需要通过注册网络平台的付费会员才能下载。除了通过平台网站的会员账号下载以外，还有一些音频是发布在其他各类型的网站上的，对于这类型的音频可以尝试使用缓存下载法。大多数网站的音频都可以试听，通过试听以后，本地电脑上一般会有相应文件的缓存，找到缓存文件夹按照时间和大小对比可以找到该音频的缓存文件，把它复制到个人文件夹中即可。通过网络平台或电脑缓存完成音频资源的下载后，学习者可以根据自己的实际需要利用相应的软件对音频进行剪辑。

### 4. 视频资源

获取视频资源主要有三种方法，分别为设备拍摄、屏幕录像和网络下载。目前网络上大多数视频都可以通过各大视频网站进行搜索，例如爱奇艺、优酷、百度视频等。如果视频网站或者相应视频软件支持该视频的下载，可以直接下载。但是某些视频网站下载的视频，只能在其自身软件中播放，无法成为通用的视频素材。出现这种情况，一般可采取通过第三方软件进行视频文件的格式转码，转成常见的 MP4、AVI 等视频格式。如果网站或者相应视频软件不支持视频资源的下载，也可以参考获取音频资源的缓存法进行尝试。其次是屏幕录制，利用某些浏览器软件自带的录屏功能，或者是第三方录屏软件来录制网络视频资源。

### 5. 学习平台资源

除了以上列举的网络学习资料获取的类型与途径以外，现在还有大量的学习型网络知识分享平台，这些知识分享平台通过学习内容的创作方上传各类型学习资源，进行知识分享。比如“学习强国”“喜马拉雅”“樊登读书”“得到”等 App 都可以帮助我们快速获取有效的学习资源。

## 8.1.2 学习场景无处不在

面向未来的多元化学习方式将打破传统学校、教室的空间围墙，学习场景也随之向多样化方向延展：社区、家庭、各种空间、各种时段……学习场景将无处不在，并与生活相融合。

学习场景一词，从本质上来说，不算是互联网时代的新概念，自古以来人类就具有不同类型的学习场景，只不过是在当前我们用学习场景这四个字来描述学习所对应的时空环境。

进入当今的网络信息时代，移动互联与人工智能技术飞速发展，未来的学习场景将无处不在，学校、家庭、社区，线上、线下，人们将拥有越来越多的学习机会，每个地方都可以是学习场景。从空间区域的角度来讲,学习已经从过去局限于学校、家庭、社区的学习，延伸到全世界范围、跨国式的学习，许多高校、企业组织早已通过网络平台开展了大量的培训教育活动。

移动互联时代的特点是把每个人的潜能最大化呈现，同时也是每个人的知识和智慧最大化的共享。每个人都是自媒体，每个人都有能力创立新的群体，每个群体之间也是因为某个相同的认知而联结。在这个时代，传统的企业培训组织（各类型企业大学、商学院、培训发展部门）也已经发生了升级和迭代，知识的快速普及及科技手段在企业培训组织中的应用已经逐渐成为主流。

企业培训工作的组织部门作为企业的知识和智慧的组织和传播者、企业人才的培养者，随着自己企业业务的不断扩大和深耕，尤其是在外界环境急速变化的移动互联网时代，人才发展和培训工作的需求量极大。企业的培训工作要深度植入互联网基因，以“学习场景无处不在”的理念服务于企业以及企业组织中的全体员工。

**1. 借助移动互联网，移动学习无缝覆盖**

移动学习平台是每个员工学习和社交化学习平台，覆盖企业所有员工，提供企业共享和各个业务部门私有两种学习体验。同时具备企业组织和各个业务部门的不同频道，将移动学习平台作为组织学习的运营平台。在推动学习资源优化上，学习平台制定了更高要求的标准，协助各业务部门推动内容过期、质量不佳的资源下架，鼓励产出更多聚焦于战略落地、文化践行、业务创新、关键问题解决的优质微课和精品案例。要实现平台上的案例大部分要由员工自己制作，通过专业评审后发布。同时，用户自主产生的学习内容，也成为保证平台用户活跃度的一个重要渠道。

**2. 建立信息责任制，培训信息无缝联结**

通过建立培训信息互动交流的责任机制，架起企业组织内各业务部门之间以及与外部优秀企业的沟通桥梁，以“共享、共创、共建、共赢”为宗旨，打造一流的企业人才发展和培训平台。企业的培训组织部门设立专人与各业务部门进行培训信息的交流，负责推动企业组织大型培训项目在各业务部门的落地；协调企业及各业务部门的培训资源，以及各业务部门之间的资源共享、共创；及时了解和发现业务部门的培训问题，协助业务部门设计跨企业部门众筹的培训项目，帮助各业务部门解决其培训难题。

**3. 通过学习促赋能，培训能力无所保留**

为了提高业务部门的培训效能，企业培训组织部门需要通过优秀的教学研发能力对业务部门进行培训技术赋能。将培训部门已经研发的微课、案例萃取技术等方法论，新员工培训项目等，通过授权、赋能的培训形式与各业务部门共享这些教研成果，帮助业务部门培养各类培训项目设计师。在业务部门所需的新型培训项目中，通过项目共创、教研支持的共同开展项目研发。对企业兼职内训师的技能提升培训，集中力量以 O2O 模式改造一批传统课程，对相应的内训师进行教练技能培训，按照讲师授课质量排名调整企业师资库，确保各业务部门能选择到优秀的讲师资源。

### 8.1.3　第五代移动技术加速学习进程

在各种科技创新的加持下，现代教育的信息化、智能化程度大幅提高。5G 智慧校园平台、5G 双师课堂等 5G + 教育的创新应用，已经成为 5G + 智慧教育领域的闪亮新星。全息投影课、VR/AR 沉浸式课堂体验等移动 5G 智慧校园的最新技术、应用和产品也在各自的技术领域精彩纷呈。在 5G 网络与智慧硬件的双重支撑下，在线教育培训的学习进程将大大加速。

在线教育既保留传统教育应有的特性，又增加了网络教育的趣味性。在线课堂能够让师生面对面地在虚拟教室里上课，通过技术不断突破，创造更多的工具辅助线上教学，打造出有趣更有效的在线教育平台。

**1. 5G 将改变课堂互动性**

直播技术迭代将是 5G 带来的最基础的变化之一，视频可以实现 4K/8K 超高清、低时延。超高清视频传播使师生之间能直接看到彼此的眼神和反应，无时延则可以进行课堂实时互动，教师与学员在线上就可以实现双向互动。

**2. 5G 将全面颠覆线下教育**

随着互联网技术的加持，线下面授课堂创造了双师课堂、互动答题等线上线下结合的教学模式。当 5G 普及后，EMTC（海量大连接）技术可以实现万物互联，C 端设备、B 端设备、互动教学平台及 5G 技术可以实现教学体验闭环，真正推动线下面授向下一代模式演变。

**3. 5G+AI 加速自适应学习**

5G 技术解决基础的信道容量传递效率的问题，AI 解决教育各场景的效率问题，二者一经结合，对在线学习的作用，可以形象地说就是道路更宽、车速得更快了。5G+AI 来临后意味着不用再担心数据传输量、计算容量的问题，线下的感知可以瞬间传输到云端。最关键的是，5G+AI 将更好地实现个性化教学。5G+AI 的科技运用，可以使捕捉学员实时学习行为的成本大大降低，实时记录反馈学习情况，在线的直播大班课也有可能实现个性化教学。

**4. 5G+VR 将实现沉浸式教学**

AI 之外，5G 的另一个重大应用就是与 VR、AR 的结合。5G 移动技术，将使得现阶段基于设备的计算和传输能力都可以在云端实现，辅以在电池储能技术上的突破，未来的 VR 设备可以越来越小，并实现可穿戴化。在双师课堂的基础上，5G 未来可以实现全息投影，通过虚拟现实技术，打破空间概念，使得用户有身临其境的感觉。

2015 年 4 月 26 日，著名物理学家史蒂芬·霍金在“霍金之夜”活动中，以全息投影的方式亮相悉尼歌剧院音乐厅，与观众们分享交流。未来，在大众日常学习活动中将会出现的场景是，一个活生生的“真人”老师出现在讲台上，这对于教学的体验、效果都会产生极大的促进作用。

### 8.1.4 组织学习的加速迭代

一个组织能够拥有长期竞争力的关键在于，他们有比竞争对手更快更好的主动学习能力和自主进化能力。彼得·圣吉（Peter M. Senge）在二十世纪九十年代提出学习型组织的概念，其中的一些原则，如建立共同愿景、团队学习、扁平化、全局学习、不断组织再造，已经深入人心。在移动互联已经在社会生活中全面运用的数字化时代，企业组织如何将这些学习原则与时代特点相结合，从而更好地落地、应用?

组织学习的目的是解决问题，而如何在解决问题的过程中沉淀知识、提升组织能力才是根本，这种提升是组织应对未来更多疾风暴雨的机能，而不仅仅是疲于应付。学习能力是现代企业组织适应社会发展的基础，尤其是在信息技术高度发达的当代，商业环境瞬息万变，新产品、新技术、新业态以及新模式等层出不穷，机会稍纵即逝。企业要更好地生存发展，就必须在分秒必争的市场竞争中具备更快的学习能力和更强的适应能力，否则，将很快被这个快速变化的时代、激烈竞争的市场无情地淘汰。5G 时代的到来，移动互联技术的不断更新迭代，不仅改变着人们的生活方式、学习方式和工作方式，也给组织的学习带来巨大的变革，对组织学习提出了新的机遇与挑战。

**1. 激发个人学习能力**

个人是组织最基本的构成要素，个人学习是组织学习的基础。培养个人学习能力是提高组织学习能力的基本策略。当今人类社会的信息传播已经体现出“去中心化”的时代特征，微博、微信、微电影、短视频等这些以去中心化、动态化、碎片化、零散化、即时化为特征的新兴的传播方式、文化形态已经在潜移默化间重新定义了我们的时代。

阅读变得越来越方便、快捷、高效，获取知识的途径也更加简单、多元和碎片化。人们只要轻轻一滑动手机，便知天下事。无论什么问题，只要在网页、微博或朋友圈上一发，就可引来成百上千的人围观和集中讨论，从而轻易地化解。这些改变给组织学习提出了更高的要求。若不能及时、准确地把握这些时代的新变化，就无法应对可能产生的新挑战。

企业组织需要鼓励其成员广泛开展基于网络教学的自学活动，不断自我超越。员工接受学校教育和组织培训的时间是有限的。自学是员工个人实现持续学习、终生学习和不断自我超越的必要手段。因此，组织在做好对员工的教育和培训工作的同时，还必须鼓励员工自主学习、自觉学习、终生学习，从而保证组织学习能力加速和迭代的根本基础。

**2. 培养团队学习能力**

团队是组织学习的基本单位，团队学习是个人学习向组织学习过渡的桥梁，它通过多学科、多领域知识和经验的交流与共享，通过知识的融合，常常会使组织产生突破性思维。培养团队学习能力是提高组织学习能力的核心策略。当前依然有不少企业面临着思维惯性，不能或不愿接受新生事物，组织排斥学习，造成企业不能前进而被市场所淘汰。企业组织学习能力的强弱关系到企业未来的竞争力，是当前国内企业应普遍重视的问题。

5G时代给组织学习带来新机遇。新媒体技术的快速发展，正在悄无声息地改变着人们获取知识的方法与手段，主要体现在：一是学习便捷化。信息传播的速度更快、互动性更强、内容更具冲击力。同时，极为丰富的网络资源，人们可随心所欲地检索资料、阅读信息、交流讨论。二是学习碎片化。知识更新速度和人们生活节奏的加快，使得碎片化学习成为人们获取知识的一种重要的途径。

组织学习必须创新学习理念，改进学习手段和方式，充分利用各种新兴媒体，搭建专题学习网站、手机客户端App等形式多样、内容丰富的学习平台，满足广大员工新时代能力发展和素质提升的需求。组织学习的加速迭代还要将互联网学习与传统学习进行有效互补。以移动互联为支撑的碎片化学习、移动学习因不受地域、时间限制而广受欢迎，这是时代发展的潮流和必然趋势。组织在鼓励成员利用碎片化学习、移动化学习、不断提高学习效率、强化学习吸引力的同时，要与传统系统化学习有机结合，从而提升组织整体的学习效果。

## 8.2 人企互联下的影响新范式

互联网时代的到来，让每个人不再是一个个孤立的小岛，拥有相同价值诉求的个人能够快速形成共同价值体。人与组织的力量对比也由此发生改变，组织与个人的关系不再是简单依附与绝对服从的上下级关系，而是被融合到相互依存、相互影响的互联网生态圈中。

互联网让个人发出的声音不再变得渺小，个人的诉求能得到充分的认可和尊重。人与组织的力量对比也由此发生改变，组织与个人的关系不再是简单依附与绝对服从的上下级关系，而是被融合到相互依存、相互影响的互联网生态圈中。

### 8.2.1 经营业务，同时也在经营知识和人才

知识经济时代的竞争，说到底是知识的竞争、人才的竞争。企业看似是在经营自己的业务，其实背后的核心是在经营与业务有关的知识。知识获取与运用的主体是人，因此，经营知识的本质就是经营人才。

企业的竞争靠市场，市场的竞争靠产品，产品的竞争靠技术，技术的竞争靠人才。但是，当企业处于高速发展的知识经济时代，人才对于企业而言其实是个变量。在知识经济社会形态下，人才是有时间性的，你只能保证自己今天是人才，却无法保证明天的你依然是一个人才。时代飞速发展、海量知识更新、组织学习迭代，企业各种业务形态的经营，都需要基于对组织的“学习力”进行优化。只有不断强化组织自身的“学习力”，才能使得企业始终保持自身的经营优势。组织自身的“学习力”不是凭空就能获取的，需要依赖于对组织中的成员进行有效的开发，以使其能够不断更新自己的知识体系，这种对组织成员的有效开发，如同市场业务开发一样，也是属于一种经营，经营的对象是组织中的人。

经营人的本质在于经营人性、经营人心，在于经营人的价值与人的发展。因此，人才经营主要包括三大核心内容：经营人的知识价值、经营人的能力发展、经营人的心理资本。人才经营有以下核心任务：

首先，要通过对知识、对人的智慧资源的管理，构建有效的知识交流、共享、应用、转换、创新平台，激活人的智慧和价值创造潜力，放大组织的人力资源价值与效能。

其次，通过打造人才供应链与能力发展学习系统来支撑战略目标的实现与业务的增长，实现人与组织的同步发展。

再次，通过有效的心理资本管理体系，提升人才的工作场景体验与幸福指数，进而提升人才对组织的认同感与忠诚度。

这三大内容其实正好对应企业招聘人才的人岗匹配要求，人岗匹配主要指能力和意愿的匹配，能力包括外在能力和内在能力素质，这个外在能力是指一个人的知识、经验和技能，内在能力素质则是指人的冰山模型以下的自我认知、价值观、个人动机、优势特质、心理类型等，意愿则是一个人在一家公司工作的投入度、敬业度、满意度。所以，经营人，除了获取外在的知识和技能，还包括内在的能力素质和内心体验，缺一不可。

经营人才还需要有三个认知：第一是要把人才当客户，要舍得投入。第二是要明白企业负责人是企业最大的首席人才官，企业人力资源管理第一责任人是CEO、是各级管理者，不仅仅是人力资源部门的事情。第三经营人才的核心是价值创造，实现价值增长，人力资源的核心是激发价值创造活力，实现组织与人的价值增值与增长。

知识经济时代，经营业务的本质是经营知识和人才，但始终需要强调的是，经营人的目的是要为企业创造价值，实现业绩增长。经营人才的思维是把人才放到经营层面，核心目标是价值创造，通过人才价值的最大化发挥，为企业战略与业务增长创造价值，创造最大化的经济效益，从而推动企业的业务经营，这就是一个价值循环系统。

### 8.2.2 生产产品，同时也在生产方法论

所谓方法论是指人们认识世界、改造世界的一般方法，是人们用什么样的方式、方法来观察事物和处理问题。人们关于世界"是什么""怎么样"的根本观点，形成了世界观，而用这种观点作指导，去认识世界和改造世界，就形成了方法论。概括地说，世界观主要解决世界"是什么"的问题，方法论主要解决"怎么办"的问题。

彼得·德鲁克认为，企业经营无非两大核心任务：一是做正确的事，二是把事做正确。做正确的事背后的能力是把握事物背后的核心特征和深层结构，才能在关键时刻做出正确选择。把事做正确靠的是高效的流程，以及方法论。

方法论属于程序化知识的范畴，规定完成某一类任务的流程、步骤、方法和工具，使得做事的过程可以重复，效果相对有保障。

互联网时代的信息技术在一定层面改变了人们对世界的认知。与此同时，互联网时代的企业生产，也不仅仅是单纯地制造出某种产品（从广义而言，服务也是一种产品），在产品设计研发、生产制造的过程中，也是在研究满足市场需求、客户需求、组织需求、员工需求等一系列问题的方法论。

2014 年 8 月，360 公司董事长周鸿祎发布了《我的互联网方法论》一书。该书被称为"互联网思维第一书"。书籍的销售也采用了新型的互联网思维模式——众筹，一个月内获得了超过 160 万元的销售额，成为图书行业第一大众筹。周鸿祎认为，真正的互联网创新其实是需要中基层员工自下而上的开始。

互联网时代企业的组织形式在不断创新，组织成员与企业的联结也在不断地发生着变化，从过去单纯的劳动雇佣逐渐转变为人企互联，人企合一与人企共生。企业在互联网时代的生产方式不断升级、迭代，同时大大促进了互联网时代全新生产方法论的发展和完善。

互联网时代发展至今，最核心的方法论是以用户为中心。互联网之所以能够给传统企业造成巨大的冲击，源于互联网思维是将用户作为中心，采用更加灵活的战略，通过实现用户价值来实现自身的价值。而以用户为中心最直接的体现是免费和极致的体验。

### 8.2.3　传承知识，同时也是传承文化

一般来说，文化是人类社会实践活动和认识活动所创造的物质财富和精神财富的总和，这是就结果而论。如果从过程来看，文化是人类物种在与对象世界发生关系过程中形成的一套社会传承的信息系统。人类各民族所获得的物质生产力和精神活动能力世世代代发展起来，人类各民族所创造的物质成果和精神成果世世代代积累下来，这本身就是人类文化信息系统的社会历史传承过程。

假如人类社会的所有文化成果都要作为一种信息来处理，那么其代码就必须像基因密码那样，具有典型的代数结构，而人类的思维和语言刚好就是如此。人类的思维具备高度的抽象性和概括力，而人类的语言则是一种有着严密逻辑程序和语法规则的符号体系，使得人类社会无限多的文化信息的传承成为可能。

正因为人类文化具有信息特性，文字、音像、电信、计算机程序、互联网得以相继出现并发挥作用，为人类社会文化信息处理的可能性开辟了越来越难以估量的前景，而知识和知识创新就产生于人们对已有文化信息加以组织和运用之中。

日本设计师原研哉在他的《为什么设计》一书中曾提出这样一种观点：人类的文明可以以工具的使用作为重要标志，而工具的雏形其实只有两个——“棍棒”与“容器”。人类以“棍棒”扩大自身改变世界的能力，用“容器”储存智慧与情感。当远古人类捡起动物的骨头做武器去捕获猎物以获得的生活补给，这是棍棒的雏形，这是一个以拓展人的身体能力去进而改造自然、征服世界为目的“棍棒系统”。而远古人类用双手捧起水来喝，这就是容器的雏形，这是一个以保存物质、智慧与情感为目的的“容器系统”。容器从一开始保存粮食、水这样的物质东西，渐渐发展成保存智慧、历史。在锅碗瓢盆之外，还有了书籍、胶片、光盘。

从某种角度来看，互联网正是属于这种传承知识与文化的“容器系统”。

首先，互联网真实地推进了文化的全球化进程。在互联网诞生的半个多世纪，这项全新的媒介技术使世界各种文化的交流变得更加通畅便捷，它使得人类文化的交流与发展再也不能拘谨在一隅之地。互联网与人类的全球化进程具有内在的关联性，今天，每个人都越来越清晰地感觉到了全球化的发展图景。随着互联网影响力的不断扩大，通过突破传统传播方式的控制，而将文化全球化的历史进程推向了一个全新的发展阶段。

其次，互联网正在重塑着我们的公共生活。互联网成就了网络空间与现实空间不

断融合的新时代，各种社交媒体的普及从根本上改变了信息传播格局、社会舆论生态和公众参与方式，互联网重塑了人们公共生活，普通民众从未像今天一样，拥有如此强大的话语权。网络生活给社会的多元文化表达提供了可能，有利于人们寻找不同文化主体间的“最大公约数”，有利于全社会开放、包容、多元的氛围的营造，进而创生出新的文化。

再次，互联网时代使文化传递方式发生了重大改变。在传统社会生活中，文化是以纵向传递为主导的“前喻文化”，个体经验与经历是重要的文化资本，年长者居于文化传播的核心位置；但是在互联网时代，文化呈现出了横向传递甚至逆向传递的态势，即“并喻文化”或“后喻文化”时代，年轻人常常成了文化传播舞台的核心角色。这就催生了“学习时代”的到来——获取社会竞争胜利的本钱是学习，只有不断学习，去不断拓展新知识新体验，你才能够跟上这个时代。因此重要的不在于你“现在如何”，而在于你“将来如何”。

最后，互联网带来了人类文化的结构性转换与重建。今天的网络已经成为各种文化传递和融合的主要通道，网络文化暗含了新的价值诉求、新的社会精神，并以一种全新的文化经验影响着人们日常生活的价值判断。这就需要我们在注重信息技术的物质效用的同时，更加关注传统优秀文化的精神效用，善于运用传统文化知识与大自然进行交流对话，实现传统文化的现代转换。

### 8.2.4 人企互联，相互学习与相互影响

移动互联网时代，各种新业态用工模式趁势崛起。不断下沉的就业市场催生了丰富的就业渠道、灵活的就业方式，正重塑着人力资源生态。外卖员、网络主播、网约车司机、快递员等新兴职业逐渐走入寻常生活。新华网报道指出，根据相关数据预测，到 2036 年，中国自由职业者数量将达到 4 亿。在这样的大环境趋势下，企业组织现有的人力资源管理体系明显受到来自互联网业态用工模式的冲击，组织中的劳动者拥有更多可供选择的自由职业机会。一个客观的现实就是“95 后”年轻人纷纷投身网络直播、自媒体分享工作，而并非像上一辈的劳动者需要选择进入一个企业组织才能获得工作机会。

传统的企业组织，因为拥有和掌握着个体劳动者所不具备的各种物质和信息资源，因此对企业组织中的个体成员，几乎都是强制性地按照企业的标准化要求进行约束，员工进入企业首先要向企业组织进行学习，接受企业组织的单向输出，极少有可能出

现普通个体成员影响组织发展的情况。

而在移动互联时代，信息技术的运用深入到组织工作中的点点滴滴，人企之间的互联互通大大加强，组织中任何一个成员的行为不但在影响着自己，同时也在影响着组织。以当前最为普遍的外卖行业为例，每一个外卖员的行程数据实时在线，外卖员个体的表现都会经由大数据系统进行分析，从而成为优化系统算法的客观依据。消费者在不同场景下的服务评价，也会影响到企业组织，以及企业组织上相应的商业环节、服务个体，最终形成人、企业、商业的共同互联。

在这种时代背景下，企业组织必须要转变过去的管理思维和发展观念，将单向约束转变为多向约束，单向影响转变为企业与人、企业与商业、人与商业的相互影响。

其实企业与人之间相互学习、相互影响并不算是一个“时髦”的概念，我国企业长期开展的向劳模学习、劳模精神宣讲活动，其本质就是企业与员工之间的相互学习，进而通过个人的典型事例、先进经验来影响和促进企业的发展。进入互联网时代，人企互联的全面深化使得传统意义上的“劳模”“典型”更加泛化与广义化，组织内的成员、组织外的消费者，每一个人的点滴行为、微小理念，比如员工的个性化创意、消费者的合理化建议，都有可能成为人企之间相互学习、相互影响的链接。

人企互联要求互联网时代的企业重塑人和组织之间的关系，员工不再单纯是企业的雇佣对象，而是企业网络神经上的一个个信息节点；消费者不再是单纯的“上帝”，也有可能成为企业的天使投资人、产品设计师。企业组织向员工学习，向消费者学习，大数据将个体的人通过互联网进行信息链接，影响能力成几何级数放大，个人与组织一同融合到相互学习、相互影响、相互依存的互联网生态圈中。

## 8.3 人才学习的新范式

互联网 +5G 时代的到来，为人才发展带来了新的契机和挑战。互联网发展的浪潮对企业人才发展的观念、思维模式、培养过程等诸多方面产生了重要而深远的影响。企业人力资源部门、企业大学、培训机构、高等教育机构、开放与远程教育机构都不能忽视这一背景，不能忽视这一背景带来的巨大影响力和推动力。

在“互联网 +”时代下，面对组织中的人才培养新问题，我们需要思考如何做到企业培训与企业人才战略完美的契合？如何大幅度提升企业培训的能力与效能？如何实现学习模式从被动变为主动？怎样从学习管理者向业务伙伴转型？针对“互联网 +”

时代下的人才发展，怎样通过互联网的思维和手段让培训更轻松、更高效、更低成本等问题。

### 8.3.1 打破组织学习的边界

“边界”就是一种阻隔，会带来一定的成本和效率损耗，“无边界”这一概念最早由通用电气（GE）董事长杰克·韦尔奇提出。需要注意的是无边界不是指完全消除边界，而是指在基本边界的基础上突破边界之间的隔阂，实现效率的提高。组织的学习情况也是如此。如今，已经有许多公司都认同这样一种观念：在当前的商业环境中要想高效率运作，就要将企业转变成为学习型组织。

组织内部的边界除了起到界定组织机构的职权范围以外，边界的存在也在一定程度上形成了组织内部的隔阂与障碍。从组织的管理上来看，边界需要打破，从组织的学习上看，边界同样需要被打破，这种打破既包括内部学习的边界，也包括外部学习的边界。

**【操作案例】霍尔森公司的内部学习**

一百多年来，苏黎世的霍尔森有限公司（Holcim Group）生产主要产品的程序从没有过本质上的变化，现在公司决定接受挑战。作为水泥、混凝料（砂砾和沙子）和混凝土的供应商，霍尔森在全世界七十多个国家运营着一百多家水泥生产厂，两百多个采石场和六百多家混凝土生产厂。尽管公司的部门已经高度分散化了，但是霍尔森早在几年前就意识到知识和专业技术的交流是将公司粘合成一个整体的“粘合剂”。现在，公司已明确将知识作为企业的关键资源，并且将学习作为公司的关键能力。

为了把这个观念落实到具体行动之中，公司重组了一个叫“Holcim Group Support”的内部组织，其主要职能是在霍尔森位于世界各地的所有机构中开发、鉴别、传递和运用具有战略意义的知识。这个组织直接向管理委员会报告工作，这就很清楚地说明该组织在战略上的重要地位。除了为公司在世界各地的经理人相互交流提供方便条件，该组织本身是一个智囊团，通过咨询霍尔森的各个不同机构，并经反复实践验证，储备了大量知识、专门技术和最佳工作方法。举例来说，Holcim Group Support 记录新型的能源技术和生产方法，并在所有生产厂家之间进行交流，工程师和管理人员也因此努力去研究更多的新型燃料。

除了打破组织内部的学习边界，现代企业还需要跨越组织边界获取知识。

现今的环境下，知识的创造和分享已经不再局限于传统的企业内部。企业越来越认识到知识的产生和传播是与消费者、零售商、合伙人，甚至竞争者日常交流的副产品。广义上的学习型组织的边界是动态的，不断出现变化。任何有知识存在的地方，该组织都会去寻找，任何能帮助组织学习所需知识的人，组织都会与之结盟。

## 8.3.2 “后喻”文化现象更明显

在传统社会生活中，文化是以纵向传递为主导的“前喻文化”，知识主要以薪火相传的方式，由长辈向晚辈传授，个体经验与经历是重要的文化资本，年长者居于文化传播的核心位置。在互联网时代，文化呈现出了横向传递甚至逆向传递的态势，即“并喻文化”或“后喻文化”时代，知识的流动与生长突破了时空限制，信息垄断被打破，知识权威逐步消解，长辈往往需要反过来向晚辈学习，年轻人常常成了文化传播舞台的核心角色。

当今世界，移动互联网的蓬勃发展重塑了知识生产、信息分发与文化传播全过程，“青生于蓝而胜于蓝”的“后喻文化”特征越来越显现。尤其体现以人才培养为主要任务的各类型校园与教育培训机构，组织中陷入“本领恐慌”的教师与声称“不如自学”的学员。

“后喻文化”时代，知识更新速度呈几何级数增长，“百科全书式”的教师不复存在，学员可以通过各种途径尤其是网络渠道获取新知，课堂不再是知识传播的唯一高地，直接面临“慕课”“翻转课堂”以及知识付费软件的激烈竞争。在教育实践中，所谓上课认认真真不如课后“哔哩哔哩”的说法就是有力证明。但需要注意的是，知识获取的便捷并不意味着知识内化的轻松，教师在课堂上引导学员进行系统思维、专业逻辑、抽象能力的针对性训练具有不可替代的作用。一位优秀教师绝不仅仅是知识的“搬运工”，而应将课堂教法升华为“内功心法”，使自身积累多年的经验方法与审美意趣融入其中，让学员把“舶来”的知识转化为内生的知识。

“后喻文化”时代的教育培训还要关注怎么教的问题，推动教育培训实现从“漫灌”向“滴灌”的转变。“后喻文化”时代，传统师者的知识权威消解、身份光环褪色，学员越来越有主见，敢于“顶撞”老师、“质疑”教学内容，反感居高临下的“知识灌输”，呼吁建立平等的师生交流。适应这一变化，需要从构建新型师生关系的角度推动育人姿态的调整。一方面要改造基于身份差异而产生的“教师为主体、学员为客体”的传统单边关系，构建一个基于知识分享而形成的以“交互、共享、探索”为特点的新型合作关系；另一方面要更加尊重学员个性化发展，站在培养“奋斗者”而不是制造“失败者”的角度，通过建立多元化的评价体系，引导教师包容学员的差异性，善于发现每一个学员的长处和闪光点，用欣赏增强学员信心、用信任树立学员自尊，让每一个学员都能享受被关注、被肯定、被寄予希望的喜悦氛围。

### 8.3.3 人脑就是一台移动的网络学习机

我们现在所处的是一个信息化的社会，社会中的每个人都可以通过网络与世界互联。互联网已经不单单是创新产品、塑造品牌、传播文化的工具。伴随互联网应用日新月异的发展，信息交互逐步加速由“人机交互”向“人人交互”转变，以便实现虚拟世界与现实世界的深度融合。在当代人看来，生活如果没有和互联网编织的虚拟空间连接起来，那简直是不可思议，尽管这种认知在短短的 20 年前还是不可思议。互联网给这个世界铺设了一套信息交互的神经系统，与互联网连接的每个人均是这个神经网络上一个个微小的神经元。

互联网时代科技成为重要的生产力，推动着整个人类社会的进步，我们身处在互联网时代高速发展的时期，整个社会都在进行转型，特别是互联网时代背景下的经济和思维转型，我们的学习方式更是需要改变。互联网改变了人类社会的信息传播方式，让信息从稀缺变为丰富，信息量急速膨胀。人们开始习惯在互联网中获取自己需要的信息。与此同时，互联网还改变了人们对于时间和空间在传统意义上的认知，世界任何一个角落之间可以通过互联网跨越时空联通，甚至借助于虚拟现实与全息投影可以把栩栩如生的影像投送到眼前。

全联网有三个特点，第一个是每个人、每个物件不需要登录，就成为底层网络的接口，因此，所有的人和物都要拥抱 5G。第二个是 5G 时代，必然是数字转型和数字经济的时代。第三个是 5G 使得实时、高速率、高密度的数据采集成为可能，智能化、自动化、自主化的设计成为可能。

在这样的互联网技术背景下，每个真实的个体，既是现实空间的实体，也是网络空间上虚拟的个体，每个人的信息接入除了来自现实世界，同时也不可或缺的来自网络世界。每个人的大脑里的思维也在通过各种信息交互技术与网络世界相连接，共享网络世界的所有信息，从这个意义而言，随着移动互联进入 5G 时代，人类的大脑也就成为一台移动的网络学习机，可以随时随地与网络进行信息的读取与存储。

2021 年 8 月，“元宇宙”的概念又再次火热起来。所谓“元宇宙”是在扩展现实（XR）、区块链、云计算、数字孪生等新技术下的概念具化。“元宇宙”可以理解为是在传统网络空间的基础上，伴随多种数字技术成熟度的提升，构建形成的既映射于、又独立于现实世界的虚拟世界。同时，元宇宙并非一个简单的虚拟空间，而是把网络、硬件终端和用户囊括进一个永续的、广覆盖的虚拟现实系统之中，系统中既有现实世界的数字化复制物，也有虚拟世界的创造物。

早在 2017 年，南非金山大学的一个研究小组就设计了一种将人脑实时连接到互联网的方式，被称为“智能互联网”（Brainternet）项目，其实质上是将大脑转变为互联网上的物联网（IoT）节点。人脑联网是脑机接口系统的前沿领域，着重解决人类大脑工作和处理数据的不足。智能互联网可以简化人们对自己的大脑和他人大脑的理解，而这只需要通过持续监测大脑活动以及一些简单的互动就能实现。展望互联网发展的未来，在“脑机接口”技术基础上还将实现“脑—云”接口，将人的大脑与互联网相连，打造一个“集体大脑”，每个人的大脑都可以实时接入“元宇宙”，实现对全人类知识的共享和获取。

### 8.3.4　学员学习主权时代的到来

学习者主权（Learner Sovereignty）是诠释教育实施过程中施教者和学习者之间关系的概念，指的是学习者不再是标准化教育的被动接受者，而是作为学习的主体和中心，拥有根据自身意愿、偏好及基于数据的客观学习需求选择适合自己的学习内容、学习深度、学习方式的权利；施教者需要根据学习者的合理需求定制其教学内容及方式。

学习者主权意识的诞生与生产力的发展密不可分。生产力决定生产关系，在工业化时代初期，物质匮乏，产能有限，各行各业均以流水线作业，按照规则制造标准化产品，消费者只能被动接受。

随着时代发展与科技进步，生产力和生产关系发生变化，产能不足转为产能过剩。消费者逐渐占据市场主导和支配地位，互联网技术的发展更是促使商业领域由 B2C 模式向 C2B 模式转变，即消费者表达对产品的个性化理解与需求，生产者据此安排生产，即订单式生产，由此衍生出了消费者主权，产品的生产者需要根据消费者的需求意识来组织生产。

原来“以传授知识”为中心的教育将转变为“以满足学习者个体需求”为中心的教育，让每一位学员都将享有自己学习的主权，想学员所想，学自己所学，针对化地自主选择自己需要的学习内容，然后选择最合理的学习方法来实现高效的知识获取和巩固，从而实现个性化的智慧学习。互联网与大数据技术的充分利用，将为学校与教育机构精准抓取学员需求、实现交互获取反馈、进而实现学习者主权提供现实基础和技术条件。

无论是从学习效率、效果，还是从教育普惠公平的角度来说，利用互联网、大数据、云计算、人工智能等技术来推行智慧教育，都已是大势所趋。

对于企业组织中的员工学习同样也是如此，员工作为学习的主体，他们的学习主权时代已经到来。在人工智能、大数据、云计算等技术已经成功应用的今天，技术也在深刻地改变着教育，二者融合所引发的教育聚变，带来了学习者主权的大变革。不论是学科类教育还是企业组织的员工培训，都需要接受一个理念的共识，那就是终身学习是个体在人工智能时代生存的必要条件，教培领域的从业者都应该开始注重捍卫“学习者主权”。

知识经济时代，知识的主体是组织当中的每一个成员个体，因此对于组织而言，知识经济时代就是一个人才主权时代，员工在本质上是企业所必不可少的。企业组织必须要重视组织成员的学习需求，而每个员工的学习需求都可能是独一无二的。员工学习主权时代的到来，要求企业组织能够构建出最大限度满足员工各类学习需求的学习体系，让“众口不再难调”。

二十一世纪成功的企业必将是学习型企业，构建注重员工的学习主权、企业与员工之间互动共享的学习系统，是企业应变、创造未来的唯一持久的竞争优势。这既是当今学术界和成功企业的广泛共识，也是迄今为止社会竞争法则给予我们最为明确、最为智慧的回答之一。

## 【疑难问题】学员学习主权时代下，企业如何引领学员的学习

互联网时代是学习者主权的时代，学习随时随地可发生，学员的学习注意力越来越分散，作为企业方如何在学习者主权时代下，引领学员的学习，以完成组织的教学目标?

**【疑难解答】**

针对以上问题，我们可以采取如下措施：

**1. 以宣传组织为突破，体现公司的“引导”**

要想扩大企业培训的影响力度，首先应加强学习宣传与有效的教学组织，以此为突破，体现企业对学员学习的“引导”，这也是企业文化落地的有效手段。互联网时代，学员的注意力是分散的，加强宣传引导，让学员感受到企业组织的学习（线上＋线下）

是非常有价值的，是帮助员工提升综合素养、岗位技能的有力手段，并形成有效的团队学习氛围，促进团队成员间“比、学、赶、超”的学习氛围。

**2. 以教学活动为突破，体现讲师的“指导”**

自主学习往往是孤独的，难以坚持的。而以教学活动为突破，可以有效体现讲师的“指导”，包括以下几个方面：

一是通过创新教学课堂，融合多种教学方式，注重“以学员为中心”的教学理念，充分体现对学员的尊重与自主学习，讲师是帮助学员完成学习的构建者与催化者。

二是及时反馈。讲师通过及时、适当的反馈、评价、积极引导，激发学员的学习兴趣，并引导进行小组研讨与交流。

三是精讲释疑。讲师通过指导，让学员把握共性问题，突破知识难点，提升学习效果。

**3. 以训练反馈为突破，体现学员的“思导”**

拓展训练是学员完成课程知识反馈、检测、归纳、总结的过程。学到了哪些知识，还有哪些问题？面对这些问题，讲师要做学员的参谋，并帮助学员做检测与反思。通过拓展训练，让学员明确学习到什么，收获是什么，困惑是什么，从而提升学习的积极性与主动性，促进学员的学习反思与知识迁移。

**4. 以监督检查为突破，体现制度的“诱导”**

通过有效的监督检查，督导学习与实践运用，并通过学习排名与成绩考核等方式，促进学员的深入学习。通过以监督检查为突破，体现制度的“诱导”。

## 【实战案例】国网河南省电力公司互联网培训手法的探索实践

有效的教学方法是保障培训效果落地的有力手段。随着电网企业培训管理工作的深入发展，国网河南省电力公司借助互联网技术积极探索最前沿、最实效的培训技术与教学形式。近年来，在传统培训教学形式的基础上，积极探索互联网培训手法，打造了独特的“四位一体”线上线下培训模式，如图 8-2 所示。

“四位一体”培训模式的特色体现在以下几点：

①集创新教学理念、教学平台、教学方式于一体，点线面立体化推进。

②突出“服务战略、服务业务”“以学员为中心”的教学理念，积极探索传统教学与网络教学模式的融合；相互汲取精华，相互借鉴学习。

③既关注组织业务发展，又关注企业人才成长，实现同步走策略。并在此过程中

不断总结创新教学形式在实践过程中遇到的问题与经验，着力打造创新教学模式带来的人才培育成果。

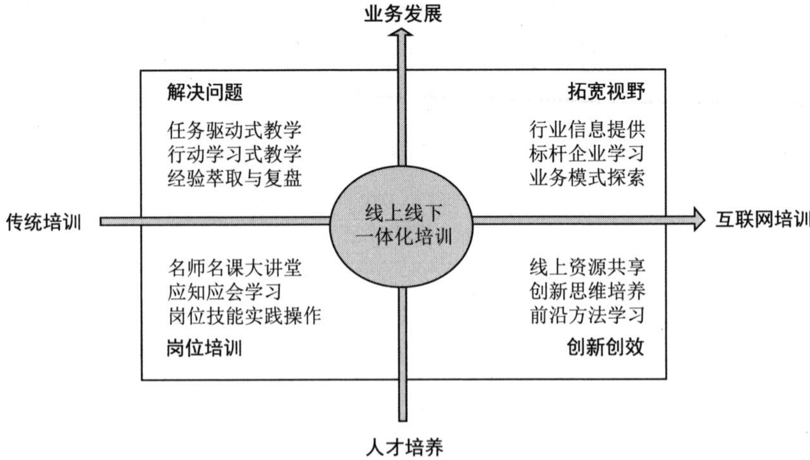


图 8-2 “四位一体”线上线下培训模式

### 1. 打造线上线下一体化培训平台

随着互联网技术的不断发展，网络培训模式在电网企业广泛应用，国网河南省电力公司不断完善线上、线下培训资源与设备，打造线上线下一体化智能培训平台。在传统线下培训模式的基础上，进一步完善网络培训管理，出台了《公司网络培训管理制度》《线上云课堂学员管理制度》等，进一步明确网络培训的方向、内容、教学形式与评估方式等。

线上网络培训在国家电网有限公司网上党校学习平台或其他网络学习平台进行，按照公司培训需求制订学习计划，推送学习内容。采取“线上课程”与“直播课堂”相结合的形式进行，设置必修课与选修课，参培学员应该完成必修课程，根据个人情况学习选修课程；邀请相关领域知识讲师线上授课和答疑，增强培训的互动性与参与性。网络培训期间采用网络视频讨论、现场讨论、心得体会分享等形式，开展参培学员互动，提升培育效果。并在网络培训期间采取课堂作业、线上线下考试、个人演讲答辩、专家评审等多种形式，不定期开展测评。同时，配备专门的网络培训班班主任，组织参培学员线上报到、云开班、网络学习平台签到；从参培学员中指定班级负责人，划分学习小组，按照自我管理、自我教学、自我服务的理念，增强学习的自觉性、主动性。

在网络培训考核方面，包括考勤得分、网络学习积分与综合测评得分三部分，其中考勤得分占 10%，网络学习积分占 50%，综合测评得分占 40%。考勤得分根据参培学员在培训期间考勤情况获得相应分数；网络学习通过完成网络课程和直播课堂学习获得相应分数，综合测评成绩根据不定期测评结果和讨论、心得体会分享等获得相应分数。参培学员最终成绩达到80分为合格。根据最终成绩和有关培训情况反馈所在单位，纳入个人档案，作为参培学员绩效考核、评优评先的重要参考。

**2. 多种创新教学形式推动业务与人才同发展**

对于传统线下培训模式以培训员工的岗位技能及解决问题能力为主；对于互联网培训模式以拓展员工的思维，提升员工创新创效能力为主。综合两种培训模式的形势，形成强强联合。

（1）问题解决式培训

以任务驱动式教学、行动学习式教学、经验萃取与复盘为主要教学形式，聚焦实际业务问题与岗位任务的解决。

任务驱动式教学是将教学目标与课程内容隐含在一个或几个有代表性的任务中，以学员完成任务作为教学活动的重心，有选择地使用一种重在培养学员综合职业能力的教学方法。任务驱动式教学以目标为导向，激发学员的学习兴趣，提升学员的核心素养。

行动学习教学是指个体或团体通过解决组织实际存在的难题，而实现学习发展的一种学习模式。一个完整的行动由问题、小组、催化师、学习承诺、付诸行动以及质疑反思六个要素构成。真实的问题是学习的前提，催化师是行动学习的方法专家与学习教练，在行动学习中主要负责行动学习过程的整体设计，组织有序开展研讨，并通过引导技术激发小组成员深度思考、质疑和探寻。行动学习由于是以企业真实的问题为学习基础，能直接兼顾员工能力和绩效提升。从参与性上看，行动学习能让学员高度参与，且学习成果具有多样性。

经验萃取与复盘是组织通过萃取优秀管理者、技术人员身上的成功经验，推进企业的案例式教学，以成功复制成功。如今，经验萃取与复盘技术已广泛应用于企业。对于企业来说，最大的浪费就是经验的浪费。经验萃取是企业和个人学习发展的重要途径，不仅针对某部分人群，而是要人人都能经验萃取，联动智慧，形成企业共享氛围，从而促进人才发展。

（2）岗位知识与技能培训

岗位知识与技能培训是企业的基础性培训，也是传统线下培训的主要内容，通过聚焦员工的岗位胜任力与组织对员工的能力要求为目标，通过应知应会培训、名师名课大讲堂、岗位技能实践操作等培训方式，促进员工岗位知识与技能的掌握。

（3）拓展视野性培训

利用线上资讯的便捷性与互联网平台的优势，学员可方便地在线上查找到行业先进的发展信息，广泛学习同行或跨行企业先进的业务模式、管理模式，从而提升学员的思维格局，拓展思维高度。

（4）创新创效性培训

利用线上线下一体化学习模式，最大化地实现企业信息资源共享，学习前沿的工作方法与管理方法，推进员工的创新能力提升，通过聚焦业务、控制成本、创新突破等方式，助力企业管理的提质增效。